臺灣歷史與文化研究輯刊

五 編

第 23 冊

葉日松客語現代詩研究

左春香 著

花木蘭文化出版社

國家圖書館出版品預行編目資料

葉日松客語現代詩研究／左春香 著 — 初版 — 新北市：花木
蘭文化出版社，2014〔民 103〕

目 2+276 面；19×26 公分

（臺灣歷史與文化研究輯刊 五編；第 23 冊）

ISBN：978-986-322-655-0（精裝）

1. 葉日松 2. 客家文學 3. 新詩 4. 詩評

733.08   103001776

ISBN-978-986-322-655-0

9 789863 226550

臺灣歷史與文化研究輯刊

五　編　第二三冊   ISBN：978-986-322-655-0

葉日松客語現代詩研究

作　　者	左春香
總 編 輯	杜潔祥
副總編輯	楊嘉樂
編　　輯	許郁翎
出　　版	花木蘭文化出版社
社　　長	高小娟
聯絡地址	235 新北市中和區中安街七二號十三樓
	電話：02-2923-1455／傳眞：02-2923-1452
網　　址	http://www.huamulan.tw 信箱 hml 810518@gmail.com
印　　刷	普羅文化出版廣告事業
初　　版	2014 年 3 月
定　　價	五編 24 冊（精裝）新台幣 48,000 元

葉日松客語現代詩研究

左春香　著

作者簡介

左春香，屏東縣佳冬人，臺北市現職小學老師、教育部本土語言指導員，客委會語言類、文學類、歌謠類客語薪傳師，擔任客語教學及文化推廣講座、訪視委員、全國多語文競賽評審及台灣客家筆會文學創作獎評審；參與客家語文各項比賽，策劃執行客語生活學校專案，辦理深耕社區客語課程；碩士論文「葉日松客語現代詩研究」得到客委會 97 年優良論文獎，99 年獲臺北市教育局頒贈「語文與社會科學」類特殊優良教師；99 年 -102 年擔任客家筆會創會祕書長，在臉書帶動客語書寫，致力於客家語文之研究和推廣。

提　　要

　　傳統上客家人沒有用客家文字書寫的習慣，除了少許無名氏的口傳文學形式的客家山歌歌詞以外，少有專用客家文字的文學作品傳世。傑出的花蓮詩人葉日松是「客家人」，在勤耕文壇四十多年之後，於現代文學主流之外另闢蹊徑，嘗試客家文學中的童謠、歌詞和一般現代詩的創作。他用客語詞彙寫作，用客家母語思考，已經出版的客語詩作有（八本）二、三百篇之多。

　　本文第一章「緒論」，就研究動機與目的、研究概況與範圍、研究方法作一說明。第二章探討葉日松的文學人生，分別敘述其人生歷程、文學情緣、美學信念和創作之路。第三章談葉日松和客語現代詩，因為他在儉樸無華的農村裡，度過了最窮苦貧困卻最奮發向上的童年時光，那段生活，可以說就是浸潤在「客家風俗習慣」裡，他的詩作中所呈現的「客家人的生活樣貌與內心感受」，以及「發揚客家文化的精神與內涵」的用心是深刻的，是懷抱著「使命感」的。他從生活中尋找詩的靈感，寫土地與鄉情、寫感懷與感恩等，在詩作中隨處書寫客家印象。

　　第四章討論葉日松客語現代詩的內容，包括親情的浸潤與歌詠、生活的記實與記趣、自然的歌頌與抒懷、鄉土的頌讚與傳播、傳統節慶與民俗信仰等方面。近年來還致力於詩作與產業結合，用文化行銷花蓮特產和各地的風景名勝名產，以及描寫客家義民精神。

　　第五章探討葉日松客語現代詩的形式結構，有單純採用三言、或三言與五言、或三言五言與七言，錯落雜用的特色；而其篇幅大多短小，有的詩篇一段四行或五行，有的兩三段八九行，超過三十行以上的詩篇佔的比例很少。另外，葉日松的客語現代詩中也有承襲「客家山歌」的語言風格的詩作，讓讀者對於客家山歌的文藝風格多一番認識。

　　第六章討論葉日松客語現代詩的聲情表現，其詩作中押韻者相當眾多，有「句句押韻」、「四句三韻」、「隔句押韻」的情形和主要元音和諧。至於第七章則探討意象呈現方面，從現代詩學理論可以架構出葉日松客語現代詩中詠人感恩、詠物懷舊及敘事感懷的具體凝塑之呈現、活潑動感恬靜優雅皆俱的詩篇以及情感豐盈或是知性說理的詩篇，可以說是多元而豐富，也添增了客家文學的多面性。

　　此外，本文於附錄將葉日松的客語現代詩作品標題（1998-2007），依筆畫順序、收錄詩集，以表格編列，以便查詢參考。其他關於葉日松之近照、書影、手稿、訪問記錄等亦一併收錄，以利完整呈現。

目次

第一章　緒　論

第一節　研究動機與目的

一、研究動機

　　客家族群有自己的歷史、有自己的文化和語言，就必然會產生自己的文學。這種文學作品的出現，自有符合其內在與外在的條件相互促成。一般來說，傳統上客家人沒有用客家文字書寫的習慣，文人雅士，讀書寫作，仍以漢文思考為主，少有專用客家文字的文學作品傳世；不過，客家人為了傳唱客家山歌，有許多不知名作者所流傳下來的山歌詞，這是來自於民間的一種通俗文藝，一種口頭文學，李調元《粵東筆記‧粵俗好歌》提到：「其歌也，辭不必全雅，平仄不必全，以俚言土音襯貼之〔註1〕。」例如敘述有關童養媳習俗的山歌歌詞：「十八嬌嬌三歲郎，睡目愛偓攬上床；等得郎大妹又老，半夜想起痛心腸。」和描寫男子赴外地經商，女人在家苦苦等候的山歌歌詞：「白紙寫信紅紙封，寄到番邦分偓郎；經過三年都無轉，畫眉飛過別人籠。」還有女子種田的習俗山歌歌詞：「菱子角，角彎彎，大姊嫁到菱角山；老妹騎牛等大姊，大姊割禾不得閒；放落禾鐮拜兩拜，目汁活活落衣帶。頭更刈禾嫂嫂攔路打，二更捕谷上礱磨，唔得偓郎轉屋家，三更洗米落鍋煮；四更撈飯飯甑裝，緊想偓郎緊痛腸〔註2〕。」從這些歌詞來看，內容是民眾平常

〔註1〕〔清〕李調元輯，《粵東筆記。卷一》（台北市：新文豐出版公司）民國68年5月，頁34。

〔註2〕謝俊逢，〈從客家傳承音樂看客家人〉《第四屆國際客家學研討會論文集》（中

目見耳聞之事，所用語文工具是他們最熟悉的方言、俗語，完全不加修飾而直接表達，這些歌謠文字可以說是平易且通俗的客家用語，談不上客家文字或客家文學；而在日治時期的臺灣知名作家，如賴和、龍瑛宗、吳濁流、鍾理和等人，也並沒有將客家文字的應用與書寫，記錄於文學作品的習慣。因此除了少許無名氏的口傳文學形式的客家山歌歌詞以外，客家文學中，有作家名號又用客家文字書寫的文學作品，可以說數量非常稀少。

　　西元一九八七年解嚴之後，臺灣社會政治的干擾與阻礙漸漸消除，原本習於沈默的客家人，在一連串的客家復興運動，如一九八八年十二月的「還我母語」大遊行，一九九〇年「臺灣客家公共事務協會〔註3〕」成立等事件之後，客籍作家族群意識覺醒，客語文學的發展，也逐步醞釀著嶄新的契機。率先嘗試客家詩創作的是元老女詩人杜潘芳格〔註4〕，接著黃恆秋、馮輝岳、劉慧眞、范文芳、陳寧貴、利玉芳、楊正德、鍾達明、鍾肇政、李喬等也陸續跟進，客語寫作漸漸形成一股風潮。這股風潮，前有客家學者羅肇錦、古國順、杜潘芳格、黃恆秋等人高舉「客家語」重生之大纛，後有研究者林櫻蕙蒐集 1990 年以後刊載於臺灣各期刊、報紙、相關網站上的「現代客語詩人和詩篇」如杜潘芳格《朝晴》、《青鳳蘭波》和《芙蓉花的季節》，黃恆秋《擔竿人生》、《見笑花》、《客家詩篇》，龔萬灶與黃恆秋編選《客家台語詩選》，李喬客語史詩《臺灣，我的母親》、葉日松《酒濃花香客家情》、《客語現代詩歌選》、《鑊仔肚介飯比麼介都卡香》、《臺灣故鄉情》，曾貴海《原鄉·夜合》，邱一帆《田螺》、《油桐花下介思念》等詩人作品，一方面深入研究探討現代客語詩中所蘊涵的傳統精神與文化；一方面從詞彙、聲韻、語言翻譯、詩意內涵等文學角度，提出現代客語詩創作的無可取代特性，歸納、整理並突顯現代客語詩創作的意義與價值。因此可以說，用客家語的書面文字寫作的形式是最近十幾年的事。

央研究院：民族學研究所)，頁 384～385。

〔註3〕一九九一年，台大、東海、臺灣師大等校陸續成立客家社，三台開始播放客語新聞。

〔註4〕杜潘芳格，一九二七年生，臺灣新竹新埔客家人，新竹女中畢業，台北女子高等學校（兩年專科制學校）因戰爭疏開而肄業。戰後與醫生杜慶壽結婚，受母親影響而篤信基督教。《笠》詩社同仁，並曾經擔任《臺灣文藝》雜誌社社長，女鯨詩社社長等。早期日文詩多由男詩人翻譯，之後獲得李元貞協助，使之能貼近詩人原意。多用日文寫作，間以中文、客語寫作，是臺灣第一位創作客家詩的女詩人。

　　詩是語言與文學的結合，是感性、理性與知性的綜合呈現。曾貴海有客語現代詩作〈客家話〉，提出質疑並寫出深度的吶喊：

日本人統治臺灣五十年
大家還會講臺語
有兜（有些）老人家講起日本話
口氣優雅甚至帶感情

中國人管臺灣五十年
講客話要罰錢掛狗牌
細人仔（小孩子）嚇到面蓋青（臉色發青）

阿公喊做（叫做）爺爺
阿婆喊做奶奶
客家母語變做北京語

爺娘（父母）來聊（拜訪）
孫仔聽毋識（不懂）客話
看伊兜（他們）像外星人
避入（躲進）間肚（房間）毋出來（不出來）
祖孫感情兩斷截（截斷）
老人家歇（住）沒兩日
包袱攞著（提著）遽遽（趕快）歸屋家（回家）

係麼人（是什麼人）
滅絕臺灣客家話
滅絕臺灣客家人倫
到底為麼介〔註5〕（為什麼）

本篇詩作意旨是說客家母語流失情形嚴重，祖孫之間不能順利溝通，客家話幾乎要被逐出家庭，客家老人家無法適應現代社會，去拜訪兒孫家，卻因為語言的關係被視為像外星人，只好提著包袱回鄉下老家。這種因為客家母語

〔註 5〕曾貴海，〈客家話〉，《原鄉・夜合》（高雄，春暉，2000），頁 67～68。

五十年來被刻意壓抑，所造成的臺灣客家人倫的滅絕與祖孫間的隔閡，詩人用客家話的語言和現代詩「我手寫我口」的手法，用「客家話」讀來特別令人感到深切的哀慟和深層的感動，可見客語現代詩有種種令人觸動心弦的力量。

傑出的花蓮詩人葉日松是「客家人」，在勤耕文壇四十多年，寫作新詩、散文、詩評、及各類作文指導書籍之後，「由於年歲的增加，日影的飛逝、許多美麗的憧憬和彩色的夢境，自然地在不經意中漸行漸遠，接踵而來的卻是對人世間的關懷與親情的牽掛〔註6〕。」於是，從民國八十二年開始，他在現代文學主流之外另闢蹊徑，嘗試客家文學中的童謠、歌詞和一般現代詩的創作。他說：

> 小時候我聽人家用客語吟唱三字經等詩文，覺得自己的母語很
> 美。於是十幾年前開始推廣母語教育，我便一心投入客語詩的創
> 作。〔註7〕

他用客家詞彙寫作，用客家母語思考，已經出版的客語詩作有二百餘篇；由於葉日松從小到大，家人所用的語言就是「客家話」，在儉樸無華的農村裡，他度過了最窮苦貧困卻最勤樸奮發的童年時光，那段生活，可以說就是浸潤在「客家風俗習慣」裡，詩作中所呈現的「客家人的生活樣貌與內心感受」，以及「發揚客家文化的精神與內涵」的用心是深刻的。他在〈明亮介星群〉這首詩寫道：

> 偃兜愛（我們要）透過母語　透過文字
> 利用歌聲　利用生活介〔註8〕點點滴滴
> 來喊醒沉睡已久介文化內涵
> 一頁一頁來在風中閱讀朗誦
> 畀〔註9〕客家人流動介血脈
> 珍等（跟著）　生生不息介千古浪潮
> 後浪推前浪

〔註6〕賴曉珍，〈月光灑在東海岸〉，《文訊雜誌 252 期，95 年 10 月號》，「客家硬頸子弟的堅持」，頁 33。
〔註7〕同上註。
〔註8〕客語的介詞「－介」又寫作「－个」，意思是「－的」，以下同。
〔註9〕客語的「－給人」或「－讓人」一詞，以前未討論統一用字很多人用「畀」，討論統一用字之後通用「分」，以下同。

　　推動客家文化　發展客家文化

　　麼儕（誰）來推行

　　當仁不讓介傳統挼典故

　　落在臺灣客家文化發展協會介每一分子身上

　　全國介鄉親　頭那（頭）　昂起

　　昂起來看天空明亮介星群

　　在族群文化介夜空中

　　培育出希望介天光日（明天）

　　繽紛多彩介天光日〔註10〕

從詩作中可以清楚瞭解葉日松要用客家母語和文字投入推廣客家文化的決心。這十四年來，他用心寫作，已經累積了八本客家詩集，從客家母語中找到更源源不絕與生生不息的力量〔註11〕，這些作品是用客家文字書寫，將特殊的客家詞彙融入詩作之中，可以說是百分之百的客家母語文學。

　　筆者身為客家子弟，看到近年來社會上母語語言復興運動有新的面貌，覺得母語文學十分值得關注；心想研究整理並探討葉日松的現代客語詩，是重要且能夠提供學術貢獻的課題，乃試圖在葉日松的詩作與詩學之間，建立合理脈絡，並在創作與理論體系之間爬梳葉日松作品之特色，以提供研究者參考，並期能傳承客家文化的精神和內涵，是為本論文研究動機之所在。

二、研究目的

（一）探討葉日松的文學人生

　　以詩的本質來說，「『愛』是詩最基本的質素，因為『愛』是人性良善的一面，詩是從這善性的基礎出發的。詩人常有悲天憫人的情懷，這就是愛心的表現。詩人以『愛』為至高的倫理，才能使讀者感受那溫馨〔註12〕。」葉日松身為一個詩人，對人、事、物是善感多情的，對於客語詩寫作的源頭，是來自對故鄉土地的深情和對萬事萬物的感懷及祖先親人的感念，其信念是

〔註10〕葉日松，〈明亮介星群〉，《秀姑巒溪介人生風景》（花蓮：花蓮縣政府，2006
　　　　年6月），頁130～132，挼：和，現用「摎」；昂，仰起頭，現用「臥」。

〔註11〕邱上林，《回歸與前溯尋找語言的詩人—葉日松》花蓮市文化局第三屆文學研
　　　　討會論文集（2005年10月）

〔註12〕李魁賢，《詩的見證》，（臺北：臺北縣立文化中心，1994年6月），頁169。

隨緣灑播，努力創作；因此要深入探討葉日松客語現代詩實質內容與風格分析之前，有必要先瞭解葉日松個人人生的經歷、他的美學信念，再檢視葉日松一步一腳印的文藝創作之路，來看葉日松以文學爲經緯的人生，所以本文以探討葉日松的文學人生爲第一個研究目的。

（二）探討葉日松客語現代詩的詩作內容

葉日松客語現代詩創作作品，內容豐富，已出版的客語現代詩詩集有八本之多〔註13〕，單篇數量高達 236 首，其創作形式和內容，早期的前四本客語詩集並未加以分類，近期出版之四本作品集才有較具體的分類，如《鑊仔肚介飯，比麼介都卡香》將詩作分爲童年篇、親情篇、鄉土篇、自然篇、生活篇；如《臺灣故鄉情》概分爲油桐花系列、委託創作系列、鄉土情系列、自然抒情系列和臺灣名產系列；《秀姑巒溪介人生風景》則將詩作分爲詞、詩及合唱劇三大類等；這樣多元而繽紛的創作，如何歸納整理並分析，是本文研究的第二個目的。

（三）探討葉日松客語現代詩的形式結構

由於現代詩表現的形式是自由多樣的，從兩三行到數百行，從自由體、散文體、迴文體、圖象詩、小詩、組詩、論文體、錄影詩體等等，各有千秋；而葉日松客語現代詩的形式結構如何？他的詩作有許多單純採用三言、或三言與五言、或三言、五言、七言，交錯並用的形式，這些方法，是否有其特別用意？字數和節奏、詩情是否和有相當關聯？另外，葉日松客語現代詩的

〔註13〕這八本詩集依序爲：

編號	詩　集　名　稱	出版地	出　版　者	出版年月
1	一張日誌等於一張稿紙	花蓮	花蓮客屬會	1997 年 4 月
2	酒濃花香客家情	臺中	文學街出版社	1998 年 4 月
3	葉日松客語詩選	花蓮	花蓮客屬會	1999 年 9 月
4	客語現代詩歌選	臺北	武陵出版社	2001 年 2 月
5	佢介名仔安著臺灣	花蓮	葉日松客家文學研究室	2002 年 2 月
6	鑊仔肚介飯，比麼介都卡香	臺中	文學街出版社	2002 年 12 月
7	臺灣故鄉情	花蓮	花蓮縣吉安鄉公所	2004 年 6 月
8	秀姑巒溪介人生風景	花蓮	花蓮縣政府	2006 年 6 月

篇幅大多短小，有的詩篇一段四行或五行，有的兩、三段八、九行，超過三十行以上的詩篇佔的比例很少。這樣的寫作特色在客家文學有什麼樣的價值？

　　而「客家山歌」是客家民間文學重要而且豐沛的資產，葉日松客語現代詩的詩作中，是否有相關的篇章與客家山歌的書寫方式相符者？其傳承的價值何在？這些都是本研究想要探討的問題，也是本文研究的第三個目的。

（四）探討葉日松客語現代詩的聲情表現

　　詩的欣賞要和語言、聲韻及音樂節奏來結合，語言是聲音為表現「意念」，經過聯貫、限定、和組織而成〔註14〕。而在最古老的藝術表現中，詩、音樂、舞蹈是一種三位一體的綜合藝術，他們的共同性就是節奏。詩的節奏，取自文字語言，它著重於意義之傳達；音樂的節奏，取自於聲音，它著重於和諧；舞蹈的節奏，取自動作形式，它著重於姿態。文學作品之構成聲音美，有學者〔註15〕結合語言風格賞析的方法，從「同音的重複」、「音節的整齊化」、「押韻」、「句中韻」、「雙聲疊韻詞」、「聲調的變化」、「頭韻」、「諧主元首」、「諧韻尾」、「圓唇音與非圓唇音的交錯」等來分析作品；也有論者使用國際音標來忠實記錄詩作語音和音值，從聲韻學的角度加以分析。〔註16〕

　　本文依據客家母語的聲、韻、調的發音標音，來討論葉日松的客語現代詩構成怎樣的聲情表現？是否有一韻到底而整齊的詩篇？其詩作中最常見的押韻的安排是如何？不押韻的自然節奏的詩篇又有如何之韻律聲情？此為本文研究的第四個目的。

（五）探討葉日松客語現代詩的意象經營

　　現代作家，尤其是詩人，特別重視意象的呈現。「意象」原是心理學上的一個名詞，是指人類的意識的活動、對過去經驗的喚起的一種心象再現，而現代詩人將外界的事象納入心靈，把原有的形式擊碎，然後再經過理性的剪裁、組

〔註14〕英文裡的意念（idea），有人譯成觀念、想像、概念、心像、表像，意識內容。而最接近於語言學家的意見的是觀念，想像。而接近心理學家的意見的是概念，意識內容。而我們今天談詩的語言，必須綜合各家之說，然後始能找出詩的語言的本質。見周伯乃：《現代詩的欣賞》（臺北：三民，1974年12月），頁16。

〔註15〕竺家寧，〈通俗作品中的聲音美〉《語言風格與文學韻律》（臺北：五南 2001年3月），頁113～117。

〔註16〕陳啓佑，〈聲韻學在新詩上的一項試驗〉——「無調之歌」的節奏《渡也論新詩》，（臺北：黎明文化，1983年9月），頁101～112。

織，拼湊成一種全新的式樣，一種前輩詩人所未曾有過的新的形式，這便是創造性的想像，因此，我們也可以說意象之形成是來自於想像的。〔註17〕

　　評論者賴曉珍曾以「不泯滅的文字月光〔註18〕」來形容葉日松客語的詩作，經常讓人深刻而雋永的感動。這種讓人之所以「深刻而雋永的感動」，是如何形成的？是作者把經驗的形式擊碎，再經過理性的剪裁、組織，拼湊成一種全新的式樣，創造了完整的想像空間，而這種想像空間和讀者交流互動，激盪出各種感動嗎？本文試著將葉日松現代客語詩作從具體凝塑之意象美的角度、從動態靜態之的角度、從感性與知性的角度來分析其詩作之感人意象，這是本文研究的第五個目的。

第二節　研究範圍

　　本文的研究以葉日松之客語現代詩為範圍。現代客語詩與客語現代詩都可稱為客家文學，然而前者，是一種特別強調用客家母語寫作的現代詩，關於客家語彙的構詞、語法或客家文字的運用，都十分精準而逼真；而「客語現代詩」是指作者在創作時對於特定辭彙或用語，用客家母語表達，而其他語言成分仍為普通話的現代詩，其重點是「現代詩」，利於大眾所接受。葉日松與客語現代詩之相關論述，詳見本文第三章。

　　本文除了介紹葉日松的生平經歷，讓讀者了解葉日松的成長、學習過程及文藝創作的文學人生脈絡，從中了解影響其勤耕文藝寫作不輟的創作靈感由來，另外也將蒐集葉先生從一九九八年到二〇〇六年發表的八本「客語現代詩集」中所羅列的作品共計兩三百首（含部分重複收錄在八本詩集中），並親自拜訪葉日松，以詳細、完整的分析其作品，並歸納作品特色。

　　葉日松為國內文藝界前輩，筆耕文藝已有五十多年，其國語散文與詩歌著作多達四十餘本，而本文著重在詩人的「客語現代詩」作品研究，對於其國語文著作部份必須略不深談，以免龐雜。

第三節　研究方法

（一）相關文獻探討

─────────────────

〔註17〕周伯乃，《現代詩的欣賞》（臺北：三民 1974 年 12 月），頁 75。
〔註18〕賴曉珍，〈月光灑在東海岸〉，《文訊雜誌 252 期，95 年 10 月號》，頁 34。

本篇論文研究對象是花蓮詩人葉日松的客語現代詩，首先仍須全盤了解作家的基本資料，如出生背景、成長過程、求學經驗以及工作內容、性質或生活上特殊事件，或其他義務服務工作等，因為這些都可以增加對葉日松詩作的全面性了解。

關於新詩文藝理論之專書及期刊和報導、客家文學語言專書及期刊和報導、以及相關主題之學位論文、相關詩評家對葉日松的評述，係本文重要之文獻參考及探討資料。

（二）詩作內容分析

本篇論文研究葉日松的客語現代詩，對於作品本身，除了全面蒐集整理以外，對於較具有代表性的作品，亦深入探討其內容，例如：作者的寫作靈感從何而來、受到哪些因素影響等關於詩作的創作背景介紹；同時關注葉日松作品與既有相關詩學理論之關係，如此方能對作者的寫作內容加以深入分析；並且從其作品中加以分類整理，分析說明其意象、情境、節奏及語彙和取材角度等客家特色。

（三）實地訪問

葉日松目前住在花蓮，本研究除了蒐集研究葉日松的作品，也透過訪問的方式，透過面對面溝通來瞭解其相關理念，用以補充不足的資料及校正論述不足的部份。

第四節　文獻探討

一、葉日松的作品

1、葉日松已出版的客語現代詩集

本論文所論述的依據第一部份是詩人近十餘年來所創作的客語現代詩的集子，計有：

(1) 一九九八年四月二十日由台中文學街出版社出版的《酒濃花香客家情》客語現代詩集，共計三十三首客語現代詩。

(2) 一九九九年四月由花蓮市花蓮客屬會出版的《一張日誌等於一張稿紙》客語現代詩集小冊，共計十九首客語現代詩。

(3) 一九九九年九月一日由花蓮客屬會出版的《葉日松客語詩選》，共

計二十首客語現代詩。

（4）二○○一年二月由台北武陵出版社出版的《客語現代詩選》，共計四十首客語現代詩。

（5）二○○二年二月由葉日松客家文學研究室出版的《佢介名安著臺灣》，共計四十八首客語現代詩。

（6）二○○二年十二月由台中文學街出版社出版的《鑊仔肚介飯，比麼介都卡香》，共計八十三首客語現代詩；從這本詩集開始，葉日松的作品集出現分類的型式，本集分為童年篇、親情篇、鄉土篇、自然篇、生活篇等五篇，之後詩人之三本作品集都有分類，可見詩人已發覺整理作品的需求。

（7）而其後的二○○四年六月花蓮縣吉安鄉公所出版《臺灣故鄉情》，共計五十九首客語現代，內容包括油桐花系列、委託創作系列、鄉土情系列、自然抒情系列和臺灣名產系列。

（8）二○○六年六月花蓮縣政府出版《秀姑巒溪介人生風景》，將三十八首客語現代詩分成詩、詞及合唱劇三類，呈現在該冊詩集中。

2、葉日松其他的文學作品

葉日松的文學作品除了近十餘年來的客語現代詩以外，早年以國語為語言的出版品，包括詩集、散文、童詩評論及作文指導等文藝作品達四十多本，因此本論文雖然研究對象是葉日松的客語現代詩，但在他的文藝創作風格和生平資料也散見於國語作品中，故也應將眾多國語作品集，列為探討文獻之資料。

二、各家對於葉日松的評論方面

本文所論述的文獻依據，有除了將葉日松多年來兩百多首已經發表的客語現代詩重新整理分類外，第二類參考的資料是關於各家學者對於葉日松和客語現代詩作的評論和敘述，包括出身北京的兩岸詩評家古繼堂的評論、陳義芝、呂嵩雁、邱上林〔註19〕對於葉日松的評論，以及賴曉珍對於葉日松的評述，茲列舉如下：

〔註19〕邱上林，本名邱榮華，臺灣花蓮人。中興大學中文系畢業，花蓮高工教職退休。曾獲花蓮縣文化藝術薪傳獎、國軍文藝金像獎、入選花蓮文學獎等，著有詩集、散文集、傳記、報導文學集、《寫真老花蓮》老照片系列等九種。

1、古繼堂〈故鄉的戀歌〉的評論

出身北京的兩岸詩評家古繼堂在二〇〇一年三月二十五日發表於更生日報副刊篇名為〈故鄉的戀歌〉的評論：

> 是他堅定的無處不在，無處不顯的對故土、對歷史、對民族、對祖國、對世界深深的眷戀和熱愛。表現和展露這方面的作品很多。他的詩集『回故鄉看晚霞』中所有的詩作，都是這一思想和情感的最佳註腳。〔註20〕

這份對祖宗和先人的愛是頑強深刻的，是不易移轉和消失的，是有根有源的；依著這份深刻且有根源的愛詩人轉向創作客家詩，客家歌詞，也可從此找到一些脈絡。

2、陳義芝對葉日松〈客家詩兩首〉的評論

陳義芝一九九五年九月廿四日發表於四方文學周刊的評論說：

> 不論其表現手法如何，都感到別有一分親切、從容與純淨。底下就略述一點在遠方閱讀的感受。資深詩人葉日松〈客家詩兩首〉，深情感人。由於是以客家語言寫詩，因此作者在詩後特別加註。〈重遊淡水〉表達風景依舊而人事已非的人生感慨，觸景生情、睹物思人，語言及手法樸實，語風則帶著民謠情味，「希望淡水介海風／暗晡夜（今夜）陪偓（我）寫出偓心中／一起一落介潮水」，海潮與心潮共相起落，極具誠摯厚實之力量。
>
> 另一首〈希望暗晡夜夢到您〉，是一篇跨越日據與臺灣光復、跨越農村與城市生活、跨越故鄉與外鄉的「家傳」，上一代的艱辛打拼與下一代的感念追思交織成一闋動人的時代曲。葉日松未耍弄任何主義技巧的花招，以「秋風開始吹了」起興，以「秋風秋雨又開始了」作結。中段十個「講……」的排比句，內容豐富，厚重中自有變化。
>
> 這兩首客家詩是我所見以客家語彙創作，最感人的作品。〔註21〕

葉日松這兩首客家詩能獲得陳義芝的佳評，而其他詩作是否也有類似風格？是否得以親切、從容、純淨的觀點再深入觀察？葉日松以家傳方式來表達「上一代的艱辛打拼與下一代的感念追思交織而成的時代曲」是否另有其他篇章？

〔註20〕古繼堂，〈故鄉的戀歌〉，《四方文學周刊》（更生日報副刊，2001.3.25）
〔註21〕陳義芝，《台北公車詩選》1995 年 12 月 31 日出版。

3、邱上林《回歸與前溯》的評論

邱上林在二○○五年十一月第三屆花蓮文學研討會中發表一篇對於葉日松的敘述和評論，題目為《回歸與前溯——尋找語言的詩人——葉日松》，文中以「故鄉的土地」為經，陸續介紹「意氣飛揚的讀星的人」葉日松，並提出「從客家母語中找到力量」的論點，再說明葉日松的「筆端觸動客家人的文化鄉愁」，並以《童年介桐花，到今還恁香》詩篇為緯，賞析該篇詩作在空間上、時間上、色彩中、聲韻裡詩的美感經驗；另外也論及詩人新近作品如花蓮音樂家郭子究先生膾炙人口的國語歌曲「回憶」的客語版，及敘述客家義民公義精神的《萬古流芳在人間〈義民之歌〉》敘事詩，組成故事的有機體的形式，為客家詩的創作樹立了新的里程碑的各種論點，提供了足以為本文參考的論據。

4、賴曉珍《月光灑在東海岸》的評論

文訊雜誌九十五年十月號第二五二期曾有學者賴曉珍對於葉日松的生平和著作，以「月光灑在東海岸」為題的篇章，詳加論述。文中提及：

> 小巨人形象的葉老師，言談間，卻是一派謙和儒雅，創作雖已累積四十餘本，他從不自誇為詩人或作家，只當自己是一位文學教育者。如同早年他在「我為什麼要寫作」文中所述，「寫作是一種教育，是一種自我期許。一個詩人或一位作家，不僅要做教育別人的園丁，而且要做一盞燃燒自己照亮別人的燈光。」數十年來，他一直秉持這個創作信念，一如最初。〔註22〕

該篇章夾敘夾議，立論中肯，也相當有參考價值。

三、葉日松生平資料及「教育奉獻獎」方面

由於葉日松長期從事中小學教師工作，除了教學工作外，基於對藝文的喜好和熱誠推廣的使命，花蓮地區大專學生甚至小學生的訪談紀錄整理資料，敘述有關葉日松生平過往及教學歷程以及創作等資料，已有部分在網路上可供下載，另外關於二○○六年得到教育部頒發的第一屆教育奉獻獎；計有下列報導可以參考：

1、花蓮富里鄉鄉土教材〔註23〕中的詳論

〔註22〕賴曉珍，〈月光灑在東海岸〉，《文訊雜誌252期，95年10月號》。
〔註23〕花蓮富里鄉鄉土教材網址：http//native.nhltc.edu.tw

　　本篇資料將葉日松的基本資料如本名、出生地、生年、現職、學經歷、曾獲文學獎項及作者介紹和作品書目做相關基本的介紹。如介紹葉日松：「臺灣省花蓮縣人，一九三六年四月二十日出生。曾任東竹國小教師、羅山國小教師、美崙國中教師花崗國中教師《東潮文藝》社長、《花蓮青年》主編、臺灣省文藝作家協會詩歌創作委員會副主任委員、花蓮青溪新文藝學會理事長；學歷是東竹國小畢業、玉里初中畢業、省立花蓮師範專科學校畢業、曾赴國立師大進修。」等資料，也可供參考。而葉日松固然在花蓮縣立花崗國中退休，卻仍致力於文藝創作不輟，及擔任文化局藝文講座，指導青年學子寫作，曾任臺灣省作家協會詩歌委員會副主任委員、青溪學會理事長、青年寫作協會會長、花蓮女中社團指導老師，現為世界華文詩人協會理事、文化中心諮詢委員、編審委員、國立花蓮師院客家社指導老師、國立花商文藝社指導老師、花蓮縣文化基金會董事及文化諮詢委員。

　　葉日松曾獲文藝金像獎、金環獎、中國語文獎章、青年獎章、中國文藝協會獎章、中興文藝獎章、內政部詩運獎、一九九八年第一屆臺灣省特殊優良文化藝術創作文學類獎。當年除了著有三十多本書，此外，作品被翻譯成韓、日、英等國文字；並獲行政院新聞局、台北市新聞處、臺灣省教育廳列為優良課外讀物。曾代表我國出席中韓作家會議、亞洲作家會議以及世界詩人大會。其優良事蹟已列入「中華民國現代名人錄」、「當代作家名錄」、「當代天下名人錄」、「臺灣藝文誌」、「中國文學大辭典」及「作家大辭典」等書。可見關於葉日松的研究資料已有相當紀錄。

　　2、ET today 記者邱瓊平：《退休老師葉日松創作校歌／剩餘歲月要繼
　　　續發光》報導

　　報導中說：「民國八十二年從花蓮花崗國中退休的葉日松，因為喜好現代文學創作，在這十三年的內為多所學校創作校歌，而他創作的鄉土歌曲《快樂在農家》還被教育部列入全國學生鄉土歌謠比賽的指定曲，退而不休的他除了在國高中演講和教導寫作外，更在花蓮看守所和花蓮監獄為受刑人授課。曾經有一次，有一個三十歲的煙毒犯在文學的薰陶下，每天寫日記，藉此忘卻煙毒的痛苦，而他則花了兩個月的時間仔細改每一篇日記裡面的文章，這名受刑人最後提早出獄，終於見到窗外的陽光。」這些報導，對於葉日松的文學家愛心的耕耘和隨緣灑播的熱誠，提供了參考的資料。

3、臺灣立報記者曾美惠二〇〇六年九月二十九日《老師 謝謝你們熱心奉獻》報導

葉日松說，很高興看到他（煙毒犯）能走回正途，他（葉日松自己）已經七十一歲了，能做的不多，他只想用僅剩的歲月，幫助更多人。

〔註24〕

四、文藝理論方面

關於現代詩的文藝理論方面的專書文獻相當多，在此僅舉例如下，以作為本篇論文重要之論據：

1、蕭蕭《現代詩學》〔註25〕

蕭蕭認為我們既然是詩的民族，則不應該停留在「詩人不停創作」，而「詩法、詩論、詩評、詩學卻未能及時跟進」的狀況，故其《現代詩學》從「現象論」出發，指陳現代詩所共同涵具的面貌，溯探現代詩的特質；在「方法論」中最基本意象的塑造到超現實表現的可能，討論「意象」、「譬喻」、「轉化」、「對比」、「層疊」、「結構與節奏」、「生命感與使命感」等課題，對於本論文《葉日松客語現代詩》中關於現代詩本質的探討，得以有理論依據。

2、向明《新詩50問》〔註26〕

向明自八〇年代以來擔任年度詩選的編委、主編「藍星詩季刊」，十幾年來在詩界奉獻甚多，本書是向明集結平日有關詩的所思所感、援引相關例證，討論「詩」和「詩人」的現代詩學的工具書，其中包含三大領域：一是辯新詩之體，談「感情」入詩、詩中的「知性」、談詩與「生活」、詩與「哲學」；二是論新詩之法，關於「張力」、「韻律」、「意象」、「象徵」、「靈感」、「意境」、「風格」、「典故」、「詩行分行」等主題討論，都可以是本文參考依據。

3、簡政珍《詩心與詩學》〔註27〕

簡政珍是美國奧斯汀德州大學英美比較學文學博士，其所著《詩心與詩學》分為三部份，第一部分〈詩心〉探究詩的普遍原則，第二部分〈詩學〉

〔註24〕記者曾美惠，〈老師 謝謝你們熱心奉獻〉（臺灣立報 2006 年 9 月 29 日）報導網址：http://publish.lihpao.com/Education/2006/09/29/0101/index.html

〔註25〕蕭蕭：《現代詩學》（臺北：東大圖書公司，76 年 4 月）

〔註26〕向明：《新詩後 50 問》（台北：爾雅，1998 年）

〔註27〕簡政珍：《詩心與詩學》（臺北：書林，1999 年 12 月）

針對特定詩人與時期做深入評析，第三部分〈詩話〉則記錄了作者與詩人的對話；對於詩的討論層次分成許多面向，第一是創作者與批評家的闡述，他認爲廣義的批評家應有三個層次，「第一種人是依附創作而批評的存在，第二種人是從作品中看到幽遠的文字世界，進而延展成見解；第三種人則是文學思想家。他有宏遠的文觀或詩觀，獨立於任何個別作品之外；他從博覽的作品中，思索文學的本質，及有關文學的美學的問題，他的思維應該超越時空，也不寄生於那個詩人或小說家。」這本專書對於研究的客觀角度有全方位提攜的作用。

4、林于弘《臺灣新詩中的母語現象——以台語詩爲觀察主體》

林于弘在二〇〇一年五月彰化師大文學院第五屆現代詩學研討會發表《臺灣新詩中的母語現象——以台語詩爲觀察主體》，論文中探討母語文學的過去、現在與未來，認爲「隨著臺灣本土化運動的落實，許多人開始認真的去思考和追尋關於這片土地的種種，這樣的關注也漸漸由小眾的認同而變成普遍的集體訴求」，「母語文學的未來，尤其是偏重藝術層面的詩歌，仍有很遼闊的空間有待大家努力」。結論中以十四世紀歐洲文藝復興爲例，說明當時有名的文學家同時也是方言學家，認爲提倡母語並非就要完全排除現有通行的共同語，而是應當重視母語情感根源、思維模式和保存發揚母語的價值，兩者是可以共存共榮的。

而正是因爲「母語就是民族的語言，文學家是透過語言文字來表現人類社會的種種事項，那麼社會大眾的語言很自然就應該是當地作家用來創作文學的語言，作家對於該民族語言最大的功用就是將之提煉成文學語言，使之更完美精緻、更有表現力。」林于弘以台語詩爲觀察主體有此結論；而對於以客家語爲母語之作家葉日松來說應該也相當適用，尤其他引述一段相當精采的論述：

> 一個作家對於自身使用母語的關心，乃是型塑其文學生命，使之更
> 加深刻的不二法門；也是一個作家向生長他的土地表達愛心、向他
> 的同胞表達敬意的可行途徑；更是一種文學創作提昇其地域性，進
> 而成爲人類共同資產的難得考驗。〔註28〕

〔註28〕 向陽，〈用心用愛寫臺灣——我爲什麼用台語寫現代詩〉，《喧嘩、吟哦與嘆息
——臺灣文學散論》（臺北新店：駱駝，1996），頁147～148。

葉日松十幾年前開始由國語作品轉向創作客家現代詩，就是有相當的理念和承擔，願意以其客家母語向「生長他的土地表達愛心、向他的同胞表達敬意」，才有多達兩三百首的客語詩歌的創作，因此林于弘的這篇論著，正是本文最有利的論述依據。

五、客家文學風格方面

關於母語客家文學的價值及客家語詞彙部分，客家女詩人杜潘芳格曾說：「客家話沒有人說了，也沒有人聽得懂了，這時候就是我們需要反省、深想、思考的時期了。聽說賴和也是客家人的子孫，宋澤萊也是，還有很多很多客家人，給別的族群人同化掉。好像現在的臺灣的年輕一代受了北京話的教育以後完全不關心自己的母語，變成不會說，不會聽台語的人，這樣下去就會有臺灣島就沒有臺灣人了。」〔註29〕這裡所提的台語，指的是廣義的，包括客語和閩南語等，所以一般來說，固然許多客家人平常可以用自己的母語相互溝通和表達心意，但想要書寫成文字時，卻習慣以國語的語言模式進行思考，即使能通情達意，也總感覺失去了生命的氣息和泥土的韻味，特別在文學創作中，最是遺憾。本文關於客家文學風格方面探討的資料如下：

1、林于弘〈中原正聲──客語詩〉〔註30〕

林于弘在這篇論文提到關於客語詩出現時代和意義，包括葉日松生的詩集對於客語文學的貢獻，第二章則以四位客籍詩人的詩作來討論客語詩的表現技巧，其中葉日松的詩作《一張日誌等於一張稿紙》「用詞簡易、條理清晰，全篇利用反覆、譬喻、映襯等技巧」等語，第三章討論客語詩的精神與內涵，也舉葉日松詩作「八音」為例，認為以此表達出對傳統客家文化的珍愛；第四章討論客語詩的成就與困境，一面引述客籍文學評論家彭瑞金的評述和憂慮，一方面也論到羅肇錦教授「臺灣現代客語詩的反歌現象」而造成「橫的溝通阻塞、縱的承傳斷絕、無法創造文化」等嚴重困境，深入而精闢的見解，足以為本論文全面的關照和詩與歌對照研究的啟發，十分有參考價值。

〔註29〕杜潘芳格，〈家在中壢〉，《刻印文學生活誌》1 卷 3 期，2004 年 11 月，頁 78 ～85。

〔註30〕林于弘，〈中原正聲──客語詩〉，《臺灣新詩分類學》，（臺北：鷹漢文化，2004 年 6 月），頁 242～261。

2、林櫻蕙碩士論文《現代客語詩之表現形式研究》〔註31〕

林櫻惠該篇論文列舉近十多年來的客籍作家所發表的客語詩作，從詞彙、聲韻、語言翻譯、詩意內涵等文學角度，提出現代客語詩創作在客家文學及臺灣文學中的無可取代性，希望歸納並突顯出現代客語詩創作的意義與價值，讓讀者很方便在作品中，得知客家民俗風情與文化內涵。同時探究現代客語詩中所蘊涵的傳統精神與文化，進而讓客家子弟明瞭在客家族群中，往後所應扮演的角色與傳承的使命感並肯定客語現代詩的創作價值，讓更多嫻熟客語、熱愛詩文學但無勇氣、無自覺或踟躕不前的創作人，更能積極投入，形成一股蔚為共鳴的情勢，至少在一定的「量」中，對「質」產生一定的提升，期使大家共同為現代客語詩注入新的源泉力量，為客家語言創造新的生命。

3、涂春景〈客語有字嗎？——淺談客語書面化的幾個看法〉〔註32〕

涂春景認為客語的書面語和客語一樣屬於全體客家人的共同文化，找尋客語用字時，要有宏觀的視野，要有國際觀不能急切，必須要有一套可大可久的共識，以免母語本土化、母語孤島化；同時提出前輩學者對於找到客語方言本字的共識有三點：一是找到一個漢字，二是說出一套聲韻調演變的規則，三是漢字的字義和方言辭的意義要相同或近似。這些論點，和本文討論葉日松詩作的客語用字問題時，很有參考的價值。

4、黃子堯《台北縣客家文化年刊》（客家兒歌、童詩中的語言生活）

〔註33〕

黃子堯認為客語詩歌的創作仍屬茁壯的階段，在許多詩人作家的筆下，已逐漸成為一個獨立的世界，時代在轉變，琅琅上口的兒童文學作品，在文人作家的努力之下，開始運用文學的技巧，打造童詩寫作的空間，不但要保持傳統民間文學的韻味，更透過修辭、解析來操作客語的美感經驗，穿插著教化的意義，提供現代社會生活的一些描述；本文葉日松的詩作中也有相當的童詩作品，該篇論述對於本文也有參考價值。

〔註31〕林櫻蕙，《現代客語詩之表現形式研究》，國立臺北教育大學／臺灣文學研究所／2004／碩士論文。

〔註32〕涂春景，〈客語有字嗎？——淺談客語書面化的幾個看法〉，《台北縣客家文化月刊》第1期，2007年1月，頁3～5。

〔註33〕黃子堯，〈客家兒歌、童詩中的語言生活〉，《台北縣客家文化月刊》第1期，2007年1月，頁8～10。

5、張美煜〈客家，現身！客家，籲聲！〉〔註34〕

張美煜提出「客家，現身！客家，籲聲！」這篇文章從提醒大家重視客語嚴重流失的事實說起，討論鄉親們的對於客於流失是否有危機意識，並從一般客家人甘於作隱形的客家人的生活故事說起，分析：「面對部分人多勢眾的強勢族群以語言暴力咄咄逼人時，或以自視甚高、優越感極強的族群氣勢凌人時，凡自信心不強、自尊心不足，以及抗壓性低的鄉親，為了生存之需、工作之便，為了顧全和諧的『大局』，幾乎都『犧牲小我』，選擇了隱形這條路──」

提倡母語，是對母語的思維模式與情感表達，發揮保存與傳承的價值與功能〔註35〕。正因為客家語言的保存攸關客家文化的存亡，客家語的傳承和書面文字的保存，是客家文人現階段不可逃避的責任。鍾肇政在〈客家話與客家精神〉中即大聲疾呼：「沒有客家話，就沒有客家人」，而梁榮茂在〈客家文化的危機與轉機〉中則指出客家文化的最大危機就是客家意識的低落。「客家意識」就是身為客家族群一份子，對待自己本族母語的基本觀念和心態，是否重視和珍惜，對於客家傳統庭訓「寧賣祖宗田，不忘祖宗言，寧賣祖宗坑，不忘祖宗聲。」〔註36〕是否在意。所以學者林央敏認為：

> 一個人學好他的母語，不只是一種權利，也是一種責任和義務。語言本身不只是一種傳達意思的工具，更是一種記載文化的工具。一個民族透過自己的母語，保存了自己的傳統文化，如果這套母語消滅了，那麼整套傳統文化也必然失傳。〔註37〕

因此詩人葉日松體會現今正是客家語言文化的重要時刻，藉著「詩的表現，要靠語言做為媒介。詩本身就是一種語言的呈現（expression of language）」〔註38〕，多年來不斷嘗試、實驗、發表，終於能在客語現代詩的園地中普獲掌聲，故本文以「葉日松客語現代詩研究」為題。

〔註34〕張美煜，〈客家，現身！客家，籲聲！〉，《客家雜誌》201期，2007年3月，頁63～68。

〔註35〕林櫻蕙，〈母語文學對母語復興的重要性——以現代客語詩為例〉《語言人權與語言復振學術研討會》（2004年12月）

〔註36〕梁榮茂，〈客家文化的危機與轉機〉，《臺灣客家人新論（台原出版社，1995.6），43頁。

〔註37〕林央敏，《台語文學運動史》（台北：前衛，1996），頁78。

〔註38〕孟樊，《當代臺灣新詩理論》（台北：揚智，1995），頁1。

第二章　葉日松的文學人生

　　喜愛文學的人通常有一顆細膩多感的心，而「『愛』是詩最基本的質素，因爲『愛』是人性良善的一面，詩是從這善性的基礎出發的。詩人常有悲天憫人的情懷，這就是愛心的表現。詩人以『愛』爲至高的倫理，才能使讀者感受那溫馨〔註1〕。」葉日松身爲一個客家詩人，其愛心的源頭來自對故鄉土地的深情和對萬事萬物的感懷及祖先親人的感念，其信念是隨緣灑播，努力創作，因此在深入探討葉日松客語現代詩研究其形式、內容與風格之前，有必要先瞭解葉日松個人人生的經歷、美感經驗，再檢視葉日松一步一腳印的文藝創作之路，來看葉日松以文學爲經緯的人生，並看他在已奠立的詩壇基礎上，回歸到母語創作之路，如何豐富客家文學的多元性。以下分節論述葉日松的文學人生：

第一節　葉日松的人生歷程

　　葉日松，臺灣省花蓮縣人，1936 年誕生於花蓮最南端——富里鄉的客家農村——東竹。富里鄉與台東池上鄉隔鄰，是一個土地肥沃，適合水稻生長的沖積扇平原，百年來被新竹、苗栗地區移墾的客家鄉親開發成高高低低起起伏伏的水田，可以說是花蓮縣的「穀倉」，而東竹則是「富里鄉的穀倉」〔註2〕，也可以說是葉日松詩情和文思的泉源〔註3〕。故鄉的土地和故鄉的

〔註1〕　李魁賢，《詩的見證》，（臺北：臺北縣立文化中心，1994 年 6 月），頁 169。
〔註2〕　葉日松，〈竹園裡的春天〉，《生命的唱片》（花蓮縣立文化中心，1993 年 6 月），頁 43。

人事物，是葉日松成長的養分，是他一切作品的泉源；他的人生和花蓮這片土地有著相依相隨的關係，本節擬從三個面向敘述葉日松之人生歷程：

一、純樸無華的農家子弟

葉日松的祖父和父親從前山的新竹縣竹東鎮，遷移到花蓮縣富里鄉的東竹村〔註4〕，因此葉日松是可以說是臺灣客家二次移民的第三代。他誕生在花蓮，從小生活在貧苦的農村，卻有健康硬朗、慈祥愛國又陪他參加學校「三代接力賽跑」的祖父〔註5〕，也有勤奮樸拙、日夜無歇、努力爲生活打拼的雙親，「快樂在農家」這首詩中提及他的雙親「惜子又顧家」，爲了照顧全家而忙忙碌碌的情景，可見這是一個充滿「愛」的家庭，孩子感受到「愛」就有「幸福」和「快樂」，所以葉日松有關故鄉人情景物的作品，豐富多元、樂觀積極而且情感充沛，是因爲他自小得到滿滿的「愛」。以下舉兩首詩爲例，爲說明方便，將詩作的客語原文和國語譯文並列：

第一首　〈快樂在農家〉

客語原文	國語譯文
阿姆㧯〔註6〕阿爸	（媽媽和爸爸）
阿姆㧯阿爸	（媽媽和爸爸）
日夜冇〔註7〕停鉈	（日夜無停歇）
惜子又顧家	（疼愛子女又顧家）
落水著蓑衣	（下雨時　穿著蓑衣）
日頭下戴笠嫲	（太陽下　戴著斗笠）
有時補籬笆	（有時補籬笆）
有時種菜瓜	（有時種菜瓜）
爲著子女　爲著生活	（爲了子女　爲了生活）
甘願做牛馬　做牛馬	（甘願做牛馬　做牛馬）

〔註3〕賴曉珍，〈月光灑在東海岸〉，《文訊雜誌252期，95年10月號》，「土地種種皆能入詩」，頁29。

〔註4〕葉日松，〈新竹掃墓記〉，《生命的唱片》（花蓮縣立文化中心，1993年6月），頁132～135。

〔註5〕葉日松，〈童年瑣憶——祖父印象〉，《生命的唱片》（花蓮縣立文化中心，1993年6月），頁54。

〔註6〕「㧯」，又寫作「摎」，以下同。

〔註7〕「冇」，又寫作「無」，以下同。

阿姆**拕**阿爸	（媽媽和爸爸）
阿姆**拕**阿爸	（媽媽和爸爸）
日夜冇停鈸	（日夜無停歇）
惜子又顧家	（疼愛子女又顧家）
汗水淋菜花	（流著汗水澆菜花）
星光下打**糍**粑〔註8〕	（星光滿天之下做粢粑）
出門迎彩霞	（出門時迎著滿天的朝霞）
落門擎火把	（晚上回家時得舉火把）
挨絃唱歌　頭望月華	（拉胡琴唱山歌　抬頭看月光）
快樂在農家　在農家〔註9〕	（快樂在農家　在農家）

　　臺灣地區光復初期，農村的生活十分清苦。以本詩篇中「落水著蓑衣」來說，本是指詩人的父母親下雨時穿著「蓑衣」，蓑衣是用褐色的棕毛製成的，堅韌而耐水濕，所以穿起來既穩重又不怕漏水。原來，當時農家的雨具，除了最傳統的蓑衣之外，還有「布袋」。布袋原是用來裝砂糖、玉米和稻穀用的，但是農夫卻拿它來充當雨具，其實這也是就地取材，物盡其用的好主意。這也可以說是客家精神勤儉樸實的一種展現。

　　葉日松曾說：「平日看別人穿蓑衣披布袋的時候，並不覺得奇怪，可是等到了自己穿上它的時候才驟然覺得渾身不自在，覺得自卑而難爲情。因爲在小孩子的心目中，這兩件代用的雨具，永遠是農夫的代名詞，是清寒的表徵。可是日子久了以後，我們也就習慣成自然了。因爲我們和絕大部分的同學一樣，都是蓑衣和布袋的子民。從此以後，我也發現，各班的教室，幾乎都成了蓑衣和布袋的展示館了。如果時光能夠倒流，我願意再回到那一段有風有雨的歲月，穿起古意盎然，看起來很土很土的布袋，在風雨中找尋模糊的腳印，重修那童年未了的課程〔註10〕。」這種「和絕大部分的同學一樣，

〔註8〕「　粑」又寫作「粢粑」。
〔註9〕葉日松，〈快樂在農家〉，《一張日誌等於一張稿紙》（花蓮：花蓮客屬會，1997年4月），頁48～49；《酒濃花香客家情》（臺中：文學街出版社，1998年4月）頁58～59；《鑊仔肚介飯，比麼介都卡香》（文學街出版社，臺中），2002年12月，頁96～98；《臺灣故鄉情》（花蓮：花蓮縣吉安鄉公所，2004年6月），頁39～41。
〔註10〕葉日松，〈穿蓑衣、披布袋——古早情懷〉，《生命的唱片》（花蓮縣立文化中心，1993年6月），頁37～38。

都是蓑衣和布袋的子民」的想法，符合傳統以來的客家精神中的「平等精神」
〔註11〕；也就是說葉日松經歷了當年農家的清寒心中固然偶有難堪，到成長
後體會農家勤奮、簡樸的精神，卻是快樂而值得歌頌的，所以才有這首〈快
樂在農家〉之作，這首詩於民國九十一年被教育部選為全國各級學校音樂比
賽國小組及國中組的指定曲。〔註12〕

第二首　〈釣童年〉

客語原文	國語譯文
放料〔註13〕日	（放假日）
𠊎去魚塘釣魚仔	（我去池塘釣魚）
風在唱歌	（風在唱歌）
野薑花在跳舞	（野薑花在跳舞）
囊妮仔在空中寫詩	（蜻蜓在空中寫詩）
白雲在魚塘上畫圖	（白雲在池塘上畫圖）
一群小麻雀在柳樹頂陪𠊎度假	（一群小麻雀在柳樹上陪我渡假）
𠊎介釣竿	（我的釣竿）
朝晨釣露珠	（早晨釣露珠）
黃昏釣彩霞	（黃昏釣彩霞）
釣歸日冇釣半條魚	（釣整天沒有釣到半條魚）
總係釣到一種心情	（總是釣到一種心情）
釣到阿公阿爸介身影	（釣到爺爺和爸爸的身影）
釣到一串一串介童年	（釣到一串一串的童年）
假使夢係一口魚塘係一日假期	（如果夢是一方池塘是一天的假期）
𠊎愛擎一枝釣竿	（我要舉著一枝釣竿）
夜夜出門　日日出門	（夜夜出門　天天出門）
去釣回𠊎熱天上山掌牛	（去釣回我夏天上山牧牛）
冷天在河邊烤蕃薯介童年〔註14〕	（冬天在河邊烤蕃薯的童年）

〔註11〕雨青，《客家人尋「根」》（臺北：武陵出版社，1987年6月再版），頁240。
〔註12〕見本文附錄三，葉日松「1962～2007」文藝活動記要，民國90年第23項。
〔註13〕「放料」是放假的意思，又寫作「放寮」，以下同。
〔註14〕葉日松，〈釣童年〉，《一張日誌等於一張稿紙》（花蓮縣客屬會，1997年4月），

葉日松在這首〈釣童年〉的詩篇中回憶童年假日的美好時光,「放料日」(「放寮日」) 就是漢文的放假日,因為詩人創作時,客家文字書寫尚未建立統一的慣用字,所以暫時用客家同音的詞彙「放料日」呈現,如今讀來令人備覺親切,另外,末二行客家詞彙「掌牛」,則運用得相當精妙。

葉日松回首身為農家子弟的那段成長歷程,儘管辛苦,卻也覺得受到純樸習性的陶冶和調教是影響深遠的,他感受到真摯的人情,因為可以從父親和祖父的身影傳承客家人的生活方式,以及大自然的詩意;因為童年的生活裡,不論白天或黃昏,總有風、花、雲朵、朝露和彩霞相伴,夏天在山上邊玩耍邊掌牛(放牛)或冬天可以在河溪邊烤蕃薯的怡然自得;他認為:

> 生活在農家的子弟,是幸福的、是快樂的。雖然,我們所享受的物質文明和精神糧食,沒有都市人那樣充實和豐富,但是,我們卻擁有都市人所沒有的樂趣和詩篇。〔註15〕

小時候就受到鄉村純樸氣息感染,從耕耘到收穫,從春天到冬天,在時光的流轉中,他深深地體驗到「大地藏無盡,勤勞資有生,念哉斯意厚,努力事春耕」的真諦。他說:

> 小時候,看到父母親和叔叔們,在田間工作的辛勞情景,我總會投以敬佩的眼光,讚美他們的偉大。特別是他們的雙手,厚厚的繭裡,蘊藏著無比的信念和堅韌的生命力。因為只有他們握過鐮刀、鋤頭、圓鍬的雙手,才能耕耘出這金黃的世界。〔註16〕

他看到大人在田間工作的辛勞情景,會投以敬佩的眼光,讚美他們的偉大;反過來說,當時葉日松年紀小,大人們為了愛護他,只讓他做一些較輕鬆的工作或者是讓他旁觀;這一來一往之間,便又說明了葉日松有一個充滿「愛」的家庭,孩子感受到「愛」,就有「幸福」和「快樂」。因為多年後,儘管離開了田園,他對田園的懷念更深更濃。他認為,在田園的擁抱之下,過著豐衣足食的日子,是最幸福不過的事。「只要撫觸田園,田園便以豐盈的微笑回

頁 22～23。《酒濃花香客家情》(臺中:文學街出版社,1998 年 4 月) 頁 24～25;《客語現代詩歌選》(臺北:武陵出版社,2001 年 2 月),頁 32～34。
〔註15〕 賴曉珍,〈月光灑在東海岸〉,《文訊雜誌 252 期,2006 年 10 月號》,「純樸無華的農村體驗」,頁 31。
〔註16〕 葉日松,〈歌在田間──踩過故鄉的林野〉,《生命的唱片》(花蓮縣立文化中心,1993 年 6 月),頁 79。

報。只要我們走進田園的懷抱，我們便會有豐收的喜悅〔註17〕。」可以看出葉日松雖然出身清苦的農家，經歷了純樸無華的生活，卻感受滿滿的幸福和快樂，所以他能時常懷著積極樂觀，光明喜悅的精神，書寫客家鄉村社會中「耕以為生」的堅定意志。〔註18〕

二、堅守崗位的教育園丁

　　民國一九五二年自花蓮師範畢業後，葉日松投身中小學教職四十年，民國一九九三年從花崗國中退休。對於教育工作，他非常投入，從不遲到、早退，在〈回首十七年〉中，葉日松寫道：「教育是百年樹人，清高無上的事業，而教師又是神聖事業的耕耘者。從事教育工作的人，應該要有『不戚戚於貧賤，不汲汲於富貴，陋於稀世，菲於奉身』的修養。我是教師，我是園丁，十七年來，我不敢敘述我對國家社會所作的貢獻，只求問心無愧。而且這十七年來的辛勤和努力，也沒有白費。我曾經在我的日記上寫過這樣兩句話：『不為名利，不做歌星，我唱我的歌。』『我選擇我的路是因為我知道那裡有綠洲和芳草。』我慶幸自己走了從事教育的道路，我興奮自己能登臺唱我教育的歌。」〔註19〕

　　葉日松曾在八十年五月十六日中國時報發表〈五心園丁〉，記錄了他身為教育工作者的堅實信念：

　　　　「回想那一段為莘莘學子付出汗水的時光，我有太多太多的激情，
　　　　在血脈裡湧動。三十六年的教學生涯，不僅是一首溫馨的詩篇，也
　　　　是一首歌。在傳道、授業、解惑中，最令我感到快慰的是，從學生

〔註17〕同上註。
〔註18〕雨青，《客家人尋「根」》（臺北：武陵出版社，1987年6月再版），頁210：
　　　　「客家社會，由於『一等人忠臣孝子，兩件事讀書耕田』的傳統觀念，『耕
　　　　以為生，讀以存志』的傳統習尚，便得知客家社會不同於其他民系的移墾
　　　　社會，也指出了客家人兩千年來歷史發展的關鍵所在：（一）由於這種能耐，
　　　　充分支持了客家人先祖們一直向前走的行動，不管那環境怎麼崇山峻嶺，
　　　　瘴癘荒棄。（二）一經定居，不僅自己這個家族，這個社群的經濟生活，得
　　　　以自給自足，勿所仰求於人。重要的是，使這個地區得到大大的開發。（三）
　　　　更重要的宗旨，乃是『讀以存志』——這包含了堅定不移，奮鬥生存的意
　　　　志，中原文化士君子詩禮相傳的識見與德行，勿負歷代先祖的願望等等。
　　　　讀書目的並非要做官。」
〔註19〕葉日松，〈五心園丁〉，《生命的唱片》（花蓮縣立文化中心，1993年6月），頁
　　　　149。

> 成長過程裡，尋回了自己年輕的形影。同時也在默默的耕耘中，不
> 知不覺地走進了時光隧道，讓自己重返那英姿風發的歲月。」
>
> 「從選擇教師為職志那天起，我便下定了決心，做好一個園丁應該
> 扮演的角色。雖然社會的變遷，迫使家庭的結構、教育的制度，有
> 了很大的轉變，然而，我一直保持著一份赤子情懷，走進孩子們的
> 世界，和他們共享純真美好的人間情分。」〔註20〕

當年葉日松剛教書時，臺灣正處於閉塞而艱苦的年代，尤其農村，物資更是
缺乏，他有一段使用油印機、蠟紙、鋼板和鐵筆的歲月。「每逢考試，他都
得耐心地刻鋼板（即刻蠟紙），印考卷。刻鋼板的過程中，蠟紙破了洞或刻
錯了字，他都捨不得丟棄，總是將它縫縫補補，塗上蠟油，重新鐫刻。常常，
他為了抽考學生的學習成果，利用夜晚的時間，一字一字地在蠟紙的方格上
沙沙筆耕，寫到手指發腫成繭。印考卷時，葉日松也得充當工友，不論上油
或使用滾筒，全都自己包辦。起初，由於技巧不純熟，雙手和臉部都會沾染
藍色的油污。他聲稱，這是一段最艱苦又最甜蜜的教學時光。」〔註21〕

他在二〇〇六年九月二十九日接受臺灣立報記者曾美惠訪問時，表示當了
四十多年的老師，即使已經退休，動力依然來自於學生，他曾經感性地說：

> 「就算不久的將來會離開人世，還是希望自己剩餘的歲月能像是夕
> 陽一般，繼續地發光、發熱！」〔註22〕

可見葉日松在這條教育的道路上，刻苦勤奮，無私奉獻，始終有深刻而堅定
的教育熱誠，這種不為名利，只求付出的精神，榮獲二〇〇六年教育部頒發的
「第一屆教育奉獻獎」，可以說是實至名歸，更驗證了客家讀書人「讀以存
志」，不負歷代先祖願望的德行。〔註23〕

三、勤於筆耕的花蓮詩人

葉日松的寫作始於國中時代，也就是就讀玉里初中的年代。到了十八歲

〔註20〕葉日松，〈回首十七年〉，《生命的唱片》（花蓮縣立文化中心，1993 年 6 月），
頁 23〜24。
〔註21〕賴曉珍，〈月光灑在東海岸〉，《文訊雜誌 252 期，2006 年 10 月號》，「自刻鋼
板開始的教育路途」，頁 32。
〔註22〕http://publish.lihpao.com/Education/2006/09/29/0101/index.html 臺灣立報記者曾
美惠 2006 年 9 月 29 日〈老師　謝謝你們熱心奉獻〉報導。
〔註23〕同註 18。

花蓮師範學校二年級那年，由於受到當時任教國文之黃萬周的鼓勵，開始創作和投稿。從第一篇散文〈晨〉發表於《更生日報》副刊開始，他頻頻在花蓮地區的《更生日報》、《東台日報》副刊出擊。繼而走出花東，瞄準臺北，成為《青年戰士報》、《國語日報》等報的作者。〔註24〕

葉日松這一生，從來沒有離開過花蓮，幾十年來一直廝守家園，眷戀花蓮。他的文學人生與「花蓮」息息相關，他與人廣結善緣的文學情緣部分詳見次節論述，此處僅列舉兩篇短文及花蓮縣長序文，以說明葉日松之為「花蓮詩人」之魂牽夢縈：

第一篇　夢回花蓮

……說真的，我實在很喜歡花蓮，因為花蓮的純樸自然，一切都顯得那麼和諧安祥。它，給我純真，它，給我「生命的藍」，它給我「詩的靈思」，它給我「思想的海洋」。因此離開花蓮一段時間之後；我便深深體會到花蓮的可愛。〔註25〕

原來是多年前葉日松來到臺北師大作短期進修，不到半個月，就深深思念花蓮故鄉的一切，不僅在與學生的通信中，殷殷期盼學生寄來花蓮的雲，幾片細碎的呢喃和太平洋的濤聲……，同時由於懷鄉意識的驅使，作者走到哪都覺得像是漫步在花蓮街頭的感覺……，他無時無刻想念著故鄉——花蓮。

請來花蓮

（一）

花蓮，有詩的噴泉，有詩的仙人掌。

花蓮，有山的振臂歡呼，有海的奔騰歡唱。

一座山就是一個世界，一潭水就是一個天地。

一片雲就是一支歌，一絲雨便是一篇詩章。

藍藍的海，藍藍的天，碧綠的草原，碧綠的山脈，給你以美的遐思，

給你以青春的氣息。

（二）

花蓮的夜色最迷人。

〔註24〕邱上林〈回歸與前溯〉——第三屆花蓮文學研討會，附錄於葉日松：《秀姑巒溪介人生風景》（花蓮：花蓮縣政府，2006年6月），頁162。

〔註25〕葉日松，〈夢回花蓮〉，《生命的唱片》（花蓮縣立文化中心，1993年6月），頁13。

花蓮的峽谷平原最粗獷。

花蓮的海岸風光最詩意。

我是土生土長的花蓮人，我常常在薄暮時分，漫步在「海濱公園」，一面聆聽浪花的歌唱，一面聆聽嘩嘩的海風，朗誦我的詩篇。當我投入那一片平靜的或洶湧的波濤裡，我的心也隨著海浪的起伏，步入一個渾然忘我的境界。

（三）

花蓮本身就是詩，就是歌，就是畫。

要採擷亮麗的詩篇，請來花蓮。要聽青春的歌，請來花蓮。要描繪美的形象，請來花蓮。

朋友！你愛詩，你愛歌，你愛畫嗎？〔註26〕

「花蓮」在葉日松的筆下，就像一首一首的詩歌，像一幅一幅的畫作，令人產生一種難以抗拒的親切感，所以說葉日松已和「花蓮」形象緊緊結合。葉日松這一生，從來沒有離開過花蓮，幾十年來一直廝守家園，眷戀花蓮。對於花蓮這片土地的情和愛，始終能以詩、以文來書寫，散發出濃郁的芬芳，更以感性的文字去結合音樂，來唱響花蓮，推銷花蓮，讓花蓮的名字更詩意，花蓮的天空更亮麗。花蓮縣縣長在葉日松《秀姑巒溪介人生風景》序中讚言：

在花蓮的文學沃土上，因為有葉老師的耕耘和撒播，而處處充滿了春暖花香，花蓮的文學清流，也因為有葉老師的吟詠和朗誦，而日夜飛濺出百合般的千層浪花。〔註27〕

近十多年來，葉日松的創作領域範圍拓廣，不斷有鄉土作品列身公共文化資產，像入選為臺北市公車詩的〈背帶〉；被鐫刻於花蓮縣富里鄉竹田村的浣衣亭上的〈浣衣頌〉，矗立在苗栗三義臺灣第一條詩路上，用原木雕刻詩作展示於道路兩旁，供遊客欣賞的「覓詩的白鷺鷥」；還有，為自己故鄉最值得驕傲的富里米創作〈富里米之歌〉，刊印在米包裝袋上，以及與作曲家林道生合作〈林田山煙雲組曲〉。在在都證明：葉日松不僅深愛花蓮，書寫花蓮，歌頌花蓮，並著手推動花蓮文學的發展，依著創作方式不同，用多元的面貌呈現，

〔註26〕葉日松：〈請來花蓮〉，《生命的唱片》，（花蓮縣立文化中心，1993年6月），頁15～16。

〔註27〕葉日松：〈縣長序〉，《秀姑巒溪介人生風景》（花蓮：花蓮縣政府，2006年6月），頁3～4。

符合現代人的共識，把花蓮的文化風情傳播到臺灣各地，讓產業和文學結合，說他是「花蓮的親善大使」、「花蓮詩人」，「花蓮」和「詩人」應該是相得益彰的。〔註28〕

　　綜合的來說，身為第三代移民花蓮富里的客家子弟，葉日松在純樸的農村成長，其間渡過許多貧苦卻堅毅的日子。客家農家在移民墾殖之初，生活難免窮苦不安，然而，一旦經濟稍微穩定之後，客家人傳統上「耕以為生，讀以存志」的生活方式，就昭顯在葉日松的人生歷程中。從幼年受到漢文先生指點到成年接受師範教育，葉日松勤奮讀書，勤奮教學，並勤奮寫作，一輩子過著勤勞樸實的生活；就像下雨天時「穿蓑衣」的心情，從無奈羞赧，到接受認同，甚至日後成為歌頌書寫「快樂在農家」的場景與道具，他從農家生活裡體驗「儉樸勤奮」、的「自重自立」的客家精神，一路走來忠誠地為教育奉獻，退休之後，更昂揚奮發積極為客語現代詩努力。

第二節　葉日松的文學情緣

　　農家子弟葉日松一方面從事教育，擔任國小和國中的老師，一方面持續不輟從事文藝創作，因而和文學結下一生情緣。一來是受到客家漢文老師的啟蒙，再來是初中和花蓮師範時代甚至就業任教後師長們的提攜照護所致。而依據陳千武的說法，葉日松應該是一個「有人性、人道主義觀，無論任何場合，據於文學的愛心會體諒對方。」的人，「尤其從事文學創作的人，大都屬於『多情佛心』的人；他「不但能夠發揮同情心，更能夠分析對象的本質，判斷實際情況，有邏輯地加以在創作上表現，而以作品影響人心。這就是所謂文學能夠陶冶情操，改變氣質的良知所在。」〔註29〕

　　觀乎葉日松之文學情緣，從啟蒙到享有聲譽，其中都含藏著至情。不論是受之於老師的，或施之於學生或受刑人的，都在這至情的所謂佛心愛心中，綴成其與文學間的緊密情緣。以下就說明葉日松由此佛心愛心所編織成的文學情緣分別說明其文學啟蒙、教育工作及嘉惠監獄受刑人的事略。

一、葉日松的「文學啟蒙」

　　一九四五年，臺灣光復那一年，葉日松剛滿九歲，已經讀了兩年的日本

〔註28〕參閱附錄三葉日松「1962～2007」文藝活動記要資料。
〔註29〕陳千武，〈文學的愛心〉，《詩文學散論》（台中：市立文化中心，1987年），頁44。

書。他的父執輩基於客家人「尊文重教」的傳統，特別禮聘了一位漢文先生
到他們家教授漢文。這位名叫「阿基」的客家漢文先生，完全不會說國語，
他教授《三字經》、《百家姓》、《唐詩》、《四書》、《增廣賢文》、《四言雜記》、
《幼學瓊林》等古籍，全用客家話講授；而由於來受教學生的性別、年齡（從
八歲到十八歲）都不一致，每人程度不同，進度不同，先生必須因材施教，
重視個別輔導。〔註30〕

　　葉日松對這段六十餘年前的學習生涯，依然清晰的烙印在記憶中。他說：

> 「阿基先生對學生的要求，十分嚴格。……先生特別注重「認字」
> 和「背誦」的功夫，同時他也要求同學們讀完某一段課程之後，先
> 作自我欣賞，而後再請先生語譯或解析。雖然這種教育方式，稍嫌
> 呆板，但是每當我們背誦到那些優美的詩句時，內心便會感到無比
> 的舒暢愉快。」〔註31〕

這裡所提到內心的愉快舒暢，是一種對於文學歡喜的領受，是一種啟蒙，更
是一種深深滋長在心田的幼芽，以致於三四年後，葉日松考進玉里初中，剛
好在正式學校體制內國文老師的教導下，得到高分的鼓勵，並在後來師範時
代不斷投稿、退稿的過程中，展現他創作不懈的毅力，甚至進而將其對文藝
的興趣綿延一生而終能著作等身。同時，他對於學生和後輩都能本著「文學
家的愛心」，給予充分的關懷和耐心的照顧。本文認為這些情懷都肇始於漢文
老師的「文學啟蒙」。因為阿基先生寬嚴並濟的對待，重視個別差異的慧心，
以及教導學生自我欣優美詞句的方法，經過整整一年的薰陶，使得葉日松得
以在阿基先生愛心的澆灌下，吸納大量的文學養分，由一顆文學幼芽終而成
為一棵文學大樹。

二、葉日松與「花蓮青年」

　　花蓮師範畢業後，葉日松在故鄉東竹擔任國小老師，十七年後調職進入
花蓮市美崙國中，兩年後調花崗國中，擔任國文老師和級任導師的工作。他
常帶領學生欣賞各家佳作，並以身為作家的品味與理解，深入淺出地解說，

〔註30〕葉日松，〈客家漢文先生〉，《摩里沙卡的秋天》（花蓮縣立文化局，2005 年），
　　　　頁 187。

〔註31〕葉日松，〈阿基先生──童年瑣憶〉，《生命的唱片》（花蓮縣立文化中心，1993
　　　　年 6 月），頁 57～58。

讓學生明瞭一首詩、一篇散文的精妙之處，在潛移默化中讓他們親近文學，喜歡上國文。同時，也經常鼓勵學生創作、投稿，並為他們的佳作爭取各處發表刊登的機會。〔註32〕

本著文人的愛心，教育的良心，葉日松在體罰盛行的年代，從來不打學生，也不辱罵學生，他一向認為「任何學校並沒有真正頑劣不堪或無可救藥的學生，當然也就沒有不能教的孩子。只是在升學、就業和成長過程中所帶來的雙重壓力或困擾下，有的人或許會迷航，有的人或許會徬徨。如果我們能以愛心和耐心，去關懷指引，循循善誘，細心扶持，相信我們必然可以在教育的過程中，享受到施予的快樂。」同時他也向所有把孩子送到學校就不管事的家長提出呼籲：「希望你們在追求富裕生活的同時，請把溫暖的愛，投注給可愛的孩子。」〔註33〕

桃李春風中，葉日松的中小學老師歷程裡，培育過的人才很多，像東華大學中文系系主任吳冠宏、詩人陳克華，是那時候在花崗國中寫作班和詩歌朗誦班相當優秀的學生。當然後來成為音樂家的也有，像名歌手葉佳修（成名曲——鄉間的小路）則是他的姪子兼學生。比較特別的是葉日松對於弱勢族群或問題學生的關懷和愛心，是耐心給予規勸而且持久寬厚，正是本著文學家的「多情佛心」。以下有三則事略值得一書：

第一則　小兒麻痺學生的第一封信

葉日松第一年到花崗國中，他帶的班是國三生，班上有個小兒麻痺、脾氣很壞又愛打人的學生。有一天，那個學生老毛病又犯，跟人起衝突，對方差點墜樓，學校主任來強力規勸，他都不肯聽從，學校相關人員緊張萬分。經過葉日松理性勸導，他的態度終於軟化。後來學校要記他大過甚至要他退學，葉日松一方面請校方從輕處罰，一方面耐心輔導該生，傾聽孩子的心聲，進而苦口婆心勸他要為母親著想：如果打傷人或打死人，不僅無力賠償，萬一被學校退學的話，母親更會傷心憂慮……。事後學校尊重葉日松的建議，僅以小過處分該生。當年的教師節，葉日松就收到一封該生的來信，信中說明自己「是小兒麻痺……用左手寫字……從來都沒有寫過信，而老師，是使

〔註32〕賴曉珍，〈月光灑在東海岸〉，《文訊雜誌252期，2006年10月號》，「自刻鋼板開始的教育路途」，頁32。

〔註33〕葉日松，〈五心園丁〉，《生命的唱片》（花蓮縣立文化中心，1993年6月），頁150。

我感恩、感動的人，所以我才寫一封信給你，這是第一個。(次)」

第二則　「三劍客」和「為國爭光的國手」

這則事略包括兩組學生的故事。同樣在花崗國中，葉日松曾遇到三個頭痛學生，他們經常抽煙、曠課，在一學期一百二十天多天之中他們曠課大約四十多天，訓導處堅持要求退學處分，而全校開會時葉日松則力主暫緩退學，學校就決議將學生交由葉日松全權輔導，他們還得了一個「三劍客」的綽號。而另外一個問題學生則是因貪玩惹事也差一點被學校退學，葉日松不忍學生被退學，仍是一本文學家、教育家的愛心輔導他，鼓勵他繼續讀高中。畢業以後該生去參加比賽，出人意外的入選國手，保送某大學體育系，後來當了教練，還代表國家，參加漢城奧運會得到銅牌。

這種類似從問題學生到成為國爭光的國手的愛的故事，在葉日松的數十年教學歷程中，不乏其例。身為一個文學教育家，特別擁有多情佛心，不但能夠發揮同情心，更能夠分析學生的本質，判斷實際情況，說服叛逆的學生，影響他們，啟發學生，創造他們自己的價值。因此後來有的學生不再滋惹事端，平安過日；有的學生則積極奮發，為國爭光。這些都是葉日松教育愛的故事。

第三則　葉日松與《花蓮青年》的文藝青年

葉老師除了在學校的固定教職上盡情揮灑積極奉獻時間外，也擔任多年花蓮女中校刊「采風社」、各類文藝寫作班、文學研習營、文藝社團等的指導老師工作，其中最特別的是《花蓮青年》。這本雜誌從五十七年九月十五日創刊到二〇〇七年底，已經超過四十年，是花蓮地區國中、高中學生文藝作品發表的園地。葉日松從民國七十年起，長期擔任這本雜誌的主編〔註34〕，除協助編輯事務之外，並為那些被刊登的作品，持續書寫「詩評」。以第 265（民國九十五年十月出版）到 267（民國九十五年十二月出版）連續三期為例，本文就葉日松的詩評列了一張表〔註 35〕以說明，葉日松每個月為《花蓮青年》寫十首詩評，有的分析詩作，有的給小詩人鼓勵，給人以莫大的鼓舞，覺得有被欣賞和重視的感覺。這些小詩人對詩的喜愛日益加深，即使日後不見得繼續創作詩篇，但相信他們在青少年時期對詩的喜愛，會影響他們日後的生活態度，對花蓮地區濃厚的文藝風氣的培養，應該算是非常有貢獻的。

〔註34〕參考附錄三民國 70 年條。
〔註35〕詳見附錄一《花蓮青年》265～267 期詩評

三、葉日松在「美崙山下」

民國 61 年，葉日松從富里搬來花蓮市，每天早上黎明即起，到美崙山上登高做運動，35 年來幾乎沒有間斷。就在美崙山下有一座「花蓮看守所」，是一所關犯人的監獄，葉日松曾經每週花兩個小時，為花蓮看守所裡十至十八歲的青少年上課，輔導他們閱讀寫作，這一段善緣持續了四年。期間，他曾獨排眾議，在主編《花蓮青年》時，大膽刊登了某一位受刑人的作品，讓這位受刑人銘感在心，那年農曆年，該受刑人為了表達感謝，寄了一張親手繪製有兩隻小鳥和青翠竹林的卡片給葉日松。葉日松提起這件往事，神情中洋溢著歡喜，彷彿是自己最大的成就。〔註36〕

還有一次，他從臺北搭火車回花蓮，車廂中一位年輕人起身喊他老師，葉日松一時想不起來這是何時哪處的學生？對方表明自己曾在美崙山下（指花蓮看守所）接受老師的輔導。葉日松問他去臺北做什麼？「我去看媽媽。」「你目前有工作嗎？」「我現在摩托車行當學徒，一個月賺幾千塊。我會將錢存起來，留著討老婆、孝順媽媽……」年輕人回答。葉日松欣喜的告訴對方，「不要嫌棄當學徒錢少，你有一技之長很好，懂得去看媽媽，也很好！」葉日松和筆者親切陳述這則事略時，眼角還泛著淚光，彷彿在敘述一個迷途知返的家人。〔註37〕

筆者曾於九十六年花蓮客屬會春節團拜時，就近觀察來與葉日松拜年者的狀況，許多與會者與葉日松親切問安，報告近況。他們有的是達官巨賈，聲譽卓著；有的是販夫走卒，經營簡約樸質的小生意。最特別的是一位口齒不清、其貌不揚的大哥，也緩慢自信而誠摯的向葉日松恭賀新年，可見葉日松一定曾經在他的生命中給過他鼓勵和激發他的信心，而他也認為趁此團拜機會向葉日松致敬致謝是非常自然而重要的事。依據筆者當時觀察，葉日松幾乎是座上佳賓人緣最佳者。可見葉日松幾十年來，在花蓮當地廣結文學善緣、深耕文學福地的用心。

第三節　葉日松的美學信念

「美」，以儒家的追求來說，就是對善的追求，而從文學美學言，創作者

〔註36〕賴曉珍，〈月光灑在東海岸〉，《文訊雜誌252期，2006年10月號》，頁32。
〔註37〕參考附錄四葉日松訪談錄。

內心的德業精進而飽含著「善」，才有可能將這樣的生命情操，外鑠爲「美」；欣賞者讚嘆這樣的美、浸淫於這樣的美，興起向善的心，提升自己的生命情境，止於至善。〔註38〕

而義大利美學家克羅齊（Benedetto Croce）認爲語言學與美學是同一件事情。他說：

> 任何人研究普通語言學或哲學的底語言學，也就是研究美學的問
> 題。研究美學底問題，也就是研究普通語言學。語言的哲學就是藝
> 術的哲學。〔註39〕

農家子弟葉日松不僅是富有高度熱誠的文學教育家，同時也是著名的現代詩人，本節擬從崇拜自然抒寫性情、文如其人實踐美感及藝術人生實現生命的三個角度與詩作實例來說明葉日松的美學信念：

一、崇拜自然抒寫性情

葉日松是一個崇拜自然，喜愛大自然的歌者，他喜歡向大自然採集靈感，串成詩篇，不論清晨或是黃昏、月夜，總是把握著每一個屬於他的時光，將自己的靈思，投入那一片洶湧著生命氣息的原野，將自己的名字，題寫在那一片青山和碧海之上，從春天到冬天，從冬天到春天，他生活的詩集，每一頁都有安詳世界的嚮往，每一篇都有他飄逸的歌唱〔註40〕。在其早期的散文和現代詩的作品中如此，近期的客語現代詩也是保持相同風格。葉日松在該篇散文中繼續寫道：「一到了夏日，我詩的心靈，也夏日起來了。我雖然畏懼那炎熱的暑氣，但夏日卻也給我帶來旺盛的生命力和挑戰的眞諦。」因此葉日松藉著欣賞大自然的「美」的感想和靈動，藉著人本精神和專心格物的交融，以詩人的心眼看穿現實的本貌，以意象呈顯形象的本質，展現人物互動時重新界定人和自然的關係，而詩興湧現的刹那，可以說是人性和物性的映照，所以說沒有詩人的思維，物並不存在〔註41〕。詩人葉日松的客語現代詩

〔註38〕 蕭蕭〈臺灣新詩的入世精神〉，《臺灣新詩美學》（爾雅出版社，臺北：2004年2月），頁56。

〔註39〕 周伯乃，〈詩的語言〉，《現代詩的欣賞》（三民出版社，臺北：1974年12月），頁15。

〔註40〕 葉日松，〈讓腳印化爲岩石〉，《生命的唱片》（花蓮縣立文化中心，1993年6月），頁112。

〔註41〕 簡政珍，〈詩和現實的辯證〉，《詩心與詩學》（臺北書林，1999年12月），頁40。

作品裡有許多歌頌大自然的篇章，如〈月光彎彎〉、〈大自然介信仔〉、〈春天
診麼儕來〉等（以上收錄於《佢介名安著臺灣》），如〈有夢有詩介七星潭〉、
〈五月雪〉、〈看到月光，倕就想起爺娘〉等（以上收錄於《鑊仔肚介飯，比麼
介都卡香》），各本客語詩集多有這類詩作，茲舉一首〈倕愛大自然〉，來明白
詩人的心情，爲了說明方便，將詩作的客語原文和國語譯文並列：

客語原文	國語譯文
倕愛大自然	（我愛大自然）
大自然係一本書	（大自然是一本書）
係一本內容豐富介百科全書	（是一本內容豐富的百科全書）
雖然佢冇文字	（雖然它沒有文字）
但是佢有彩色優美介畫頁	（但是它有彩色優美的畫頁）
冇論天文	（不論天文）
冇論地理	（不論地理）
冇論醫藥	（不論醫藥）
冇論古跡、化石	（不論古跡、化石）
大自然係人類知識介寶藏	（大自然是人類知識的寶藏）
永久挖唔忒	（永久挖不完）
永久用不盡	（永久用不盡）
只要用心去閱讀	（只要用心去閱讀）
只要快樂去接近	（只要快樂去接近）
處處留心都係學問	（處處留心都是學問）
落花、流水	（落花、流水）
清風、明月	（清風、明月）
也係偲介朋友	（也是我們的朋友）
大自然	（大自然）
大自然係一幅生生不息介圖畫	（大自然是一幅生生不息的圖畫）
畫中	（畫中）
有大海藍天	（有大海藍天）
有星光雨露	（有星光雨露）
有山岳河川	（有山岳河川）
有飛禽走獸	（有飛禽走獸）

有風沙落日　　　　　　　　　　　（有風沙落日）

有彩虹雲霞　　　　　　　　　　　（有彩虹雲霞）

有四季分明介風景　　　　　　　　（有四季分明的風景）

有萬紫千紅介花　　　　　　　　　（有萬紫千紅的紅花）

一幅畫　一首詩　　　　　　　　　（一幅畫　一首詩）

一幅畫　一首歌　　　　　　　　　（一幅畫　一首歌）

這幅畫　　　　　　　　　　　　　（這幅畫）

有無限介廣度　　　　　　　　　　（有無限的廣度）

有無窮介內涵　　　　　　　　　　（有無窮的內涵）

從古到今　　　　　　　　　　　　（從古到今）

永不褪色　　　　　　　　　　　　（永不褪色）

大自然　　　　　　　　　　　　　（大自然）

大自然係一張古典兼現代介 CD　　（大自然是一張古典兼現代的 CD）

CD 肚　　　　　　　　　　　　　（CD 裡）

有音樂　有歌聲　　　　　　　　　（有音樂　有歌聲）

有獨奏　有合唱　　　　　　　　　（有獨奏　有合唱）

有交響　有搖滾　　　　　　　　　（有交響　有搖滾）

CD 肚　　　　　　　　　　　　　（CD 裡）

風拷雨係一位大提琴手　　　　　　（風和雨是一位大提琴手）

每日挨出優美介節奏　　　　　　　（每日拉出優美的節奏）

河水係聲樂家　　　　　　　　　　（河水是聲樂家）

時常唱出動人介歌聲　　　　　　　（時常唱出動人的歌聲）

所有介鳥仔盡愛合唱　　　　　　　（所有的鳥兒很愛合唱）

唱介歌仔拷人共樣　　　　　　　　（唱的歌兒和人一樣）

喜怒哀樂全部有　　　　　　　　　（喜怒哀樂全部有）

所有介昆蟲都係交響樂團介組員　　（所有的昆蟲都是交響樂團的組員）

不分晝夜　　　　　　　　　　　　（不分晝夜）

演奏出精采介節目　　　　　　　　（演奏出精采的節目）

竹林、花草也不落人後　　　　　　（竹林、花草也不落人後）

在大自然介廣場上　　　　　　　　（在大自然的廣場上）

大跳探戈拷恰恰　　　　　　　　　（大跳探戈和恰恰）

自然萬物全部都係有名介歌星	（自然萬物全部都是有名的歌星）
自然萬物全部都係音樂高手	（自然萬物全部都是音樂高手）
所以偓愛聽佢兜表演介節目	（所以我愛聽他們表演的節目）
偓愛聽佢兜精心製作介 CD	（我愛聽他們精心製作的 CD）
大自然	（大自然）
大自然係一本內容豐富介百科全書	（大自然是一本內容豐富的百科全書）
大自然係一幅生生不息介圖畫	（大自然是一幅生生不息的圖畫）
大自然係一張古典兼現代介 CD	（大自然是一張古典兼現代的 CD）
〔註 42〕	

葉日松在這首長達二十四行的詩作中，不僅表達了大自然豐富多元的面貌，同時也呈現了作者充滿美善的想法，也可以說作者從大自然的崇拜中抒寫了自己儉樸純眞的性情。

二、文如其人實踐美感

公元第一世紀希臘文評家郎介納斯（Longinus）在〈論雄偉文體中〉說：「雄偉文體是偉大靈魂之迴響」，而我國相對也有所謂「文如其人」這類的說法。所以作品既是某個作家的創造，成品中自然就有製造者的印記，也就說，作家的人格滲透在作品中，使得作品的文格變成作家人格的延長〔註 43〕。在此「人格」可以解釋成作家作爲一個普通人的全部情思和作爲，而「文格」則是一篇文章中的一切表現。本小節「文如其人實踐美感」，所討論的是葉日松詩作中，「文如其人」，「文體即靈魂之迴響」的課題。

茲舉葉日松的〈希望暗晡夜夢到您〉爲例，同時爲了說明方便，將詩作的客語原文和國語譯文並列：

客語原文	國語譯文
希望暗晡夜夢到您	（希望今晚夢到您）
日日思念一生人無享到福介阿爸阿母	（日日思念終生沒有享到福的父母親）

〔註 42〕 葉日松，《葉日松客語詩選》（花蓮：花蓮客屬會，1999 年 9 月），頁 23～28；《客語現代詩歌選》（臺北：武陵出版社，2001 年 2 月），頁 130～135。

〔註 43〕 顏元叔，〈文格與人格〉，《文學經驗》（台北：志文，1977 年），頁 8。

偓介目汁雙流像春水　　　　　　　　（我的眼淚像春水）
自從離開學校園到馬加祿　　　　　　（自從離開學校園到馬加祿）
阿爸阿母就無回頭看偓兜　　　　　　（父母親再也沒有回頭看我們）

秋風開始吹　　　　　　　　　　　　（秋風開始吹）
思念介水落無停　　　　　　　　　　（思念的雨下個不停）
希望暗晡夜托夢看到　您　　　　　　（希望晚上托夢看到　您）
轉來學校園　　　　　　　　　　　　（回來學校園）
在老屋肚話家常　　　　　　　　　　（在老屋裡話家常）

希望暗晡夜夢到　您　　　　　　　　（希望晚上夢到　您）
轉來講兜頭過介艱難困苦　　　　　　（回來聊些以前的艱難困苦）
講　您十八歲時節過來後山打拚
介經歷　　　　　　　　　　　　　　（聊　您十八歲就到後山打拚的經歷）
講　您耕種、蓄鴨介情形　　　　　　（聊　您耕種、養鴨的情形）
講　您逐日天曚光就去竹田街路　　　（聊　您每天天未亮就去竹田市場賣
賣菜介心酸　　　　　　　　　　　　菜的辛酸）
講　您夜夜在燈盞下補衫補褲介　　　（聊　您每晚在燈盞下補衣褲的精神）
精神
講　您牽牛上山，田塍介快樂　　　　（聊　您牽牛上山在田埂的快樂）
講　您打赤腳走過日本時代　　　　　（聊　您打赤腳走過日本時代）
分〈給〉日本人欺負之怨氣　　　　　（給日本人欺負之怨氣）
講　您一生人如何為家庭為子女　　　（聊　您一生如何為家庭子女犧牲）
來犧牲
講　您如何勤儉增買田地介奮鬥　　　（聊　您如何勤儉增買田地的過程）
過程
阿爸阿母離開偓兜已經也有五年　　　（父母離開我們已經有五年了）
了
雖然　您在馬加祿　　　　　　　　　（雖然　您在馬加祿）
偓兜在學校園　在花蓮　　　　　　　（我們在學校園　在花蓮）
但是一直無法度聽到您老人家介　　　（但是一直無法聽到您老人家的聲音）
聲音
腳步聲　　　　　　　　　　　　　　（腳步聲）
希望暗晡夜夢見阿爸阿姆　　　　　　（希望今晚夢見父親母親）

可以再過聽到　您親切介叮嚀　　（可以再次聽到　您親切的叮嚀）

秋風秋雨又開始了　　　　　　　（秋風秋雨又開始了）

阿爸阿母您會冷無？〔註44〕　　　（父親！母親！您會冷嗎？）

詩人陳義芝先生評論說，本詩是一篇跨越日據與臺灣光復、跨越農村與城市生活、跨越故鄉與外鄉的「家傳」，上一代的艱辛打拚與下一代的感念追思交織成的一闋動人的時代曲；是他所見以客家語彙創作的作品中，最感人的作品〔註45〕。花蓮教育大學呂嵩雁也認為葉日松詩內容有童年生活回憶、故鄉情愫的悸動、天倫親情的溫馨，以及生活點滴的觸發，尤其對父母的懷念篇章，讀來令人動容〔註46〕。而曾獲花蓮縣文化藝術薪傳獎的邱上林則認為葉日松在客家詩的創作，離不開母語，也離不開天倫，更離不開土地，才造就出這樣令人感動的詩篇。〔註47〕

　　本文認為本篇詩作之所以成為葉日松作品的代表作之一，第一是因為「形式上的美感」，詩人將詩作分兩部分，第一部份陳述思念之因，第二部份是思念之情，而詩人在第二部分裡用了前後呼應的秋風吹起的對照，其間又安排了十次的「講起」往事的點滴，手法可謂細膩醇美而令人回味再三。第二是因為「內容上的美感」，因為本篇是懷念亡父亡母的作品，悲嘆其勞碌終生未享厚福，希望能與父母相聚夢中閒話家常，而詩人在「家常中」細數了往日父母的生活中勤苦打拼和增買田地及疼惜子女而親切叮嚀的日常紀錄。這些紀錄表達了詩人對父母深濃的思念之情，這種深情用純真寫實的手法呈現出其「人格」的延伸作用，與「文格」是相符的、平衡的，同時用客語詩作去表達到對父母天倫的感念實踐，自自然然呈現詩作的美與善。

三、藝術人生實現生命

　　曾昭旭教授說：「文學創作的基本要義，就是人生的表現〔註48〕。」吳潛

〔註44〕葉日松，《一張日誌等於一張稿紙》（花蓮：花蓮客屬會，1997年4月)），頁11～13；《酒濃花香客家情》（臺中：文學街出版社，1998年4月），頁13～15；《客語現代詩歌選》（臺北：武陵出版社，2001年2月），頁16～19。

〔註45〕陳義芝，〈在遠方讀詩〉，《四方文學周刊》（更生日報副刊，1995年9月24日）

〔註46〕呂嵩雁，〈葉日松的作品特色〉，《臺灣故鄉情》（花蓮縣吉安鄉公所，2004年1月），頁171

〔註47〕葉日松，〈附錄一——回歸與前溯（邱上林）〉，《秀姑巒溪介人生風景》（花蓮：花蓮縣政府，2006年6月），頁153～216。

〔註48〕曾昭旭，〈文學創作要義〉，《文學的哲思》（台北：漢光，1984年），頁5。

　　誠在《詩人不撒謊》則提到：「文學作者不斷言自己的陳述便是絕對的眞理，他們承認：人存在於各種不同的層次上；人類世界是一個具有多樣事實、含有多重意義的世界。」就像藝術一樣，「優秀的文學作品往往不舖陳既定的答案或標準的程式，而是提供契機，刺激引發讀者一起去感受、思索、探討。文學作品所以能夠歷久彌新，不像科學或其他邏輯論述常因過時而被淘汰或取代，就是因爲它的意義是多重的，是不確定的。」〔註49〕

　　　　像笠詩社詩人陳千武的詩觀：「探求人存在的意義，將現存的生命連續於未來，爲具備持久性的眞、善、美而努力」；「文學應該重視藝術性，將現實粗陋的意念美化，以美的感動根植於本土開花，應該是臺灣作家重要的任務」〔註50〕

　　　　葉日松從事文藝創作，也用文學來表現自己的人生觀；在作品中，他並不舖陳既定的答案或標準的程式，他只是描寫、只是陳述，就像提供一個觀察和思考的契機，提供讀者一起去感受、思索、探討，正是一種詩的藝術性的實現和人生價值的展現。

　　　　以下舉一首葉日松〈用人間介熱情孵出世紀介第一隻日頭〉的客家詩作，來探討葉日松對於用詩的藝術實現生命價值的例子，爲了說明方便，將詩作的客語原文和國語譯文並列：

客語原文	國語譯文
1	
送走今年最後一隻日頭	（送走今年最後一個太陽）
看了廿世紀介最後一片彩霞	（看了廿世紀的最後一片彩霞）
偓企在美崙山頂摎中央山脈對話	（我站在美崙山頂和中央山脈對話）
摎太平洋共唱一首：	（和太平洋共唱一首）
「世紀末介回首	（世紀末的回首）
千禧年介留言」	（千禧年的留言）
天地恁大	（天地這麼大）
偓恁渺小	（我這麼渺小）
仰般發揮	（怎樣發揮）

〔註49〕吳潛誠，〈詩人不撒謊〉，《詩人不撒謊》（台北：圓神，1988年），頁5。
〔註50〕陳千武，〈美的感動〉，《詩文學散論》（台中：市立文化中心，1987年），頁51～52。

人生正唔會浪費？　　　　　　（人生才不會浪費）
盡心盡力　　　　　　　　　　（盡心盡力）
問心無愧　　　　　　　　　　（問心無愧）

2

在世紀交換介暗晡　　　　　　（在世紀交換的晚上）
在二千年介最後一夜　　　　　（在二千年的最後一夜）
有人在海邊　　　　　　　　　（有人在海邊）
有人在山頂　　　　　　　　　（有人在山頂）
有人在自家介屋肚守歲　　　　（有人在自己家裡守歲）
等待介心情　　　　　　　　　（等待的心情）
像時鐘一分一秒適該跳　　　　（像時鐘一分一秒在那兒跳）
適該唱　　　　　　　　　　　（在那兒唱）
有人傷感　　　　　　　　　　（有人傷感）
有人歡喜　　　　　　　　　　（有人歡喜）
不管如何　　　　　　　　　　（不管如何）
守歲介人潮　　　　　　　　　（守歲的人潮）
從海邊溫暖到高山　　　　　　（從海邊溫暖到高山）
溫暖了全部介人間　　　　　　（溫暖了全部的人間）

3

時間介腳步　滴噠滴噠　　　　（時間的腳步　滴噠滴噠）
有人看手上介時錶　　　　　　（有人看手上的手錶）
有人看壁項介時鐘　　　　　　（有人看牆壁上的時鐘）
有人調整桌上介鬧鐘　　　　　（有人調整桌上的鬧鐘）
有人對準手機介數字　　　　　（有人對準手機的數字）
守候之外還係守候　　　　　　（守候之外還是守候）
等待之外還係等待　　　　　　（等待之外還係等待）
等待時間到空白　　　　　　　（等待時間到空白）
等到零零零　　　　　　　　　（等到零零零）
等待世紀介交接　　　　　　　（等待世紀的交接）

當兩針指向十二　　　　　　　　　（當兩針指向十二）
重疊在十二介分水嶺　　　　　　　（重疊在十二的分水嶺）
全世界介人都從自己介心中　　　　（全世界的人都從自己的心中）
發射出狂歡介火箭　　　　　　　　（發射出狂歡的火箭）
向太空向所有介星球　　　　　　　（向太空向所有的星球）
報告人類介消息　　　　　　　　　（報告人類的消息）
報告世紀最大介新聞　　　　　　　（報告世紀最大的新聞）
期待其他星球介人來地球觀光　　　（期待其他星球的人來地球觀光）
希望大家公平競爭　　　　　　　　（希望大家公平競爭）
和平相處　　　　　　　　　　　　（和平相處）

4

夜，有想愛睡　　　　　　　　　　（夜，不想睡）
夜，陪大家守歲　有喊瘸　　　　　（夜，陪大家守歲　不喊累）
海邊有搖滾　　　　　　　　　　　（海邊有搖滾）
山頂有合唱　　　　　　　　　　　（山頂有合唱）
所有介人將熱誠奉獻出來　　　　　（所有的人將熱誠奉獻出來）
所有介人將滿心介祝福捐出來　　　（所有的人將滿心的祝福捐出來）
畀海水溫暖　　　　　　　　　　　（給海水溫暖）
畀東方介天空溫暖　　　　　　　　（給東方的天空溫暖）
因爲用愛　用溫暖　　　　　　　　（因爲用愛　用溫暖）
就可以孵出一隻圓圓　紅紅　　　　（就可以孵出一隻圓圓　紅紅）
比卵黃還卡靚還卡大介日頭　　　　（比蛋黃還要漂亮還要大的太陽）
所有介人面向東方　　　　　　　　（所有的人面向東方）
期待新世紀介第一隻日頭　　　　　（期待新世紀的第一個太陽）
期待改頭換面介新日頭　　　　　　（期待改頭換面的新太陽）
從東方　從海平線上　　　　　　　（從東方　從海平線上）
用新介觀念　　　　　　　　　　　（用新的觀念）
用新介姿態　　　　　　　　　　　（用新的姿態）
飛躍外空　　　　　　　　　　　　（飛躍外空）
飛向人間　　　　　　　　　　　　（飛向人間）

5

所有介人　不分種族　　　　　（所有的人　不分種族）

不分膚色　　　　　　　　　　（不分膚色）

大家共樣　在日頭出來以前　　（大家一樣　在太陽出來以前）

祈福　祝願　　　　　　　　　（祈福　祝願）

希望第一條曙光來到人間介時節　（希望第一條曙光來到人間的時節）

世界係新介世界　　　　　　　（世界是新的世界）

人間係新介人間　　　　　　　（人間是新的人間）

和平介人間　　　　　　　　　（和平的人間）

冇戰爭　冇暴力　　　　　　　（沒有戰爭　沒有暴力）

冇罪惡　冇貪念　　　　　　　（沒有罪惡　沒有貪念）

希望　　　　　　　　　　　　（希望）

高山　青翠　　　　　　　　　（高山　青翠）

大海　清藍　　　　　　　　　（大海　清藍）

飛禽　逍遙　　　　　　　　　（飛禽　逍遙）

走獸　悠哉　　　　　　　　　（走獸　悠哉）

花草芬芳　　　　　　　　　　（花草芬芳）

河川歡唱　冇污染　　　　　　（河川歡唱　沒有污染）

交通流暢冇事故　　　　　　　（交通流暢沒有事故）

行人唔使膽跳心驚　　　　　　（行人不用膽跳心驚）

人摼人　相扶持　　　　　　　（人和人　相扶持）

社會盡安詳　　　　　　　　　（社會很安詳）

娛樂休閒品質高　　　　　　　（娛樂休閒品質高）

旅遊觀光見聞多　　　　　　　（旅遊觀光見聞多）

家庭安樂　　　　　　　　　　（家庭安樂）

人權有保障　　　　　　　　　（人權有保障）

希望　　　　　　　　　　　　（希望）

經濟成長起飛　　　　　　　　（經濟成長起飛）

恩介臺灣永久富強　　　　　　（我們臺灣永久富強）

希望萬物共榮共存　　　　　　（希望萬物共榮共存）

千年萬年　　　　　　　　　　（千年萬年）

只有一隻地球村　　　　　　　（只有一個地球村）

希望——	（希望——）
希望——	（希望——）

6

新世紀介第一隻日頭出來了	（新世紀的第一個太陽出來了）
新年度介第一隻日頭來到人間了	（新年度的第一個太陽來到人間了）
送走所有介悲傷	（送走所有的悲傷）
送走所有介災難	（送走所有的災難）
送走所有介不如意𢯭目汁	（送走所有的不如意和眼淚）
面對陽光	（面對陽光）
迎風納雨	（迎風納雨）
揇著幸福　揇著快樂	（擁抱著幸福　擁抱著快樂）
踏上晨光爲恩鋪好介一條人生大道	（踏上晨光爲我們鋪好的一條人生大道）
向前行	（向前行）
滿天介花雨在兩旁𢯭偲拍手祝賀〔註51〕	（滿天的花雨在兩旁爲我們拍手祝賀）

這首詩是葉日松描寫世紀末千禧年的關鍵時刻，與山海對話，用最「in」的主題來創作來表現人生；從一個千禧年迎曙光的這樣一個「契機」，引發「人類世界是一個具有多樣事實、含有多重意義的世界」的概念，讓讀者去感受、思索、探討其中的美與善，因爲他接著在第二段主述關於守歲的人潮和人間的溫暖；第三段是講星球人和地球人的公平競爭和和平相處；第四段主述團體的力量有人合唱有人熱誠奉獻，用新觀念來橫越太空和人間；第五段講地球上萬象昇平萬物共榮的期待；末段則送悲傷迎曙光用光明燦爛的心鋪設人生大道；可以說詩人就是以藝術之筆，探求人存在的意義，像關於守歲的人潮和人間溫暖的那段；也將現存的生命連續於未來，爲具備持久性的眞、善、美而努力，星球人和地球人的公平競爭和和平相處、團體中有人合唱有人熱誠奉獻，用新觀念來橫越太空和人間，以及地球上萬象昇平萬物共榮的期待；可見葉日松的客語詩是用詩的手法，來實現人生理念的一種藝術，他所表現出來的文學是重視藝術性的，是可以陳述人生之夢想的。

〔註51〕葉日松，〈用人間介熱情孵出世紀介第一之日頭〉《佢介名安著臺灣》（葉日松客家文學研究室，2002年1月），頁40～48。

　　總而言之,葉日松不論寫詩或寫散文,並不講究什麼手法或技巧,只是以最真摯敏銳的心靈去感應天地萬物,以最平實樸拙的筆觸去抒寫自己的情愫,只是期待讀者能從詩情詞境中讀到人間的溫馨、感傷、思念、關愛和真情〔註52〕,不論是從自然的觀察中抒寫自己深刻的體驗和真實的性情,還是從人倫的感念裡體會深層的天人之間的情感,並以化作文字形式的美感鋪排及文字內容的情感呈現,還是用藝術之文采實現生命的價值,可以說是詩人追求真善美的體驗,更是詩人人生美學的信念;而欣賞者讚嘆這樣的美、感受於這樣的美,也必然會興起向善的心,提升自己生命的情境。

第四節　葉日松的文藝創作

　　從童蒙時代喜歡用客家母語朗讀古詩和韻文,到國中時代衷情文藝以來,葉日松秉持著耐心耕耘和細膩多感的情懷,五十幾年來始終創作不輟,其用心與堅持,鮮有人能及。以下本文以文藝活動的參與、各類文集的出版、客語現代詩的創作三個面向來略述葉日松的文藝之路:

一、文藝活動的參與

　　葉日松是一個積極樂觀而永遠活力充沛的人,十幾年前未退休時,在正常教學及寫作之外,就常常參與各類的藝文活動,例如地區性的諮詢、推廣、評審講座、訪談等等,全國性的文化學術討論或審查、評議,甚至代表國內詩人參與了多次的國際詩人節會議而足跡遍及美國、韓國、中國大陸、香港等地;而退休十幾年來,葉日松除了例行寫作,上課演講、評審、訪問、上電台等,行程更是滿檔,連喜愛的海外旅遊,常常都被耽擱。本文就葉日松之參與文藝活動記要,從一九六二年到二〇〇七年參酌作者提供資料整理如附錄三,以便研究者參考對照,在正文部份暫不詳述。

二、各類文集的出版

　　早期葉日松寫新詩、散文、評論、兒歌,或是後期拓展領域,從事客家母語詩的創作,他的語言一派樸實自然,透明清亮,醞釀了高度能量,讀來

〔註52〕葉日松,〈自序〉,《客語現代詩歌選》(武陵出版社,臺北:2001年2月),頁4。

雋永芬芳，又鏗鏘有韻。

　　本文就葉日松之已出版作品臚列重點如下：

　　　1、客語現代詩作品集

　　如《一張日誌等於一張稿紙》、《酒濃花香客家情》、《葉日松客語詩選》、《客語現代詩選》、《佢介名安著臺灣》、《鑊仔肚介飯，比麼介都卡香》、《臺灣故鄉情》、《秀姑巒溪介人生風景》等。

　　　2、國語現代詩作品集

　　《她的名字》、《讀星的人》、《揮亮明天的中國》、《我的夢在夜裡飛行》、《天空是一冊詩集》、《金門、馬祖》、《回故鄉看晚霞》、《山陬水湄詩故鄉》等。

　　　3、散文作品集

　　《看月色當頭》、《秀姑巒溪的幽情》、《人生小語》、《往日情懷》、《追夢天涯》、《北海詩情》、《生命的唱片》

　　　4、其　他

　　《葉日松自選集》、《馬鳴風蕭蕭》、《恆星之最》、《葉日松童詩集》、《童詩賞析》、《國中模範作文》、《童詩夏令營》、《葉老師作文指導》、《如何寫好作文》、《國小作文佳作選》、《五人抒情詩》、《花蓮女中文學選集》、《邊城的火車》、《阿寒湖的除夕夜》、《全國國小童詩選》、《我們一起寫童年》、《童詩開獎》等等。

　　從這些作品看來，葉日松不僅用國語詩、客家詩和散文來抒發情感，對於兒作的指導和教學用書，以及兒歌、童詩的撰寫和推廣，也相當用心。

三、客語現代詩的創作

　　民國八十二年開始，葉日松在現代文學主流之外另闢蹊徑，嘗試客家文學中的童謠、歌詞和一般現代詩的創作。他說：

　　　　「小時候我聽人家用客語吟唱三字經等詩文，覺得自己的母語很
　　　　美。於是十幾年前開始推廣母語教育，我便一心投入客語詩的創作。」

　　　〔註53〕

〔註53〕賴曉珍，〈月光灑在東海岸〉，《文訊雜誌252期，2006年10月號》「客家硬頸子弟的堅持」，頁33。

因爲因不忍心見到母語的日漸流失，與基於一種承先啓後的責任感，他希望能爲日漸凋零的客家文化盡一些保存或創新之力。他寫的客語詩涵蓋了童年、鄉土、人情、花蓮的街道樹木、旅行見聞等。押韻的童謠，可隨口朗誦，因此被花蓮、宜蘭、苗栗、新竹等地的教育單位採用，編入客家母語教材。二〇〇五年，他完成了一氣呵成的八章清唱劇「萬古流芳在人間」，這是全國也是全世界還沒有人寫過有關義民爺的長篇史詩。這首敘事詩，創作型式從各自成篇的短歌謠，組成故事的有機體，是首度以文學爲基礎，結合社區走入民間信仰的形式，此舉爲客家詩的創作，樹立了新的里程碑。

本章論述由文學家的角度介紹葉日松的人生歷程，說明葉日松在花蓮富里的農村誕生、成長，並汲取了農家勤樸節儉的生活方式和客家人傳統「耕以爲生，讀以存志」的耕讀精神，也傳承了客家社會移墾第三代的穩定求發展的使命，雖然服教育事業，搬離富里故鄉，進入花蓮花崗國中之後就沒有實際從事農事耕作，然而其對於教育工作之投入及文田寫作之勤奮，與勤奮播種耕耘的「農夫」並無二致！因此可以用「勤奮」二字來總括其人生歷程。

與後輩的廣結文學情緣方面，本文則從漢文老先生阿基先生的客家韻文啓蒙出發，再論及其歷任教職期間本科國語文教學的教學方式，足以引領一般學生對文藝的愛好和寫作的熱誠，另一方面則以文學家本質的愛心和耐心，特別對於弱勢族群或問題學生給予的關懷和愛心，是令人感動的。而在教職之外，對於文藝刊物「花蓮青年」長期的編輯事務的付出時間和詩篇評論的寫作指導，對於花蓮地區文風的培養與提振應有相當的影響。至於爲「美崙山下」的受刑人持續付出四年的時光，只爲增強他們對語文表達的基本能力，且平等無求的對待他們，也令人感受到葉日松深文學福田的用心。

至於葉日松的美學信念方面，傳統以來詩人的溫文儒雅氣質，詩教的溫柔敦厚作用，自可以呈現其現代詩的美感經驗，本文各以詩作〈偃愛大自然〉來說明詩人從小在農村長大，喜愛自然萬物之美的儉樸純眞的性情；以詩作〈希望暗晡夜夢到您〉來說明詩表達到對父母天倫的感念，自自然然呈現詩作的美與善；再以〈用人間介熱情孵出世紀介第一隻日頭〉來探討葉日松對於用詩的藝術實現生命價值的書寫。

本來葉日松以爲從事客語詩創作是一條偏狹的窄徑，只爲少數族群而做，哪知奇妙的是，因爲他堅持走自己的路，反而能累積能量，吸引了更多讀者，擴大了影響範圍。因爲從不「獨善其身」，才能爬過文學領域的一坡

又一坡，開創出不斷的新風景，儘管如他早年所說：「寫作必須忍受寂寞的煎熬，必須在熒熒孤燈下，接受寂寞的挑戰，才能完成神聖的大事。」在心靈的滿足與成就感上，他是絕不孤寂的，如今其創作已達兩三百首，正是值得深入研究與探討的課題。

第三章 葉日松與客語現代詩

　　以語言的層面來看，臺灣為漢文字通行之地，住民亦以漢語為主要溝通與表達的媒介，臺灣詩人作家或因生活年代的政治支配因素，學習他種語言文字如荷蘭語、日文等，但仍保持以漢語為中心思考的言語。因此文字的使用呈現出以漢文為主的面貌。1988 年母語運動之後，率先嘗試客家詩創作的是元老女詩人杜潘芳格〔註1〕，接著黃恆秋、馮輝岳、劉慧眞、范文芳、陳寧貴、利玉芳、楊正德、鍾達明、鍾肇政、李喬等，也陸續有客語詩的作品〔註2〕，表現出客家詩人作家「操作語言」的技巧與應變能力，和對語言的忠誠度（language loyalty）與堅韌度〔註3〕。因此可以逐漸感受到客家詩人作家在有限土地上與他族群共存共榮且相互影響的現象，反應於母語與族群、血統與習俗等交叉作用的現實環境之中，更證明了歷史演進過程中，少數族群或受殖民的弱小民族自主意識愈是增長，其創作動機愈是緊密貼近族群情感，同時對客家文學範疇的擴展愈是擁有積極的作用。葉日松作為一個以客家母語寫作的詩人，其對於客家族群深厚的情感，不論是客家意識的深藏，或是客家精神的展現，都具有擴展客家文學的積極作用。以下先解釋葉日松用「客語現代詩」名稱的原因，再舉詩作中使用的客家詞彙所表現出的客家語言的特色及客家族群的生活印象，最後則概論其創作的根源：

〔註1〕 杜潘芳格，《朝晴》（臺北：笠詩社），收錄十首現代客語詩。
〔註2〕 林櫻蕙，《現代客語詩之表現形式研究》，國立臺北教育大學／臺灣文學研究所／2004／碩士論文頁17～32，出版成冊的現代客語詩集。
〔註3〕 黃恒秋：《臺灣客家文學史概論》（高雄市：愛華，1993 年），頁 43。

第一節　葉日松客語現代詩的釋義

一、現代客語詩與客語現代詩

在討論現代客語詩與客語現代詩之前，先就「現代詩」的定義作個說明。依據學者潘麗珠《現代詩的形式結構析論》簡潔的說法：

> 現代詩又稱作新詩，也叫自由詩。「新」詩是相對於「舊」詩而言。，
> 至於「自由」詩，的確自由，無論字數長短、行數多寡、段落多少、
> 押不押韻等等，幾乎沒有限制。〔註4〕

可見新詩的形式相當自由，不限字數、行數、段落、押韻；從 1920 年胡適的《嘗試集》及次年郭沫若的《女神》問世以來，新詩已有八十多年的歷史，各家詩人創作了大量的詩篇；相對地，用客家母語寫作現代詩的歷史不過近十多年的事，客語詩作的量並不多，稱呼上也不統一，時而被稱爲「現代客語詩」，時而則稱爲「客語現代詩」〔註5〕。而「詩」作爲「文學」表現的一種形式，「現代客語詩」也好，「客語現代詩」也好，都是「客家文學」的一環，這裡根據黃子堯的說法，就客家文學的角度再做說明：

> 所謂「客家文學」應有「文學」和「客家」雙重的基礎，符合下列
> 四個檢項，即可稱之爲「客家文學」：
>
> （一）血統說──任何人種或族群，只要擁有「客家觀點」或操「客
> 　　　家語言」寫作，均能成爲客家文學。
>
> （二）主題說──任何主題，不以客家人生活環境爲限，擴充爲臺
> 　　　灣的或全中國的、全世界性的客家文學，均能成爲客家文學。
>
> （三）客家意識──承認「客家語」與「客家意識」是客家文學的
> 　　　主體。
>
> （四）客家意象──只要具備客家史觀的視角或意象思維的文學作
> 　　　品，不管使用何種語言或存在何種意識形態，均能成爲客家
> 　　　文學。〔註6〕

〔註4〕 潘麗珠，〈現代詩的形式結構析論〉──《現代詩學》（臺北：五南，1997），頁 3。

〔註5〕 如林櫻蕙所著《現代客語詩之表現形式研究》名稱爲現代客語詩，黃恒秋所著《見笑花──客家詩集》名稱爲客家詩集，邱一帆所著《田螺──客語詩集》名稱爲客語詩集，而龔萬灶、黃恒秋編選：《客家臺語詩選》名稱爲客家臺語詩，各家都有不相同的說法。

〔註6〕 黃恒秋，《臺灣客家文學史概論》（高雄市，愛華，1993 年），頁 29。

羅肇錦認爲：

> 凡創作時用客家思維，（包括全用客家話寫作，或部分客家特定特有
> 詞使用客家話而其他用國語，都是用客家話思維的創作），而寫作時
> 情感根源不離客家社會文化的作品，就是客家文學。〔註7〕

研究者林櫻蕙曾論述：

> 「所謂現代客語詩就創作方面來說，是指客屬作家，用部分或全部
> 客家話來寫作，就內容方面來說是指詩作中明顯呈現客家人的生活
> 樣貌與內心感受，並發揚客家文化的精神與內涵的作品，才能真正
> 屬於客家文學裡的現代客語詩」〔註8〕

葉日松是「客家人」，從小到長大，家人所用的語言就是「客家話」，在儉樸
無華的農村裡，他度過了最勤苦樸實的童年時光，那段生活，可以說就是浸
潤在「客家風俗習慣」裡，葉日松客語詩作中所呈現的「客家人的生活樣貌
與內心感受」，以及「發揚客家文化的精神與內涵」的用心是深刻的，葉日松
的作品可以說是百分之百的客家文學，尤其自一九九七年四月以後用客家詞
彙及語法書寫發表的詩作，更是無庸置疑。

　　然而用客語抒寫的現代詩，在客家文壇上作品和出版物的名稱並不統
一：計有「客家詩」〔註9〕、「客家詩集」〔註10〕、「客語詩集」〔註11〕、「客
語詩篇」〔註12〕、「客家臺語詩選」〔註13〕、「客語現代詩歌」〔註14〕等不同；
從研究評論者的用法也有羅肇錦〔註15〕、林櫻蕙〔註16〕的「現代客語詩」、林

〔註7〕　羅肇錦，〈何爲客家文學〉，收錄於黃恒秋編《客家臺灣文學論》（高雄市，愛
　　　　年，1993年），頁9。
〔註8〕　林櫻蕙，《現代客語詩之表現形式研究》國立臺北教育大學／臺灣文學研究所
　　　　／2004／碩士論文，頁38。
〔註9〕　杜潘芳格等著：黃子堯編《收冬戲：客語詩與歌交會的慶典》（高雄市，寶島
　　　　客家廣播電台）
〔註10〕　黃恒秋，《見笑花──客家詩集》（臺北縣新莊市，客家臺灣文史工作室，1998）
〔註11〕　邱一帆，《田螺──客語詩集》（臺北縣新莊市，客家臺灣文史工作室，2000）
〔註12〕　客語聖經翻譯委員會：《客語詩篇：心靈的祈禱文（漢字版)》（臺北市，中華
　　　　民國聖經公會）
〔註13〕　龔萬灶、黃恒秋編選：《客家臺語詩選》，（臺北縣新莊市，客家臺灣雜誌社，
　　　　1999）
〔註14〕　葉日松，《客語現代詩歌選》（臺北市，武陵出版社，2001）
〔註15〕　羅肇錦，〈無聲勝有聲──論臺灣現代客語詩的反歌現象（上)〉，《客家》第
　　　　86期，1997。

于弘的「客語詩」〔註17〕和黃恒秋的「客語詩」〔註18〕、「客語現代詩」〔註19〕、「客家詩」〔註20〕等名稱；林櫻蕙主張取「現代客語詩」爲其論文《現代客語詩之表現形式研究》統一之定名，有以下兩個理由：

（一）客語——用客家的母語作爲詩創作的語言，比「客話」涵蓋較廣。

（二）現代詩——因其研究之文體爲現代的新體詩，所以取「現代詩」一詞。

然而爲何採「現代客語詩」而非「客語現代詩」？論者並未詳細述明。因此筆者試著從詩作與語言的角度分析，「現代客語詩」是「現代詩」加上「客語詩」，依照辭彙結構的偏正關係來說，是一種強調用客家母語寫作的現代詩，客語的「語言成分」較高，強調客家語彙的構詞、語法或客家文字的運用；而「客語現代詩」是「客語」加上「現代詩」，指作者在創作時對於特定辭彙或用語用客家母語表達，而其他語言成分仍爲普通話的現代詩，其重點是「現代詩」。

二、葉日松及其客語現代詩

葉日松從十八歲那年將第一篇散文「晨」發表於《更生日報》副刊以來，秉持著對於藝文的喜愛和舒展詩人細膩多感的情懷，五十幾年來始終創作不輟，以國語爲語言的詩集和散文及作文指導等文藝作品多達四十多本，獲得許多獎項肯定〔註21〕，可以說在當年文壇上已經奠定了相當的基礎；而自一九九四年以來，葉日松在國語文壇的現代文學主流之外更另闢蹊徑，創作了

〔註16〕林櫻蕙，〈母語文學的建立，對母語復興的重要性－以現代客語詩爲例〉，《語言人權與語言復振學術研討會》，2004 年 12 月。

〔註17〕林于弘，〈中原正聲——客語詩的現在與未來〉，《中國現代文學理論季刊》第19 期，2000 年 9 月。

〔註18〕黃恒秋，〈從詩的傳統看客語詩〉，《臺語詩的對話－詩心臺灣情研討會》，國立高雄師範大學客家文化研究所，2005 年 6 月。

〔註19〕邱一帆，〈臺灣客語現代詩創作的意義及其特性〉，《客家文化雜誌》第 5 期，2003 年 12 月。

〔註20〕鍾榮富，〈從客家詩談客家文學的獨立性〉，《臺語詩的對話－詩心臺灣情研討會》，國立高雄師範大學客家文化研究所，2005 年 6 月。

〔註21〕葉日松曾獲得獎項計有「中國語文獎章」、「中興文藝獎章」、「全國優秀青年獎章」、「國軍新文藝金像獎」、「警總新文藝金環獎」、「教育部兒童文學獎」、「青溪文藝金環獎」等。

兩三百首的客家現代詩，十多年來已經累積八本客家詩集，其用心與堅持，鮮有人能及。做爲一個客家子弟的國語詩壇常勝軍，葉日松同時從客家母語中找到更源源不絕、更生生不息的力量〔註22〕。他說：

> 我之所以會從事客家詩的創作，是因爲三種因緣湊成：其一，是基於一種承先啓後的責任感，客家話是我的童年母語，也是父祖輩世代相傳的語言，我希望能爲日漸凋零的客家文化盡一些保存或創新之力。其二，是整個社會多元文化環境的成熟，從國中小學母語的推廣至客家事務委員會的設立，讓客語寫作有更寬廣的空間。其三、有感於現階段中小學母語教材之不足，透過有志者的創作，可以提供任教中小學鄉土教材之教師有更多選擇、揮灑的機會。〔註23〕

而由於這三種因緣匯聚，論者邱上林發現：

> 這種現象是葉日松利用客家母語創作，往前追溯到童年語言情境的經驗，擁有一種洄游到母語大海的自在感。這份自可以讓他把語言的張力與趣味盡情發輝與釋放，自然無罣無礙。〔註24〕

然而作爲以現代詩的形式結合客語母語之創作，作品之名稱，究應稱爲「現代客語詩」或「客語現代詩」？葉日松認爲其作品創作之根源係從「現代詩」的形式、音韻及意象出發，在特殊客家辭彙及用語上部分使用客家話，是完全考量非客語族群其他讀者之接受領會，應該較不致遭受排斥，而有利於推廣，可以盡量避免文學運用方言所產生的「隔」的現象〔註25〕。因此本文統一採用「客語現代詩」之名詞來貫穿葉日松客語詩作之論述。

第二節　葉日松客語現代詩中的客家印象

　　「客家」，作爲一個族群〔註26〕或民系〔註27〕的稱號，簡簡單單的兩個

〔註22〕邱上林〈回歸與前溯〉——第三屆花蓮文學研討會，附錄於葉日松，《秀姑巒溪介人生風景》（花蓮：花蓮縣政府，2006年6月），頁175。

〔註23〕同上註頁174。

〔註24〕同上註。

〔註25〕張漢良、蕭蕭編，《現代詩導讀‧導讀篇三》（高雄市，故鄉，1979），頁276。

〔註26〕王甫昌，〈光復後臺灣族群意識的形成〉《族群臺灣：臺灣族群社會變遷研討會論文集》，（南投：臺灣省文獻委員會，1999年8月）頁：213～236認爲所有的「族群」（不論是自認爲、或被別人界定出來的），都曾經、或目前仍然覺得自己是「弱勢族群」。而所謂的「族群意識」基本上是「弱勢族群」特有的現象。

字，卻可以產生許多分歧的看法，衍生出形形色色的紛爭；「客家人」，少少的三個字，同樣也可以發展各式各樣不同觀點的定義，以及各種形式的詮釋方法〔註 28〕，本節試從客家意識、客語語用及客家族群生活印象三個層面來討論。

一、客家意識與葉日松的客家文學

所謂「意識」，依照字典的解釋是：「人腦對客觀世界的種種反應，是一種特殊的機能」〔註29〕，另一個解釋則是「覺察或醒悟」；而「客家」其實包含著「血統、風俗、語言與生活習慣」等多種元素，縱括了生物學、歷史學、人類學、民俗學、社會學等各學術領域，呈現出所謂「客家人」、「客家話」、「客家文化」的特殊性，如同巴黎大學歷史學博士賴金男所言：

> 客家人的形成有其歷史因素，客家民性的養成有其特殊的生存環
> 境，客家語言的演變，也有其漢語特性的源流。〔註30〕

這種種「血統、風俗、語言與生活習慣」的特殊性，隨著解嚴之後的臺灣社會頻繁的政治活動、社會運動和文化的多元化、族群多元化的對話，似乎也開展了一場前所未有的「解放運動」，客家議題與客家文化意識的探討，自然也在這場多元對話的運動中逐漸開展出來，客家母語運動、客家文化探討、客家族群研究、客家社區產業等議題，逐漸成為關心客家文化以及客家族群發展的政治人物及學術研究者所重視。〔註31〕

「客家議題」既然漸被重視，可見「客家族群」的確已經成為一個「族群」。所以要談「客家意識」先從「族群意識」談起。「族群」作為一個群體的特殊性，有論者認為，主要是表現在人們如何想像誰是、或誰不是屬於同一族群的方式上，也就是人們用來界定族群界線的標準（通常客家族群的先輩用會不會說流利的客家話來當界定的標準）。而族群的想像，是以「共同來源」作為區分內團體／外團體成員的思考方式。這種族群分類概念及族群意

〔註27〕陳運棟，《客家人第十版》（臺北：東門 1992 年 8 月）頁 6～124，王東：《客家學導論》（臺北：南天 1998 年 8 月），頁 179。

〔註28〕劉還月，《臺灣的客家人》（臺北：常民文化 2000 年 4 月），頁 1。

〔註29〕周何主編，《國語活用辭典》，（臺北：五南，93 年 12 月 3 版），頁 718。

〔註30〕陳運棟，《客家人第十版》（臺北：東門 1992 年 8 月），頁 7。

〔註31〕張德永，1994 年〈客家文化意識及社區參與之關聯性研究〉http://www.hakka. gov.tw/ct.asp?xItem=8618&ctNode=581&mp=298

識的出現，基本上是集體建構的結果。所謂的集體建構，是發生在區分（我族群／外族群）的需要已經發生之後，所進行的文化尋根或歷史建構的過程。

在這些文化尋根或歷史建構的過程中，弱勢族群的「自我認同」，是在「族群運動」的集體行動過程中逐漸被建構、離析出來的。因此，論者主張「族群意識」是族群運動的「結果」，而不是「原因」；也就是說族群意識的建構，不是在「喚醒一個『沈睡的』、『既存的』族群認同」，而是在「創造一個『嶄新的』、『從未真正存在過的』的人群分類思考方式」，那麼我們才有可能不再陷入族群對立的泥沼之中。〔註32〕

如果「客家意識」的釋義從這個想法出發，那麼是「客家運動」逐漸建構出「客家意識」，是群眾運動者從「弱勢的」、「有危機感的」角度呼籲客家族群或認同客家族群的民眾，集體行動「爭取」客家人的「語言平等權」、「文化權」等憲法上所保障的權利，才逐漸建構出「客家意識」；於是後續所出現的客家母語運動、客家文化探討、客家族群研究、客家社區產業等議題，逐漸為關心客家文化以及客家族群發展的政治人物及學術研究者所重視，這種「客家意識」是被建構的論點，應屬於較為狹義的說法。

因為依實際現象觀察，如果沒有客家運動或者根本不知道有參與客家運動機會的人，居住在客家聚落，原本就使用客家語言生活，或使用客家語言創作的人，其背景、生活、語言、身份認同等等都是「客家」的「客家人」；我們本就可以直接說他們是有「客家意識」的；他們日常生活的行為模式、他們的運用語言文字的思考習慣，不論有沒有「客家運動」的認知或參與，他們的「客家意識」是自自然然存在著的。因此，綜合言之，「客家意識」是客家族群或認同客家族群的一般人，藉由發起「客家運動」或「客家活動」逐漸凝聚建構出來，對於客家語言、客家文學、客家文化逐漸有所重視或反應的一種覺察或醒悟；或是經由身份認同，本身就是「客家人」、說「客家話」、依照「客家風俗習慣」生活於其中的一種認知或模式。

詩人葉日松祖父和父親那一代從新竹縣遷徙到花蓮縣富里鄉新興村，全家人都是「客家人」，從小到長大，家人所用的話就是「客家話」，在儉樸無

〔註32〕王甫昌，〈光復後臺灣族群意識的形成〉《族群臺灣：臺灣族群社會變遷研討會論文集》，（南投：臺灣省文獻委員會，1999 年 8 月）頁：213～236 認為所有的「族群」（不論是自認為、或被別人界定出來的），都曾經、或目前仍然覺得自己是「弱勢族群」。而所謂的「族群意識」基本上是「弱勢族群」特有的現象。

華的農村裡，葉日松度過了最無憂無慮的童年時光，那段生活，可以說就是浸潤在「客家風俗習慣」裡而不自知，葉日松對這一時期的生活印象寫下許多散文作品和國語詩篇的創作。雖然一九九七年四月之前出版的作品並未用客家母語書寫，依照本章第一節黃子堯先生主張的客家文學的四個檢項來看，葉日松先生的作品可以說是百分之百的客家文學，因為那些作品是客籍作家的文藝作品，當年，詩人的「客家意識」是自然生成的。

更確切的說，葉日松從一九九七年四月正式推出第一本客語詩集《一張日誌等於一張稿紙》〔註33〕起，陸續出版了八本客語現代詩集，他純粹利用客家母語創作，不僅往前追溯到童年語言情境的經驗，倘佯在充分飽滿的「客家意識」中，擁有一種洄游到母語大海的自在感，同時也深刻而自覺的體察到濃厚的「客家意識」，在詩篇中盡情發輝語言的特殊性與趣味性。因此可以說葉日松在他的客語現代詩作品中將「客家意識」充分表露出來，呈現了客家人的生活樣貌與內心感受，也在自在、自然而溫婉的字裡行間闡述了客家文化的精神與內涵。

二、客語特殊用字、詞彙、語音及語法融入詩作

詩的表現，要靠語言做為媒介。詩本身就是一種語言的呈現（expression of language）」〔註34〕，而語言又有承載族群文化的特質，各種母語都有它特殊的詞彙、聲調、節奏、語意，所以說「母語是各種族感情及精神的結晶體，母語也是文學建築的基礎。詩是生命的舞蹈，一種語言精確表現的文體。」〔註35〕

由於本文對於葉日松客語現代詩的形式結構、聲情表現、意象經營部分各在第五、六章及第七章有專章討論，本小節僅討論客語用字、詞彙、語音及語法方面：

（一）客語用字方面

客家文字方面，多年來學界、創作者及客語教學者意見並不一致，客家口語與書面語不易統一的自然現象，已經存在多時，一時間很難更改使用習慣；尤其從事客語創作的人，一有創作靈感就會先將想到的或當時一般習慣

〔註33〕葉日松，《一張日誌等於一張稿紙》（花蓮：花蓮客屬會，1997年4月）
〔註34〕孟樊，《當代臺灣新詩理論》（台北：揚智，1995），頁1。
〔註35〕林宗源，〈我對台語文學的追求及看法〉，收錄於鄭良偉編，《台語詩六家選》附錄四（台北：前衛，1990），頁214。

的用字暫時用爲他「個人的書面用字」，不可能等待統一客家文字用法之後才進行創作，因此葉日松客語現代詩詩作中的「書面用字」，與討論通過爲客家通用用字有少許差異，是在所難免的現象，值得將來研究者進一步對照、比較和深入討論；而關於客語的書面語，涂春景認爲：

> 客語的書面語和客語一樣屬於全體客家人的共同文化，找尋客語用字時，要有宏觀的視野，要有國際觀，不能急切，必須要有一套可大可久的共識，以免母語本土化、母語孤島化。

他同時提出前輩學者對於找到客語方言本字的三點共識：

> 一是找到一個漢字，二是說出一套聲韻調演變的規則，三是漢字的字義和方言辭的意義要相同或近似。〔註36〕

近年來就客家文字方面各界已有較多的討論，尤其近兩年行政院客家委員會舉辦「客語能力認證」考試，並彙編「客家語言基本能力認證基本詞彙」，關於客語書寫的用字原則，經過參與委員們會多次商議，提出主要原則如下：

1、找本字：本字之認定，是找出形音義俱合的漢字。例如：無搭無「礙」。

2、採堪用字：堪用字就是音同義近、音近義同、或音義皆近的字，實際上就是同一來源，或同時產生，或先後產生的同源字。例如：「㬅」心、「眠」眼。

3、選用借代字：借代字可分借音字與借義字兩類。借音字如：「肧」想、佢「續」自家先轉；借義字如：一「塊」豆腐干，塊字讀成「de」（本編採用音近的垍字）。

4、採用俗字：即採用傳統上民間習用的通俗字。例如：最小的兒子爲「屘」子（本編採「滿」字）。

5、造新字：這是萬不得已的辦法，盡可能不用。〔註37〕

因此本文於各章節引用葉日松客語現代詩作時，除了於正文內保留其原用之客家用字以外，並以加註方式補充現行認證彙編詞彙中通用的用字。

（二）客語詞彙方面

葉日松創作的兩三百首客家現代詩，不僅在用字用詞上呈現了特定的客

〔註36〕涂春景，〈客語有字嗎？──淺談客語書面化的幾個看法〉，《台北縣客家文化年刊》第1期，2007年1月，頁3～5。
〔註37〕「客家語言基本能力認證 基本詞彙」中級、中高級編輯説明

語文字，在客語詞彙上也展現了其特殊性，本小項僅就葉日松客語現代詩作中列舉部分詞彙，依名詞、代名詞、動詞、形容詞、副詞及其他用法方面的分類，以表格方式列出常見的各類客語詞彙，加註其學術上通用之國際標音符號和國語詞義，以供後來研究者參考及對照，本文發現葉日松對於各類客語詞彙的選用和安排都盡量簡易常用而生活化，如「一生人」、「暗晡夜」、「街路」、「田塍」、「河壩」、「偓」、「佢」、「爺娘」、「睡目」、「淨俐」、「跈」、「蓄鴨」、「嘍」等，讀來淺易而親切。

1、名　詞

編號	辭　彙	客語標音（記本調）	國語詞意	詩　篇
1	一生人	$it^{31}\ sen^{35}\ \eta in^{11}$	一輩子	希望暗晡夜夢到您
2	暗晡夜	$am^{55}\ pu^{11}\ ia^{55}$	今夜	希望暗晡夜夢到您
3	目汁	$muk^2\ ts\ddot{\imath}p^2$	眼淚	希望暗晡夜夢到您
4	街路	$kie^{35}\ lu^{55}$	市集	希望暗晡夜夢到您
5	田塍	$t'ien^{11}\ sun^{11}$	田與田的界線小路	希望暗晡夜夢到您
6	目珠	$muk^2\ tsu^{35}$	眼睛	故鄉介月光
7	牛眼樹	$\eta iu^{11}\ \eta ien^{31}\ su^{55}$	龍眼樹	故鄉介月光
8	河壩	$ho^{11}\ pa^{55}$	即河流	故鄉介月光
9	眠床	$min^{11}\ ts'ong^{11}$	床	桐樹下話家常
10	禾串	$vo^{11}\ ts'on^{55}$	稻穗	拈禾串
11	蛤仔聲	$kuai^{31}\ e^{31}\ sang^{35}$	青蛙的叫聲	夢中介小木屋
12	禾稈鞋	$vo^{11}\ gon^{31}\ hai^{11}$	稻草鞋	夢中介小木屋
13	番火盒	$fan^{35}\ fo^{31}\ hap^5$	火柴盒	夢中介小木屋
14	天弓	$t'ien^{35}\ kiung^{35}$	彩虹	夢中介小木屋
15	等路	$ten^{31}\ lu^{55}$	禮物	歡迎來花蓮
16	火焰蟲	$fo^{31}\ iam^{55}\ ts'ung^{11}$	螢火蟲	黃昏介故鄉
17	驛夫仔	$it^5\ fu^{35}\ e^{31}$	火車站站員	黃昏介故鄉
18	禾埕	$vo^{11}\ t'ang^{11}$	晒穀場	緊工時節介阿爸阿姆
19	竹（蓄）音機	$hiuk^2\ im^{35}\ ki^{35}$	留聲機	緊工時節介阿爸阿姆
20	風車	$fung^{35}\ ts'a^{35}$	篩穀用的用具	緊工時節介阿爸阿姆
21	日誌	$\eta it^2\ ts\ddot{\imath}^{55}$	日曆	一張日誌等於一張稿紙

22	腳（钁）頭	kiok^2 t'eu^{11}	鋤頭	雨中介田野
23	沙蔗仔	sa^{35} tsa^{55} e^{31}	沙洲或原野上的草本植物	雨中介田野
24	番仔火	fan^{35} e^{31} fo^{31}	火柴盒	客家樹　客家花
25	涵空	ham^{11} k'ung^{35}	涵洞	火焰蟲
26	極樂仔	k'it^5 lok^5 e^{31}	陀螺	極樂仔
27	孲孲（嬰兒）	o^{11} ŋa^{35} e^{31}	嬰兒	阿公介民謠
28	茶箍	ts'a^{11} ku^{35}	肥皂	親人歌
29	日頭	ŋit^2 t'eu^{11}	太陽	收冬介景象
30	禾畢仔	vo^{11} pit^2 e^{31}	小麻雀	收冬介景象
31	禾稈人	vo^{11} kon^{31} ŋin^{11}	稻草人	收冬介景象
32	禾鐮仔	vo^{11} liam^{11} e^{31}	割稻用的鐮刀	收冬介景象
33	禾仔	vo^{11} e^{31}	指水稻	禾仔摎農夫
34	钁	vok^5	鍋	𠊎還記得
35	耳孔唇	ŋi^{31} kung^{35} sun^{11}	耳邊	𠊎還記得
36	揚尾仔	iong^{11} mi^{35} e^{31}	蜻蜓	放料日𠊎去公園
37	揚葉仔	iong^{11} iap^{55} e^{31}	蝴蝶	放料日𠊎去公園
38	車頭	ts'a^{35} t'eu^{11}	車站	故鄉介車頭
39	掛紙	kua^{55} tsï^{11}	掃墓	去新竹掛紙

2、代名詞

編號	辭　彙	客語標音（記本調）	國語詞意	詩　篇
1	阿爸阿母	a^{35} pa^{35} a^{35} me^{35}	爸爸媽媽	希望暗晡夜夢到您
2	𠊎兜	ŋai^{11} teu^{35}	我們	希望暗晡夜夢到您
3	𠊎七家（𠊎自家）	ŋai^{11} ts'it^2 ka^{35}	我自己	重遊淡水
4	阿公阿婆	a^{35} kung^{35} a^{35} p'o^{11}	祖父祖母	故鄉介月光
5	偲	en^{35}	我們	偲介家鄉——花蓮
6	佢	ki^{11}	他	雨中介田野
7	麼儕	ma^{31} sa^{11}	誰	油桐樹下　份家啦
8	一頭	it^2 t'eu^{11}	一棵	相思樹
9	每一儕	mi^{35} it^2 sa^{11}	每一個人	花花世界新住民——波斯菊
10	隻隻	tsak^2 tsak^2	個個	花花世界新住民——波斯菊

11	佢介	ki¹¹ ge⁵⁵	他的	思親曲
12	姐公	tsia³¹ kung³⁵	外公	親人歌
13	姐婆	tsia³¹ p'o¹¹	外婆	親人歌
14	細阿哥仔	se⁵⁵ a³⁵ ko³⁵ e³¹	小男生	佇台北車頭等車
15	細阿妹仔	se⁵⁵ a³⁵ moi⁵⁵ e³¹	小女生	佇台北車頭等車
16	高睜	ko³⁵ tsang³⁵	高跟鞋	佇台北車頭等車
17	佢兜	ki¹¹ teu³⁵	他們	月給
18	爺娘	ia¹¹ ŋiong¹¹	父母	月給
19	做人爺	tso⁵⁵ ŋin¹¹ ia¹¹	人父	年三十
20	大人細子	t'ai⁵⁵ ŋin¹¹ se⁵⁵ tsï³¹	大人小孩	年三十

3、動　詞

編號	辭　彙	客語標音（記本調）	國語詞意	詩　　篇
1	落（雨）	lok⁵ i³¹	下雨	希望暗晡夜夢到您
2	蓄鴨	hiuk² ap²	養鴨子	希望暗晡夜夢到您
3	遊料（寮）	iu¹¹ liau⁵⁵	遊玩	重遊淡水
4	開忒又謝	k'oi³⁵ t'et² iu⁵⁵ ts'ia⁵⁵	開了又謝	思念介彩筆為您畫一張相
5	轉外家	tson³¹ ŋoi⁵⁵ ka³⁵	回娘家	思念介彩筆為您畫一張相
6	擎	k'ia¹¹	舉	釣童年
7	飲（啉）茶	lim³⁵ ts'a¹¹	喝茶	桐樹下話家常
8	講古	kong³¹ ku³¹	講故事	桐樹下話家常
9	打嘴鼓	ta³¹ tsoi⁵⁵ gu³¹	聊天	桐樹下話家常
10	瞴目	ŋiap² muk²	眨眼　轉眼	桐樹下話家常
11	發夢	pot² mung⁵⁵	做夢	桐樹下話家常
12	拈	ŋiam³⁵	撿	拈禾串
13	落門	lok⁵ mun¹¹	入門	快樂在農家
14	睡目	soi⁵⁵ muk²	睡覺	雨中介田野
15	份家啦	fun⁵⁵ ka³⁵ la³⁵	扮家家	油桐樹下　份家啦
16	鼻	p'i⁵⁵	聞	油桐樹下　份家啦
17	搞	kau³¹	玩	油桐樹下　份家啦
18	跈	t'en¹¹	跟隨	童年介桐花，到今還恁香
19	點光	diam³¹ kong³⁵	點亮	客家樹　客家花

20	邸（戴）	tai⁵⁵	居住	桐樹情
21	畀（分）	pun³⁵	給　賜	相思樹
22	安著	on³⁵ to⁵⁵	叫做	花花世界新住民——波斯菊
23	停鐋	t'in¹¹ t'o¹¹	停止	快樂在農家
24	挨	ai³⁵	拉	快樂在農家
25	走新聞	tseu³¹sin³⁵ vun¹¹	跑新聞	火焰蟲
26	捩	lit²	轉	極樂仔
27	捹	t'en⁵⁵	幫忙	思親曲
28	挲草	so³⁵ ts'o³¹	除草	伯公伯婆
29	割禾	kot² vo¹¹	收割　割稻	伯公伯婆
30	巡邏	sun¹¹ lo¹¹	到處巡視查訪	伯公伯婆
31	趖	so¹¹	遊蕩　走走看看	伯公伯婆
32	傍（嫏）	pong³¹	配（飯）	親人歌
33	翕相	hip² siong⁵⁵	照相	去七星潭拈石頭
34	揇	nam³¹	抱	收多介景象
35	唚	tsim³⁵	親吻	收多介景象
36	搞瘔	kau³¹ k'ioi⁵⁵	玩累	收多介景象
37	轉屋家	tson³¹ vuk² k'a³⁵	回家	收多介景象
38	知得	ti³⁵ tet²	知道	禾仔拷農夫
39	蒔田	sï⁵⁵ t'ien¹¹	插秧	禾仔拷農夫
40	講長短	kong³¹ts'on¹¹ ton³¹	隨意聊	𠊎還記得

4、形容詞

編號	辭　彙	客語標音（記本調）	國語詞意	詩　篇
1	鬧煎煎	nau⁵⁵tsien³⁵ tsien³⁵	十分熱鬧繁盛	思念介彩筆為您畫一張相
2	鬧鬧熱熱	nau⁵⁵ nau⁵⁵ ŋiet⁵ŋiet⁵	非常熱鬧	桐樹下話家常
3	微毛末節	mi¹¹ mo³⁵ mat⁵ tsiet²	細微末節	拈禾串
4	緊工	kin³¹ kung³⁵	農忙	緊工時節介阿爸阿姆
5	後生	heu⁵⁵ sang³⁵	年輕人	一張日誌等於一張稿紙
6	天光	t'ien³⁵ kong³⁵	天亮	快樂在農家

7	滋養	tsi³⁵ iong³⁵	營養	故鄉介河流
8	盡遠	ts'in⁵⁵ ien³¹	很遠	花花世界新住民——波斯菊
9	煞猛	sat² mang³⁵	努力　用功	火焰蟲
10	靚又香	tsiang³⁵ iu⁵⁵ hiong³⁵	漂亮又清香	放料日偃去公園料
11	肚笥枵	tu³¹ sï³¹ iau³⁵	肚子餓	佇台北車頭等車
12	燒燒	seu³⁵ seu³⁵	熱熱的	佇台北車頭等車
13	月光花	ŋiet⁵ kong³⁵ fa³⁵	月光散發出來的柔光	臺灣介星夜
14	淨俐	ts'iang⁵⁵ li⁵⁵	乾淨	秀姑巒溪四重唱
15	細膩（義）	se⁵⁵ ŋi⁵⁵	小心	秀姑巒溪四重唱
16	僻（壁）壢角	piak² lak² kok²	角落	秀姑巒溪四重唱
17	瞇行（無）停	ŋiap² mo¹¹ t'in¹¹	閃爍不停	淡水夜景之一
18	恬靜	tiam³⁵ ts'in⁵⁵	靜靜	淡水夜景之一
19	遽遽	kiak² kiak²	快快	年三十
20	燒暖	seu³⁵ non³⁵	暖和的	秋天介娘婆花
21	毋聲毋氣	m¹¹ sang³⁵ m¹¹ hi⁵⁵	不說一句話	背影
22	日頭㶶	ŋit² t'eu¹¹ lat²	太陽光強烈	千人挷飯送溫情
23	痶（悿）	t'iam³¹	疲累不堪	千人挷飯送溫情
24	遊遊野野	iu¹¹ iu¹¹ ia³⁵ ia³⁵	四處遊走無所事事	燈籠草
25	在	ts'ai⁵⁵	自在　穩定	吃酒醉介極樂仔
26	狼里狼賴	long¹¹ li¹¹ long¹¹ lai¹¹	凌亂　狼籍	數字歌2
27	澎湃（豐沛）	p'ong¹¹ p'ai⁵⁵	指豐盛的酒菜	做起工做完工
28	頭探探仔	t'eu¹¹ t'am³⁵ t'am³⁵ e³¹	頭伸出的樣子	禾埕風光
29	慢梭梭（趖）	man⁵⁵ so¹¹ so¹¹	慢吞吞的	上課挲下課
30	懶尸	lan³⁵ sï³⁵	懶惰	讀書人介作息歌
31	梭來梭去(趖)	so¹¹ loi¹¹ so¹¹ hi⁵⁵	到處遊蕩	大頭殼
32	冇（無）落冇（無）著	mo¹¹lok⁵ mo¹¹ts'ok⁵	遊手好閒無所事事	大頭殼
33	孔竅	k'ung³¹ k'ieu⁵⁵	走路不穩東倒西歪	愛笑又愛叫（傳統童謠）
34	崁缺	k'am⁵⁵ k'iet²	顛簸不平	轉老屋個就想起讀初中該三年
35	煞猛噴天	sat²mang³⁵p'un⁵⁵t'ien³⁵	非常認真	寫畀清潔隊介朋友

5、副　詞

編號	辭　彙	客語標音（記本調）	國語詞意	詩 篇 及 詩 集
1	頭過	t'eu^{11} ko^{55}	以前	希望暗晡夜夢到您
2	天曚光	t'ien^{35} mang^{11} kong^{35}	天朦朦亮	希望暗晡夜夢到您
3	再稿（過）	tsai^{55} ko^{55}	再	希望暗晡夜夢到您
4	共下	k'iung^{55} ha^{55}	一同　一起	重遊淡水
5	閑的（佇）	han^{11} ti^{55}	還在	重遊淡水
6	過㓥	ko^{55} t'et^{2}	過了	思念介彩筆為您畫一張相
7	柳樹頂	liu^{35} su^{55} tang^{31}	柳樹上	釣童年
8	釣歸日	tiau^{55} kui^{35} ngit^{2}	釣整天	釣童年
9	總係	tsung^{31} he^{55}	總是	釣童年
10	朝晨	tseu^{35} sïn^{11}	早晨	釣童年
11	魚塘脣	ng^{11} t'ong^{11} sun^{11}	池塘邊	故鄉介月光
12	唔（毋）會	m^{11} voi^{55}	不會	故鄉介月光
13	偓愛	ŋai^{11} oi^{55}	我要	故鄉介月光
14	莫打爽	mok^{5} ta^{31} song^{31}	不要浪費	拈禾串
15	靠佢	k'o^{55} ki^{11}	靠它指稻穗	拈禾串
16	全係	ts'ion^{11} he^{55}	全是	拈禾串
17	小（細）屋肚	se^{55} vuk^{2} tu^{11}	小屋裡	夢中介小木屋
18	暗晡頭	am^{55} pu^{35} t'eu^{11}	晚上	夢中介小木屋
19	無奈（那）比	mo^{11} nai^{55} pi^{31}	無處可比擬	歡迎來花蓮
20	人喔（安）惱（謞）	ŋin^{11} o^{35} no^{31}	人人稱讚	歡迎來花蓮
21	順續	sun^{55} sa^{55}	順便	歡迎來花蓮
22	靚過雪	tsiang^{35} ko^{55} siet^{2}	比雪還美	油桐花著婚紗
23	無停留	mo^{11} t'in^{11} liu^{11}	沒有停留	風挼雲　空中遊
24	天頂	t'ien^{35} tang^{31}	天上	天頂介星仔係捱童年介玻璃珠
25	衫袋肚	sam^{35} t'oi^{55} tu^{31}	口袋裡	天頂介星仔係捱童年介玻璃珠
26	盡愛聽	ts'in^{55} oi^{55} t'ang^{35}	很愛聽	捱愛聽介一首歌
27	恁	an^{31}	如此	童年介桐花，到今還恁香

28	心肝肚	sim³⁵ kon³⁵ tu³¹	心中	客家樹　客家花
29	佇	tu⁵⁵	在	相思樹介心事
30	歸片	kui³⁵ p'ien³¹	整片	相思樹介心事
31	這位	ia³¹ vi⁵⁵	這裡	花花世界新住民——波斯菊
32	抑係	ia⁵⁵ he⁵⁵	或是	花花世界新住民——波斯菊
33	爲著	vi⁵⁵ to³¹	爲了	快樂在農家
34	唔（毋）使	m¹¹ si³¹	不必	火焰蟲
35	吂	mang¹¹	還沒有	親人歌
36	邸（戴）佇	tai⁵⁵ ti⁵⁵	住在	親人歌
37	冇（無）愛	mo¹¹ oi⁵⁵	不要	去七星潭拈石頭
38	麼介	mak² ke⁵⁵	什麼	去七星潭拈石頭
39	歸晝邊	gui³⁵ tsu⁵⁵ pien³⁵	整個下午	去七星潭拈石頭
40	下晝	ha³⁵ tsu⁵⁵	下午	去七星潭拈石頭

6、其他用語

編號	辭　彙	客語標音（記本調）	國語詞意	詩　篇　及　詩　集
1	無享到福	mo¹¹ hiong³¹ to³¹ fuk²	沒有享到福	希望暗晡夜夢到您
2	倕介	ŋai¹¹ ke⁵⁵	我的	希望暗晡夜夢到您
3	思念介水	si³⁵ ŋam⁵⁵ ke⁵⁵ sui³¹	思念的水	希望暗晡夜夢到您
4	老屋肚	lo³¹ vuk² tu¹¹	老屋內	希望暗晡夜夢到您
5	會冷無	voi⁵⁵ lang³⁵ mo¹¹	會不會冷	希望暗晡夜夢到您
6	A 係——	he⁵⁵	A 是什麼——	重遊淡水
7	該兜	kai⁵⁵ teu³⁵	那些	重遊淡水
8	唔（毋）多知	m¹¹ to³⁵ ti³⁵	不知不覺之間	思念介彩筆爲您畫一張相
9	全冇（無）	ts'on¹¹ mo¹¹	完全沒有	思念介彩筆爲您畫一張相
10	爲到	vi⁵⁵ to³¹	爲了	快樂在農家
11	謝毋忒	ts'ia⁵⁵ m¹¹ t'et²	謝不掉	油桐花
12	化毋開	fa⁵⁵ m¹¹ k'oi³⁵	化不開	相思樹
13	正恁好	tsang⁵⁵ an³¹ ho³¹	才如此好	伯公伯婆
14	倕還記得	ŋai¹¹ han¹¹ ki⁵⁵ tet²	我還記得	倕還記得

15	一擺	it² pai³¹	一次	𠊎還記得
16	瞬一下目	ŋiap² it² ha⁵⁵ muk²	時間很快	佇台北車頭等車
17	來毋掣	loi¹¹ m¹¹ ts'at²	來不及	佇台北車頭等車
18	打單介人	ta³¹ tan³⁵ ke⁵⁵ ŋin¹¹	買票的人	佇台北車頭等車
19	仰恁	ŋiong³¹ an³¹	怎麼如此	天空也流淚
20	毋識	m¹¹ sït¹¹	未曾	麥當勞
21	吊晃槓仔	tiau⁵⁵ kon¹¹ kon⁵⁵e³¹	盪鞦韆	坐晃槓仔
22	仰般	ŋiong³¹ pan³⁵	怎麼　為何	聰明介蟬仔
23	擎釣槓	k'ia¹¹ tiau⁵⁵ pin³⁵	拿釣竿	擎釣槓
24	當歡喜	ton¹¹ fon³⁵ hi³¹	非常高興	月給
25	糶穀	t'iau⁵⁵ kuk²	賣出米穀	月給
26	所費	so³¹ fi⁵⁵	花費	月給
27	過身	ko⁵⁵ sïn³⁵	去世	月給
28	磧年錢	tsak² ŋien¹¹ ts'ien¹¹	壓歲錢	年三十暗晡
29	冇（無）跌忒	mo¹¹ tiet² tet²	不會忘記	年三十暗晡
30	年三十	ŋien¹¹ sam³⁵ sïp⁵	除夕	年三十暗晡
31	攞（逐）走	kiuk² tseu³¹	趕走	年三十暗晡
32	一蕾	it² lui³⁵	一朵	年三十暗晡
33	降子	kiung⁵⁵ tsï³¹	生子	年三十暗晡
34	留等	liu¹¹ ten³¹	留著	年三十暗晡
35	毋盼得用	m¹¹ p'an⁵⁵ tet² iung⁵⁵	捨不得花用	年三十暗晡
36	顛倒	tien³⁵ to⁵⁵	反而	年三十暗晡
37	精米所	tsin³⁵ mi³¹ so³¹	碾米廠	故鄉介車頭
38	挨礱聲	ai³⁵ lung¹¹ sang³⁵	碾米的機器聲	故鄉介車頭
39	面頰卵	mien⁵⁵ kap² lon¹¹	面龐	故鄉介車頭

　　從表列中可以看到，除了前言葉日松客語現代詩的淺顯親切外，從禾埕（指曬穀場）、降子（指生子）、留等（指留著）、毋盼得用（指捨不得花用）、顛倒（指反而）、精米所（指碾米廠）、面頰卵（指面龐）等特殊客語詞彙及保存古義的詞彙——禾（指稻）、掛紙（指掃墓）等，詞義較廣的詞彙——時節（指節慶、時候）、著（指有、這、到）及詞義特殊的詞彙——蓄鴨（指養鴨）、禾埕（指曬穀場）、特殊的單音詞彙——口（前）、頂（上）、項（上）、尾（底）、下（裡）以及特殊的單位量詞——一棚（場）戲、一蕾（朵）花等

來看，也可以感受到葉日松客語現代詩獨特的草根味與鄉土性。

（三）客語語音方面

由以上表列詞彙得知，葉日松客語詩作中運用了相當多客家母語語音的特殊音：

1、聲母部分

① 【v-】：轉屋家 tson^{31} vuk^2 k'a^{35}，割禾 kot^2 vo^{11}，禾稈人 vo^{11} kon^{31} ŋin^{11}，鑊 vok^5

② 【ŋ-】：年三十 ŋien^{11} sam^{35} sïp^5，仰般 ŋiong^{31} pan^{35}，偓 ŋai^{11}，鬧鬧熱熱 nau^{55} nau^{55} ŋiet^5 ŋiet5

2、韻母部分

① 【–on】：禾稈人 vo^{11} kon^{31} ŋin^{11}，禾串 vo^{11} ts'on^{55}，講長短 kong^{31} ts'ong^{11} ton^{31}

② 【-ong】：眠床 min^{11} ts'ong^{11}，講古 kong^{31} ku^{31}，講長短 kong^{31} ts'ong^{11} ton^{31}

③ 【-iong】：仰恁 ŋiong^{31} an^{31}，無享到福 mo^{11} hiong^{31} to^{31} fuk^2

④ 【-ung】：毋盼得用 m^{11}p'an^{55}tet^2 iung^{55}，降子 kiung^{55} tsï^{31}

⑤ 【-iu】：留等 liu^{11} ten^{11}，逐走 kiuk^2 tseu^{31}

⑥ 【-eu】：該兜 kai^{55}teu^{35}，後生 heu^{55} sang^{35}

⑦ 【-ui】：一蕾 it^2 lui^{35}，思念介水 sï^{35} ŋam^{55} ke^{55}sui^{31}

3、韻尾部分

① 【–m】：唔使 m^{11} sï^{31}，心肝肚 sim^{35} kon^{35} tu^{31}，暗晡頭 am^{55} pu^{35} t'eu^{11}

② 【–p】：年三十 ŋien^{11} sam^{35} sïp^5，瞇一下目 ŋiap^2 it^2 ha^{55} muk^2

③ 【–t】：毋識 m^{11} sït^2，偓還記得 ŋai^{11} han^{11} ki^{55}tet^2，來毋掣 loi^{11} m^{11} ts'at^2

④ 【–k】：糶穀 t'iau^{55}kuk^2，瞇一下目 ŋiap^2 it^2 ha^{55} muk^2

由上述聲母、韻母和韻尾的列出，就能得到印證，在語音方面，客家話比目前通用的普通話多出的特殊的聲母【v-】、【ŋ-】和韻母【–on】、【-ong】、【-iong】、【-ung】、【-iu】、【-eu】、【-ui】、【–m】及入聲韻【-p】、【-t】、【-k】的，再配合聲調的高低、升降、長短不同，使葉日松客語現代詩在平仄、節奏、押韻上擁有豐富的音樂性與韻律美。

（三）客語語法方面

客家話是漢語方言的一支，它的句法結構與一般普通話大致相同而有特殊之處，例如詞序相反、動詞後加成份、動詞重疊、形容詞重疊等，是客家語言學研究上重要的課題，自有其系統和脈絡可循。單以形容詞重疊的部分，依其所形容的程度而言，就有①AA式、②AA＋e式、③AAB式、④ABB式⑤ABB＋e式、⑥AAAA式、⑦AABB式、⑧ABAB式、⑨ABAC式、⑩ABCB式等。葉日松客語現代詩是依客家母語語法來創作，自然與上述脈絡相符，茲舉其中數例說明：

1、詞序相反

①如【鬧熱】，是國語「熱鬧」的意思，客語詞序與國語詞序相反，如〈桐樹下話家常〉第二段：

桐樹下　話家常／鬧鬧熱熱〔註38〕

像市場／大人細子　講短又講長

南風吹來　發夢過魚塘／桐樹下

話家常／客家情份水流長／開山打林

大地做眠床／前人種樹　恩情斗難量〔註39〕

②如【知得】國語一般用「得知」「知道」的意思，客語詞序與國語「得知」詞序相反，如〈去七星潭拈石頭〉的詩句中有：

從佢兜介簡報中／俚知得／一石一世界　一石一山水〔註40〕

2、動詞後加成份

①如【續等】是普通話「接著」的意思，像摘自〈淡水夜景〉第一段的詩句：

淡水夜景／關渡大橋介功課／無時閒／接了東片介人客／西片

介人客續等來／請人客流水席／歸年介人潮／比淡水河介水還

卡多

【續等】的【續】就是連接不斷的意思，而【等】是動詞後加成份。

②再如【矚有（無）停】是普通話「閃個不停」的意思，如摘自〈淡

〔註38〕詩句中加網底而顏色不同者，即係該條說明的舉例；以下亦同。

〔註39〕葉日松，《臺灣故鄉情》（花蓮：花蓮縣吉安鄉公所，2004年6月），頁18～19。

〔註40〕同註38，頁70～73。

水夜景〉第二段的詩句：

紅紅介日頭跌落海／人約黃昏後／右岸介燈火邀請天頂介星仔
下來／逛老街／左岸介燈火**矚冇停**／想愛湊每一個夜遊介船仔
詩人來食酒〔註41〕

【矚冇停】的【矚】就是閃爍的意思，而【冇停】也屬於動詞後加
成份。

③又如【轉去】是普通話「回去」、「回家」的意思，像摘自〈童年介
桐花，到今還恁香〉第二段的的詩句：

天地有情送花香桐花／懷念跈車箱／火車隆隆過／載**偓轉去**童
年介故鄉〔註42〕

【轉去】的【轉】就是完整的「回去」、「回家」的意思，而【去】
是動詞後加成份。

3、動詞重疊的部分

①如【看看】、【笑笑】，摘自〈火車，火車，等一下仔〉第一段、第
四段的詩句：

偓愛看看旅客介留言牌／到底佢係去奈位？
車長**笑笑**冇回答／火車一站過一站　　冇回頭〔註43〕

②再如【東看看　西望望】是普通話「東張西望」的意思，如〈佇台
北車頭等車〉第六段的詩句：

偓佇台北車頭等車／無意中看到一位中年人／在候車室行來
行去／**東看看　西望望**／冇像車頭介巡邏員／也毋係清理垃
圾介服務生／係頭探探仔（也寫頭擔擔）看人吃飯／像人肚笥
枵〔註44〕

4、形容詞重疊的部分，客語形容詞會重疊，表示所形容的程度而言，
例如

①AA式：如【笑連連】、【幸福綿綿】，摘自〈過新年〉第一段、第
四段的詩句

〔註41〕葉日松，《秀姑巒溪介人生風景》，頁72～75。
〔註42〕同註39，頁20～21。
〔註43〕葉日松，《佢介名仔安著臺灣》，頁60～61；《鑊仔肚介飯，比麼介都卡香》，
頁54～56。
〔註44〕同註39，頁96～101。

過新年賀新年／紙炮聲中貼對聯／圍爐閑話慶團圓／大人細子
笑連連

過新年　賀新年／家家戶戶／幸福綿綿〔註45〕

再如【山色青青】、【天空淨淨】、【花草靚靚】，是摘自〈大人種地
豆，細人仔燒番薯〉第一段的詩句：

風挷白雲適該追來追去／河水也適該挨起佢介絃仔／山色青青
／天空淨淨／花草靚靚／河壩介風景像仙境／一路上／𠊎介心
情跈白雲唱歌／也跈鳥仔飛來飛去〔註46〕

又如【香噴噴】、【鬧煎煎】，摘自〈思念介彩筆為您畫一張相〉第
四段的詩句：

𠊎拿起思念介彩筆／畫一張魚塘騰開到香噴噴介野薑花／畫一
張菜園中開到鬧煎煎介油菜花／不如畫一張阿爸阿母介慈祥同
笑容／掛在𠊎介心版上印在𠊎新出版介書中〔註47〕

②AA＋e 式：如【頭探探仔】，〈佇台北車頭等車〉第六段和〈禾埕
風光〉第四段的詩句：

𠊎佇台北車頭等車／無意中看到一位中年人／在候車室行來行
去／東看看　西望望／有像車頭介巡邏員／也毋係清理垃圾介
服務生／總係頭探探仔（也寫頭擔擔）看人吃飯／像人肚笥枵
〔註48〕

當晝頭　吃飽飯介工人去歇睏了／檳榔樹、椰子樹，恬恬適該
睡目／圳溝唇介麻竹挷桂竹也去見周公了／總係毋受歡迎介雞
鴨／還適禾埕唇頭探探仔（也寫成「頭擔擔」）／假使佢兜若係
看得識㑆兜介「告示」／「禾埕重地，閒雜人等，不准入來」
／𠊎兜就毋會恁癆恁瘟了〔註49〕

〔註45〕葉日松，《佢介名仔安著臺灣》，頁 22～23；《鑊仔肚介飯，比麼介都卡香》，
　　　　頁 109～111。

〔註46〕葉日松，《佢介名仔安著臺灣》，頁 62～64；《鑊仔肚介飯，比麼介都卡香》，
　　　　頁 46～49。

〔註47〕葉日松，《一張日誌等於一張稿紙》（花蓮：花蓮客屬會，1997 年 4 月），頁
　　　　20～21；《酒濃花香客家情》（臺中：文學街出版社，1998 年 4 月），頁 22～
　　　　23；《客語現代詩歌選》（臺北：武陵出版社，2001 年 2 月），頁 16～19。

〔註48〕葉日松，《臺灣故鄉情》（花蓮：花蓮縣吉安鄉公所，2004 年 6 月），頁 96～
　　　　101。

〔註49〕葉日松，《佢介名仔安著臺灣》（花蓮：葉日松客家文學研究室，2002 年 2 月），

③AAB 式：如【遽遽過】、【遽遽到】，摘自〈年三十暗晡〉第二段的詩句：

記得做細人仔介童年／日思夜望／希望日仔遽遽過／新年遽遽到／期待有新衫　有新鞋／有書包　有三十暗晡介磧年錢／細人介心情大人知／大人介心情細人仔全毋知〔註50〕

④AABB 式：如【瘦瘦高高】，摘自〈火車，火車，等一下仔〉

請問你有看到／瘦瘦高高皮膚赤赤／安著阿平仔摓阿盧目介朋友〔註51〕

再如【上上下下】、【出出入入】、【燒燒重重】，摘自〈佇台北車頭等車〉第一段、第七段的詩句：

𠊎佇台北車頭等車／看上上下下／出出入入介人潮／形形色色介衣著／反映出千種萬種／不同介人心摓品格／佢在「分類回收箱」唇　等待又等待／耐心等待／終於等到了一只燒燒重重介飯盒回收〔註52〕

又如【遊遊野野】，摘自〈燈籠草〉的詩句：

燈籠草／擎燈火／遊遊野野／邸荒野／一年透天／毋識轉屋家〔註53〕

⑤AABC 式：如【悠悠長夜】、【綿綿夜雨】，摘自〈思念你〉第二段、第三段的詩句：

秋風起／思念你／悠悠長夜託夢來見你

秋風起／思念你／綿綿夜雨／全部送畀你〔註54〕

⑥ABAC 式：如【毋聲毋氣】、【無怨無歎】、【狼里狼賴】，前二者摘

頁 118～124。

〔註50〕葉日松，《秀姑巒溪介人生風景》（花蓮：花蓮縣政府，2006 年 6 月），頁 88～96。

〔註51〕葉日松，《佢介名仔安著臺灣，頁 60～61；《鑊仔肚介飯，比麼介都卡香》，頁 54～56。

〔註52〕葉日松，《臺灣故鄉情》（花蓮：花蓮縣吉安鄉公所，2004 年 6 月），頁 96～101。

〔註53〕葉日松，《佢介名仔安著臺灣》（花蓮：葉日松客家文學研究室，2002 年 2 月），頁 19；《鑊仔肚介飯，比麼介都卡香》（臺中：文學街出版社，2002 年 12 月），頁 26～27。

〔註54〕葉日松，《佢介名仔安著臺灣》頁 12～13；《鑊仔肚介飯，比麼介都卡香》，頁 71～73。

自〈背影〉末兩行，後者摘自〈數字歌 2〉的詩句：

面對陽光／背後介影仔為你拍手／若係無𠊎你就無可能看到陽光／𠊎係你身背介影仔／你行到奈　𠊎就跈到奈／一生人不分離／𠊎係你身背介一隻影／陪你吃苦　陪你喜樂／一生人毋聲毋氣／無怨無歎〔註 55〕

一二三四／大家湊來打鬥四／五六七／工人煞猛漆油漆／八九十／東西狼里狼賴冇（無）人愛收拾〔註 56〕

　　從以上所舉不過是葉日松客語現代詩的一小部分，其全部作品，如依以上客語用之方法分析，仍有許多特殊之處，因此可以說葉日松的客語現代詩增添客家文學的多元性及豐富性。

三、客家族群的生活印象

　　討論葉日松客語現代詩作中的客家族群生活印象前，應先就「客家族群的特性」做一梗概性的說明。關於「客家族群的特性」的論述，已有許多先輩學者的論述，例如羅香林在《客家研究導論》一書中把客家特性概括為如下七點：一、客家人各業的兼顧與人才的並蓄。二、婦女的能力和地位——最艱苦耐勞，最自重自力，對社會國家最有貢獻。三、勤勞與潔淨。四、好動與野心。五、冒險與進取。六、勤儉與質樸。七、剛愎與自用。〔註 57〕

　　郭壽華在《客家源流新志》一書中則說：客族人具有機警、活潑、勇敢、刻苦、勤勞、負責、團結、堅忍、尚武等品德，無論男女老幼，心理、精神、體力具有堅忍不拔、耐餓、耐勞、耐苦、耐煩、正直、誠摯、整潔的民族性和獨立抗爭的精神。〔註 58〕

　　愛國華僑領袖胡文虎對客家精神作了更高度的概括，他在香港崇正總會三十周年紀念特刊序文中指出，客家傳統精神有下述四點：一、刻苦耐勞之精神。二、剛強宏毅之精神。三、劬勤創業之精神。四、團結奮鬥之精神。〔註 59〕

〔註 55〕葉日松，《秀姑巒溪介人生風景》（花蓮：花蓮縣政府，2006 年 6 月），頁 126～127。

〔註 56〕葉日松，《𠊎介名仔安著臺灣》（花蓮：葉日松客家文學研究室，2002 年 2 月），頁 86。

〔註 57〕羅香林，《客家研究導論》（臺北：眾文 1981 年 9 月）第七章，頁 240～246。

〔註 58〕郭壽華，《客家源流新志》（臺北：作者自刊），頁 22。

〔註 59〕謝重光，《海峽兩岸的客家人》（臺北：幼獅 2000 年 7 月）（客家精神），頁 112

　　然而學者謝重光〔註60〕認爲我們對於客家族群的特性，要從客家人豐富、複雜的思想、品格和氣質中提煉「客家精神」，必須根據事實說話，不能憑空想像，對於所概括的「客家精神」必須在客家人中有普遍性，不能只適用於一小批客家人，卻不適用於另外一大批客家人，應該要注意區分「共性」和「個性」〔註61〕的關係，要能把客家民系的「個性」突顯出來。他認爲「淳樸保守」、「崇尙忠義」、「尊文重教」、「剛愎自用」及「婦女堅苦耐勞」、「自重自力」諸項，確實是客家民系與眾不同的共同心理素質，是客家精神中最值得重視的部分。〔註62〕

　　華東師範大學客家研究中心王東認爲，客家文化的基本特質有三：一是質樸無華的風格，二是務實避虛的精神，三是反本追遠的氣質，而客家文化的主體，無論是作爲精英文化的客家籍傳統士大夫思想學說、文人學士的筆墨生涯，還是作爲大本營地區一般大眾文化的民間信仰和風俗時尚，基本上都可以歸結到客家地區耕作居於支配地位、社會分工簡單、生產過程周而復始地處於相對停滯狀態的農耕文明的範疇之內，其總體根源都深植於這樣一種經濟生活以及這一經濟生活相適應的家族制度之中。〔註63〕

　　本文認爲客家族群的特性也好，客家精神也好，客家文化的基本特質也好，在葉日松客語現代詩作中的所呈現出來的就是客家族群生活印象，因爲身爲一個客籍作家，從小在純樸的農村長大，父兄親族都以農耕爲業，因此

〔註60〕謝重光，1947年生，客家人。先後就學於福建第二師範學院中文系、廈門大學和北京師範大學歷史系，獲得史學碩士和博士學位。曾任福建社會科學院研究員、歷史所副所長、客家研究中心主任，兼任中國玄奘研究中心。現任廣東汕頭大學文學院教授、學報主編、研究員，中國東方文化研究會理事、國際客家學會理事、福建省宗教研究會副會長。著有：《漢唐佛教社會史論》、《中國僧官制度史》、《陳元光與漳州早期開發史研究》、《客家源流新探》、《唐三藏傳》、《金門史稿》等多種。

〔註61〕比如人們通常講的吃苦耐勞、艱苦創業、愛國愛族、團結奮鬥、勤儉樸素等思想，是中華民族共同的思想，也就是中華民族的民族精神。客家民系作爲中華民族的一個組成部分，當然也具有這樣的思想，也就是說，中華民族的民族精神當然也是客家民系的民系精神，即所謂客家精神。這就是客家精神的共性，而客家精神的個性是指客家民系獨有，其他民系沒有的，或者不突出、不顯著的思想、品格和氣質。

〔註62〕謝重光，《海峽兩岸的客家人》（臺北：幼獅2000年7月）（客家精神），頁118。

〔註63〕王東，《客家學導論》（臺北：南天，1998年8月；原版是上海，1996上海人民出版社），頁293～298

他早年的生活經驗深深烙印在他的腦中，當他用所熟悉的客家母語來描繪其所熟悉的客家裝農村生活情狀、景物時，就是書寫客家文化的精神和內涵，自然也就呈現一幅幅栩栩如生的客家生活印象，例如：

〈芋荷葉〉

> 在荒野／在山頂／芋荷葉／像書頁／頁頁有𠊎童年介影仔／有𠊎童年介畫像大人闊闊介芋荷葉／阿公阿婆用佢包豬肉／用佢包豆腐／阿爸阿姆用佢包鹹魚／用佢包地豆／隔壁介阿叔用佢包羊角（菱角）／街路介阿伯用佢包菜脯從日本時代到臺灣光復／從盡早盡早介頭擺到這下／芋荷葉陪農家人／生理人／度過咬薑啜醋介年代／度過蠟燭做燈火介艱辛歲月看到佢／𠊎就想起童年時節／阿爸阿姆渡𠊎上山撿柴介故事／看到佢／𠊎就想到童年時代去邌山介情景／看到佢／𠊎就想起從前／從前介種種／頭擺介種種〔註64〕

葉日松藉物記事或寄情，表達出其童年所見客家生活映象；像平時常見的芋荷葉，在當年農業時代的鄉村，是村人的包裝盒、手提袋，它可以用來裝許多東西，既環保又方便，是生活上實用的物品。如今，時代推移，社會環境不變，在塑膠袋發明以後，生活用品有了急速的轉變；不變的芋荷葉，兀自常見在鄉間野外，承載許多作者童年的回憶，也述明了客家族群與一般民眾當年儉樸的生活。

又如〈桐樹下　份家啦〉

> 桐樹下　份家啦／搞泥沙　鼻桐花／𠊎騎馬　載阿爸
>
> 你煮茶　請麼儕／拈桐子　轉屋家／賣介錢　阿姆拿〔註65〕

油桐樹是客家地區相當重要的樹種，與客家具有相當緊密的連結；每年四五月間，潔白精巧的油桐花，人人稱它為「五月雪」，是臺灣客家地區極具特色的生態景觀，尤其政府近年來大力推廣油桐花季活動，使其客家意象顯得特別突出。從結構及句法方面來說，這首桐花詩共六行，每行兩小段，而每小段三個字，結構非常整齊一致，適合孩童學習；而從第一行到第六行的短語：如「份家啦」、「搞泥沙」、「鼻桐花」、「𠊎騎馬」、「載阿爸」、「你煮茶」、「請麼儕」、「拈桐子」、

〔註64〕葉日松，《佢介名仔安著臺灣》（花蓮：葉日松客家文學研究室，2002 年 2 月），頁 65～67；《鑊仔肚介飯，比麼介都卡香》（臺中：文學街出版社，2002 年 12 月），頁 50～53。

〔註65〕葉日松，《臺灣故鄉情》（花蓮：花蓮縣吉安鄉公所，2004 年 6 月），頁 16～17。

「轉屋家」的前一字都是單字動詞，而後兩字都是名詞，這樣連續相同的句法來入詩，經過簡易的解析，頗符合黃子堯所論：「客語童詩的寫作技巧，不但要保持傳統民間文學的韻味，更透過修辭、解析來操作客語的美感經驗，穿插著教化的意義，提供現代社會生活的描述。〔註66〕」其時代背景描述著五六十年前，鄉下地方孩子們遊戲的場景和生活情境。他們當時沒有電視、電玩、電影等娛樂，也沒有盪鞦韆、爬單槓等遊樂器材，有的只是單純在樹下，利用角色扮演玩家家酒的遊戲；這樣也可以玩上大半天，不管是誰當爸爸，騎馬的人就要載他；也可以玩茶坊主人的遊戲，看誰要當客人，誰就有茶喝。這樣輪流角色扮演的遊戲，其實便是孩子之間的最好的互動，也是人際之間重要的謀合過程，也可以視爲孩童健康成長的重要指標。

另外，最後二行說「拈桐子／轉屋家」、「賣介錢／阿姆拿」，原來油桐花種子可以榨油賣錢，是勤儉的客家人貼補家用的一種方式，所以詩人描繪兒童在快樂遊玩之餘，仍不忘記把油桐花種子撿去賣錢，把賣來的錢交由母親處理的情形。一方面說明了客家人勤儉持家，從小做起的庭訓，殷殷切切；另一方面也展現了客家婦女往往是家庭經濟掌權者與儲存者的形象，這點和詩句中「捭騎馬」、「載阿爸」形成了有趣的對比，而這種看似具有童趣卻又深刻描繪了性別差異現象的社會背景。同時也和傳統「客家族群」的「婦女艱苦耐勞」，客家婦女特別注重所謂的「家頭教尾」、「田頭地尾」、「灶頭鍋尾」和「針頭線尾」四項婦女的德行互相呼應，孩子們行爲表現「拈桐子／轉屋家」、「賣介錢／阿姆拿」，隱含了母親「家頭教尾」的意涵。

這首詩描寫客家兒童在油桐下玩遊戲的情景，情趣生動，意涵深遠，是葉日松詩作中富有客家精神的詩篇之一。其他客家特色如「淳樸保守」、「崇尚忠義」、「尊文重教」、「堅忍刻苦」等客家族群的個性和意象，葉日松的客語現代詩中也都有不少作品用明朗親切、生動率直的母語來描述和呈現、或從中隱含客家文化內涵。

第三節　葉日松客語現代詩的創作根源

詩人跟一般人一樣，共同生活於相同的時空下，不論鄉土、社會、國家、

〔註66〕黃子堯，〈客家兒歌、童詩中的語言生活〉，《台北縣客家文化月刊》第 1 期，2007 年 1 月，頁 8～10。

時代、人類，無一不影響著詩人的生活、情感與意志，並經常激發出詩人的使命感。然而將「使命」強行置入詩中，「意識」強烈，駕乎「藝術」之上，這又失其所以為詩，成了革命理論，流於口號，不為人們所取。詩必須先是詩，然後才能成為好詩，意識的充斥往往會失去詩的含蓄之美，失去感人的功能。所以，這裡強調的是「使命感」而不是「使命」，使命是具體的、有路可循，使命感則是一種認知，只有大方向可言。詩人常有服務社會、貢獻人類的「使命感」，在他寫詩的時候，但無法因負有某種「使命」而寫出真正的好詩。

富有使命感的詩人，在選擇素材上便已表現了他的覺醒與義務，大至人類文化的未來，小至同胞家族的苦難，詩人必須表現出他的使命感，關懷人、關懷物，關懷現在、關懷未來〔註67〕。葉日松從小在純樸的農村長大，父兄親族都以農耕為業，因此他懷抱著傳頌客家文化精神、傳承客家語言、歌詠人類真情以及推廣花蓮文化風土的「使命感」，並從生活中尋找詩的靈感。他的創作根源可以從「土地與鄉情」、「感懷與感恩」、「回歸與前溯」三個角度來說明：

一、土地與鄉情

「鄉」是詩的原發地，是詩壯大的根鬚。我們是重視泥土、重視倫理、重視舊情的民族，而泥土、倫理、舊情，合起來就是一個「鄉」字，此三者可以說是「鄉」的不同繫念對象，是「鄉」的不同面貌。因此，安土念舊的感情，便常成為中國詩人感情的主流，而將其懷鄉、懷人、懷古的心聲，以不同的裝飾音表現在各類詩作中。從《詩經》的征戍、行役，到漢唐以後的羈旅、遊宦、貶謫、亂離、邊塞，「鄉」的面貌時時閃現在詩句中。

時至今日，現代詩中的鄉情，又是如何描繪的呢？我們僅以現代詩人白萩的名篇〈樹〉來觀察：

> 我們站著站著站著如一支入土的
>
> 椿釘，固執而不動搖
>
> 噢，老天，這是我們的土地，我們的墓穴
>
> 即使把我們鋸成一段段一片片

〔註67〕蕭蕭，《現代詩學》（臺北：東大圖書公司，76年4月初版），頁346。

無止境的驅迫

這是我們的土地，我們的墓穴

把我們處刑成爲一支支火把

燒爛每一個呼喊的毛細孔

仍以頑抗的爪，緊緊的攫住

這立身之點

這是我們的土地，我們的墓穴〔註68〕

此詩表現了「固執而不動搖」的堅持，生在這裡，死在這裡，對於土地永不移易的情感，可以說這是一種意識上的堅持，因爲我在這裡，所以我要永遠守住這裡，「鄉」「土」觀念根深蒂固如是。葉日松從事創作，就是這種「鄉土」觀念的根深蒂固，生長在花蓮的他，終生勤於筆耕文田，用的是最眞摯的情愛擁抱每一個感性的文字，化育爲一首又一首清新雋永的人間之歌……去歌詠故鄉的土地〔註69〕。我們從下面這首〈去七星潭拈石頭〉可以看出葉日松對於鄉土的深情：

有人去七星潭翕相　　　　　　　（有人去七星潭照相）

有人去寫詩、畫圖　　　　　　　（有人去寫詩、畫圖）

有人去看山、看海　　　　　　　（有人去看山、看海）

看雲、看船仔　　　　　　　　　（看雲、看船）

有人去看飛機起飛降落　　　　　（有人去看飛機起飛降落）

去想盡多盡多介事情　　　　　　（去想很多很多事情）

有人麼介都有愛想　　　　　　　（有人什麼都不想）

總係想將所有介煩勞**捍**畀大海　（只是想將所有的煩勞丟給大海）

下晝**僕**專程去七星潭拈石頭　　（下午我專程去七星潭撿石頭）

去聽**捙僕**結緣介石頭講故事　　（去聽和我結緣的石頭講故事）

去聽佢介心情　　　　　　　　　（去聽它的心情）

從這頭到另外一頭　　　　　　　（從這頭到另外一頭）

所有介石頭　　　　　　　　　　（所有的石頭）

〔註68〕蕭蕭，〈現代詩裡「鄉」的面貌〉，《現代詩學》（臺北：東大，1987年4月），頁3～14。

〔註69〕葉日松，〈自序〉，《臺灣故鄉情》（花蓮：花蓮縣吉安鄉公所，2004年6月），頁6。

冇論大介、小介、圓介、扁介	（無論大的、小的、圓的、扁的）
隻隻都**㧯𠊎**作親切介點頭、微笑	（每個都和我作親切的點頭、微笑）
從佢兜介簡報中	（從他們的簡報中）
𠊎知得	（我得知）
一石一世界　一石一山水	（一石一世界　一石一山水）
一石一田園　一石一村落	（一石一田園　一石一村落）
一石一詩篇　一石一幅畫	（一石一詩篇　一石一幅畫）
一石一傳奇　一石一故事	（一石一傳奇　一石一故事）
歸晝邊　在七星潭	（整個下午　在七星潭）
𠊎冇心去計算排陣南歸介雁隻	（我無心去計算排陣南歸的雁隻）
冇心去看日頭畫出來介晚霞	（無心去看太陽畫出來的晚霞）
𠊎，醉在石頭介柔情	（我，醉在石頭的柔情）
醉在海風介薄荷酒之中〔註70〕	（醉在海風的薄荷酒之中）

「七星潭」是花蓮聞名的景點，最特殊的就是整個海灘都是大大小小的石頭，葉日松抓到景點的特點，連續用了十個「一石一⋯⋯」的短詞，一方面突顯其疊句的音響效果，一方面也從具體意象中營造他對於這些石頭的情感之深之濃，剛好也可以說明葉日松客語現代詩作的第一個根源，就是對「土地的戀歌和濃密的鄉情」。我們可以從另一篇章得到更具體的證明：

〈泥土•懷念〉

故鄉的泥土最芬芳，故鄉的星星最明亮。

故鄉的秋天最古典，故鄉的春天最明媚。

故鄉!你賜給我生長的土地，你賜給我茁壯的甘泉。我要隨時地回到你的身邊，捧一杯泥土親吻，我要日日夜夜飛回你的懷抱，飲一杯最營養的甘泉。

故鄉：我生長的故鄉，我夢中的故鄉！

故鄉!我懷念的故鄉。〔註71〕

葉日松最懷念的是故鄉，因為故鄉賜給他生長的土地，賜給他茁壯的甘泉。

〔註70〕葉日松，《臺灣故鄉情》（花蓮：花蓮縣吉安鄉公所，2004年6月），頁70～73。

〔註71〕葉日松，〈泥土•懷念——古早情懷〉，《生命的唱片》（花蓮縣立文化中心，1993年6月），頁79。

所以他要隨時地回到故鄉的身邊，捧一杯泥土親吻，也想要日日夜夜飛回故鄉的懷抱，飲一杯最營養的甘泉。葉日松的國語散文篇章也好，客語現代詩作也好，其內容與感情有許多與故鄉的人事物相關，所以本文認為葉日松客語現代詩作的第一個根源是「土地與鄉情」。

二、感懷與感恩

現代詩所處理的題材當然不外乎人，人所發生的「情」，人所接觸的「物」，客語現代詩當然也不例外。詩人蕭蕭認為我們要想從詩中理解「人」的位置時，有時卻也發現其中的困難。其中的困難之一是，詩所處理的是「情」是「物」，而非「人」本身，或許我們可以從現象的整理、歸納，回復到完整的「人」身上去，但是，有時終究是枝葉，而非樹的完整體貌；頂多是個別的「樹」身，而非「林」的完整形相。〔註72〕

葉日松的創作，不論是詩作或是散文，不論處理的對象是「情」或是「物」，他源源不絕的詩意，可以說是來自於對萬事萬物的「感懷」和對親人祖先的「感恩」。在看到花草綻放的時候，葉日松便感到希望感受生命，而對於親恩的懷念更是他詩作的大宗。他說：

> 有時我會因一片落花而動容，因西天的晚霞而賦予更新的意象，當
> 然也曾因壯麗的河山而欲振衣千仞，有情的天地有溫暖，有愛的國
> 度就有詩。而花草綻放，便是希望便是生命。

所以葉日松的創作裡，人、物與情、景交融，感懷與感念相會，是處處可見的的，我們試從其國語詩作〈童年的火把〉說起：

> 我將童年的火把
> 一一插在記憶的彎道
> 即使漂泊也能找到回家的方向

這〈童年的火把〉代表著「物」，火把從童年開始便照耀著詩人，也照耀了詩「人」一生途程的光明，這是人生的本色，是「人之初」的沒有經過污染的善良本質，是親人的，民族的，祖傳的教誨。〔註73〕可以說只有這樣的精神火把，照耀整個葉日松人生，他才沒有迷失方向，才能堅持走教育的路，發

〔註72〕蕭蕭，〈現代詩裡「鄉」的面貌〉，《現代詩學》（臺北：東大，1987年4月），頁15。

〔註73〕邱上林〈回歸與前瞻〉——第三屆花蓮文學研討會，附錄於葉日松，《秀姑巒溪介人生風景》（花蓮：花蓮縣政府，2006年6月），頁172、173。

揮文學家的多情佛心，廣結善緣，用文學的愛心澆灌花蓮地區的青少年，才能堅持他的文藝之路，一生創作不輟。

再看下一首〈背帶〉：

> 我用祖父背我的背帶背我的孫子
>
> 就可以讀到自己的童年
>
> 那麼
>
> 如果我用童年的背帶接成一條長長的天線
>
> 是否也可以收到祖父慈祥的影像

這首詩也是人、物與情、景交融，感懷與感念相會的作品。背帶是令其感懷的「物」，由「物」串起祖孫三代「人」臍帶相連的親情，這種人與物、情與景的自然鋪排，令讀者深深感動。詩評家古繼堂認為牽動葉日松的情感和抓住其心靈的，就是那些為自己創造基礎的祖宗和先人。所以他的愛是十分頑強而深刻的，這種愛是不易轉移和消失的，這種愛是有根有源之愛〔註 74〕，是先祖傳承於後人的世世代代的愛。其「人物」貫穿在詩作中的「見樹又見林」的經營，雖隱而未現，然讀者卻能了然於胸。因此可以說葉日松創作的第二個根源是對萬物「感懷」與對先祖「感恩」的愛。

三、回歸與前溯

葉日松在最近十餘年從散文與國語詩的寫作轉向創作客家詩，其創作的因緣已如本章第一節之三〈葉日松及其客語現代詩〉所述，學者邱上林先生在〈回歸與前溯〉評論中最重要的發現是：

> 他到豐富的母語之海，找到一種力量。

本文再將這個發現深入探討，原來在西方文學界從亞里斯多德的「詩學」，到晚近的狄希達、布朗蕭、布萊等對「語言和文學」的觀察，我們看到類似哲人的視野，常常為文學工作者開展了天地。由於是一種哲思，文學勢必和哲學交互辯證。所以哲學家海德格的一句話：「語言是存有的屋宇」，也給了文學工作者豐碩的啟示。而當這些哲人的思維導向文學作品，文學創作者也無形中得到滋養。有人說：「文學是哲學的戲劇化」，但我們要更進一步說，希望戲劇化的文學能導向更深邃的哲學〔註 75〕。也就是說，文學與哲學可以互

〔註 74〕同上註
〔註 75〕簡政珍，《詩心與詩學》（台北：書林，1999 年），頁 8～10。

相激盪，而文學家所使用的語言工具，是一個架構，是一個自然存在的屋宇。
因此可以解釋葉日松創作客語詩的哲思：

> 對於母語，對於鄉音而言，打從孩提時代開始，便在我的腦海裡翻
> 滾著特有的音韻和節奏，也在我體內的每一條血管裡流動者祖先注
> 入的乳液和養分，讓我在長大之後，依然忘不掉我是客家人。只因
> 父親、祖父是竹東人，母親是南庄人。……客家語是我最原始的鄉
> 音，它沒有虛偽的韻腳、更沒有裝腔作勢的外衣。它的親切魅力，
> 永遠陪伴著我，生生世世，做一個道地的客家人。〔註76〕

原來身爲一個客籍詩人，寫了三十餘年的國語詩和散文作品，在國語文壇已
有相當基礎的葉日松「回歸」到童年的鄉音時，它仍然產生了無與倫比的力
道。因爲從小生活的環境便是「客家」純樸無華的農村，從小使用的語言便
是充滿語音特色的「客家話」，當詩人奮力爲「客語現代詩」書寫的時刻，那
些源源不絕的鄉音，變成了蠢蠢欲動的音符。他說：

> 寫作一如宗教，受感應者一定得謀自救之道。我之所以對它執著、
> 虔誠，是在於它有一股眞、善、美的力量，在指揮我的言行，淨化
> 我的思想和人格。同時，我也認爲寫作是一種教育，是一種自我期
> 許。一個詩人或一位作家，不僅要做教育別人的園丁，而且要做一
> 盞燃燒自己照亮別人的燈光。因爲在不斷地惕勵自己和付出汗水之
> 後，別人和自己一樣可以獲得成長和快樂。〔註77〕

可見對於客語現代詩寫作的哲學思考，葉日松「回歸」到一個單純的受感應
者，「前溯」到運用童年母語的工具，一切有根有源、自然親切而飽滿豐碩。

葉日松在這樣和土地鄉情、先祖人物、時空交錯的匯集中，激盪出篇篇
客語現代詩作，就像論詩者蔡振念教授在〈詩學與詩作之間〉的作品《陌地
生憶往》：

> 唯獨在家鄉的巷道裡
> 往事鬱結成些許溫柔
> 當天色已沈沈黃昏

〔註76〕葉日松，〈自序〉《鑊仔肚介飯，比麼介都卡香》（臺中：文學街出版社，2002
年12月），頁3。

〔註77〕葉日松，〈我爲什麼要寫作〉，《生命的唱片》（花蓮縣立文化中心，1993年6
月），頁157。

　　杯茶獨坐。如在訴說

　　關於別後，從前種種

　　記住與遺忘，一一朝與時空交集的向度

　　靠攏。心事與故事相互迭代

　　宛如暖暖秋陽下

　　花香虛構了一切的曾在

　　在這異鄉的邊緣，四湖的城市裡

詩人憶往與思鄉的情感，在似有若無之間，當敘述往事與心事的情緒達到高潮，朝當下時空集中時，又輕輕以景物的意象盪開，都是以景結情，造成情景交融，達到知情合一的美學效果。而布萊一句有關記憶的文字：我們所欠缺的不是「未曾」，而是已「不再」，道盡了詩人緬懷童年往事的意識。

　　母語就是民族的語言。「文學既是透過語言文字來表現人類社會的種種事項，而作家對於說民族語言的最大功用就是將之提煉成文學語言，使之更完美精緻、更有表現力〔註78〕。」向陽說：

　　　　一個作家對於自身使用母語的關心，乃是型塑其文學生命，使之更

　　　　加深刻的不二法門；也是一個作家向生長他的土地表達愛心、向他

　　　　的同胞表達敬意的可行途徑；更是一種文學創作提昇其地域性，進

　　　　而成為人類共同資產的難得考驗。〔註79〕

葉日松身為客家人，把童年母語父祖輩世代相傳的語言，寫成一篇篇的詩作，就是願意以其客家母語向生長他的土地表達愛心，向他的同胞表達敬意。

〔註78〕林央敏，《台語文學運動史》（台北：前衛，1996），頁153。

〔註79〕向陽，〈用心用愛寫臺灣──我為什麼用台語寫現代詩〉，《喧嘩、吟哦與嘆息
　　　　──臺灣文學散論》（臺北新店：駱駝，1996），頁147～148。

第四章　葉日松客語現代詩的內容分析

　　葉日松葉客語現代詩創作作品，內容豐富，已出版的客語現代詩詩集有八本之多〔註1〕，單篇數量高達 236 首。其創作形式和內容，早期客語詩集並未加以分類，而近期出版之作品集則有較為具體的形式分類，如《鑊仔肚介飯，比麼介都卡香》將詩作分為童年篇、親情篇、鄉土篇、自然篇、生活篇；《臺灣故鄉情》概分為油桐花系列、委託創作系列、鄉土情系列、自然抒情系列和臺灣名產系列；《秀姑巒溪介人生風景》則將詩作分為詞、詩及合唱劇三大類等；本章擬就八本詩集作品為本，綜覽整理其全部內容，分別以下列五項來闡述：第一是親情的浸潤與歌詠類，第二是生活的記實與記趣類，第

〔註1〕　這八本詩集依序為：

編號	詩　集　名　稱	出版地	出　版　者	出版年月
1	一張日誌等於一張稿紙	花蓮	花蓮客屬會	1997 年 4 月
2	酒濃花香客家情	臺中	文學街出版社	1998 年 4 月
3	葉日松客語詩選	花蓮	花蓮客屬會	1999 年 9 月
4	客語現代詩歌選	臺北	武陵出版社	2001 年 2 月
5	佢介名仔安著臺灣	花蓮	葉日松客家文學研究室	2002 年 2 月
6	鑊仔肚介飯，比麼介都卡香	臺中	文學街出版社	2002 年 12 月
7	臺灣故鄉情	花蓮	花蓮縣吉安鄉公所	2004 年 6 月
8	秀姑巒溪介人生風景	花蓮	花蓮縣政府	2006 年 6 月

三是自然的歌頌與抒懷類，第四是鄉土的頌讚與推廣類，第五是民俗的節慶與信仰類；以下分別以五小節來討論。

第一節　親情的浸潤與歌詠

葉日松的客語現代詩作品內容關於親情之浸染與歌詠的題材，所占數量頗多，有的作品在詠物或敘事或抒懷中也提及懷想親恩，本節直接以「親情之浸潤與歌詠」概括之，並再加以細述為以下兩項：

一、追禱祖輩

葉日松對祖父有深刻的印象，雖然他八九歲時，年六十歲的祖父就去世了，但他不僅在〈祖父印象〉〔註2〕一文中提及祖父陪伴的幼年生活，在其客語現代詩作品中也經常對祖輩的思念，本小節列舉三首如下，第一首是〈阿公介畫像〉：

> **偓介**阿公過身已經幾十年了／離開越久越遠／**偓介**思念也比童年介河流還較（卡）長／雖然看毋到佢打碳、**挷擔介**身影／聽毋到佢茶園唱歌介聲音／但**偓**逐日會在廳下、在壁上／閱讀佢介畫像／佢介慈祥／佢介笑容／佢介叮嚀有一日／**偓**拿著一張阿公後生時節介畫像／**偓介**孫子不識佢／問**偓**到底係麽儕／**偓**回答／佢係**偓介**阿公，你介大大／佢一生人煞猛打拼，勤儉傳家／子子孫孫／正有今晡日介享福安樂／逐擺拿起佢介畫像／閱讀佢介故事／**偓**就會想起頭擺讀公學校時節／佢逐日渡**偓**過鐵橋、過河壩／行砂石路去學校／從來有喊瘼有喊瘰／看一張畫像／像人看一部電影／看一篇故事／因為畫像肚／有佢陪捱介腳跡佬紀錄／**偓介**心肝肚也有阿公親切介叮嚀／離開越久／**偓**就越想阿公／思念像綿長介河流／悠悠介河流〔註3〕

詩中描寫葉日松對祖父的深刻記憶，從生活中的勤勉勞動，努力打拼，奠下

〔註2〕 葉日松，〈童年瑣憶──祖父印象〉，《生命的唱片》（花蓮縣立文化中心，1993年6月），頁54。

〔註3〕 葉日松，《佢介名仔安著臺灣》（花蓮：葉日松客家文學研究室，2002年2月），頁49～52；《鑊仔肚介飯，比麽介都卡香》（臺中：文學街出版社，2002年12月，頁66～70。

良好家業的基礎；還細數祖父陪伴作者走過上學放學的危險路段以及親切的
叮嚀；點點滴滴，令他非常思念祖父。

第二首是〈阿公介民謠〉：

> 有一首民謠／無曲譜／也毋使填詞／佢係阿公為𠊎唱出介歌仔／從
> 阿姆懷胎開始／就注入𠊎介體內／流成一條河／豐饒生命介草原
>
> 多年以後／小調走音哩／老山歌也變奏哩／阿公還係企佇日落介方
> 向／一唱再唱／唱到星雨紛紛飄落／唱到半夜出月光
>
> 暗哺夜／𠊎愛將最綿長介思念／一一「依妙」畀阿公／請佢陪𠊎重
> 回孲𤘅（嬰兒）介時光／睡在佢溫柔介情懷肚／珍歌搖擺〔註4〕

詩中的客家民謠既無曲譜也無歌詞，隨口而出。出口成文的特色，加上小調、
老山歌等形式的曲調，即使已經變奏，祖父仍是愛唱，他會唱到星雨飄落，
他會唱到皓月當空。祖父從葉日松還是胎兒開始，便期待著他的降生，嬰幼
年則懷抱著他，邊搖邊唱——。因此，多年後懷想祖父時，客家民謠的聲情，
兒時溫暖的懷抱和貼心搖擺的節奏，更讓其對祖父的思念深情，得以抒發。

第三首是〈月給〉：

> 師範畢業該年／𠊎啱滿廿歲／廿歲做先生／阿爸阿姆佮阿婆當歡喜
> ／祖公傳下來／𠊎係第一個在公家機關食月給介人／𠊎會做先生／
> 全係祖先介庇蔭／雙親介恩情大過天／永久不能忘
>
> 第一擺領月給／新台幣四百個銀／𠊎內心介激動／久久不能平息／
> 轉屋一落門／就用恭敬介雙手／將月給袋原封不動交畀阿姆／無想
> 到／佢也阻擋不了自家介感動／流下苦盡甘來介目汁／該暗哺／茅
> 屋肚／燈盞下／一家人／四方桌／圍成一幅溫馨介畫面
>
> 耕種介家庭／除了糶穀之外／也無其他介收入／𠊎介月給就變成了
> 全家生活介所費／一隻月過了一隻月／一年過了又一年／月給為𠊎
> 畫出感恩介圖騰／歲歲年年從來無中斷
>
> 阿姆離開後／阿爸也過身／𠊎介月給交畀麼儕呢／想來想去／還係
> 拿來做投資／投資畀五個細倈仔／希望佢兜　永久愛記得爺娘介恩
> 情／隻隻有孝心　隻隻好名聲〔註5〕

〔註4〕　葉日松，《臺灣故鄉情》（花蓮：花蓮縣吉安鄉公所，2004 年 6 月），頁 61～63。
〔註5〕　葉日松，《秀姑巒溪介人生風景》（花蓮：花蓮縣政府，2006 年 6 月），頁 82

　　葉日松師範畢業那年還沒滿廿歲，就領了第一次的月薪，當時父母和祖母都非常高興，因爲葉日松是他們家族第一個任公職領月俸的人，他認爲自己之所以能成爲老師，全是得到祖先的庇蔭所致，也是父母的賜予，這恩情浩大如天，不能忘記。他對於自己第一次領月薪的印象十分鮮明，不僅數額是四百元，記得清清楚楚，同時其內心激動與感恩的景況，也記錄得十分詳細眞實。他一進家門，就恭敬地薪水原封不動的用雙手奉上給母親，而作者母親也流下了苦盡甘來的眼淚；當晚，全家在茅屋裡，燈盞下，溫馨圍桌吃飯。由於耕種之家除了糴穀以外沒有其他收入，所以葉日松的月俸就變成了全家生活開銷的固定來源，這樣過了歲歲年年，沒有中斷，也爲葉日松畫出了感恩的圖騰，在內心激盪不已。

二、思念爺娘

　　「爺娘」在客家詞義中意指「父母」。葉日松的客語現代詩作品中，直接表達思念父母的詩作，有〈希望暗晡夜夢到您〉〔註6〕、〈思念介彩筆爲您畫一張相〉、〈寄唔出介家書〉、〈秋思〉、〈快樂在農家〉〔註7〕、〈思親曲1〉〔註8〕、〈思親曲2〉〔註9〕、和〈飯包〉〔註10〕等八篇，其中討論最多的便是〈希望暗晡夜夢到您〉這首詩，本文在第二章第三節探討葉日松的美學信念時曾提及這首詩以說明其「文格」與「人格」相符性亦即「人如其文」的特性，也正因如此，葉日松能積極誠摯的透過此客語詩作發抒對天倫無限的感念，而自然呈現詩作的美與善。又如：

　　〈思念介彩筆爲您畫一張相〉

　　　菜花開忒又謝／野薑花謝忒又開／唔多知又過忒四五年

　　　您講、您愛去遠行／遠行也有一定介歸期／您講您愛去轉外家／轉

〔註6〕　葉日松，《一張日誌等於一張稿紙》（花蓮：花蓮客屬會，1997年4月），頁11～13；《酒濃花香客家情》（臺中：文學街出版社，1998年4月）頁13～15；《客語現代詩歌選》（臺北：武陵出版社，2001年2月），頁16～19。

〔註7〕　葉日松，《一張日誌等於一張稿紙》（花蓮：花蓮客屬會，1997年4月），頁48～49；《酒濃花香客家情》（臺中：文學街出版社，1998年4月），頁58～59；《鑊仔肚介飯，比麼介都卡香》，頁96～98；《臺灣故鄉情》（花蓮縣吉安鄉公所，2004年6月），頁39～41。

〔註8〕　葉日松，《臺灣故鄉情》（花蓮：花蓮縣吉安鄉公所，2004年6月），頁48～49。

〔註9〕　同上註頁50～51。

〔註10〕　同上註頁82～84。

外家也愛留一個消息

南風吹了又吹／花期一期接一期

全有您介音信／全有您介腳步聲

　偓拿起思念介彩筆／畫一張魚塘塍開到香噴噴介野薑花／畫一張菜
　園中開到鬧煎煎介油菜花／不如畫一張阿爸阿母介慈祥同笑容／掛
　在偓介心版上／印在偓新出版介書中〔註11〕

詩人用思念的彩筆，畫出生活中的點點滴滴，其懷念父母之情，躍然紙上。
其他各篇對於思念父母的情感書寫，則從各種不同的角度出發：如

　〈寄唔出介家書〉

　雨是一篇文章／也係一封家書／風係郵票／也係一位郵差／偓愛
　將思念托風送去遠方／偓愛將心事托風送畀爺娘／思念綿綿像春
　水／心事重重像雲山／家書寄唔出／心事愛撈麼人講／思念何時
　了〔註12〕

把思念之情託風付雨，卻是無法寄出，思念何時了？再如

　〈秋思〉

　蘆荻翻起阿爸阿姆頭上介白花／楓葉燦爛成故鄉介彩霞／雁子尚且
　知得南歸／遊子豈可忘家

　浪跡天涯／你係偓唯一介牽掛／月冷露重／有人佬偓圍爐閒話〔註13〕

此詩從父母的角色出發，希望遊子（葉日松）回家團聚閒話家常的期盼切入，
角色互換，寫來動人。又如這兩首七言絕句型式的詩作：

　〈思親曲2〉

　春去秋來又一年／思念爺娘雨綿綿／目汁難寫親人歌／惟有月光撧
　挨絃

　細人時節在林園／爺娘教偓記金言／佢介身影全無變／夜夜來到舊

〔註11〕葉日松，《一張日誌等於一張稿紙》（花蓮：花蓮客屬會，1997年4月），頁
　　　　20～21；《酒濃花香客家情》（臺中：文學街出版社，1998年4月），頁22～
　　　　23；《客語現代詩歌選》（臺北：武陵出版社，2001年2月），頁16～19；同
　　　　上註，頁41～43。
〔註12〕葉日松，《酒濃花香客家情》（臺中：文學街出版社，1998年4月），頁128～
　　　　129；《客語現代詩歌選》（臺北：武陵出版社，2001年2月），頁122～123。
〔註13〕葉日松，《酒濃花香客家情》（臺中：文學街出版社，1998年4月），頁134；
　　　　《客語現代詩歌選》（臺北：武陵出版社，2001年2月），頁121。

門前

一年容易又南風／思念花兒訴情衷／音信難通兩茫茫／夢來夢去又
一冬

天倫之樂樂無窮／團圓歲月水流東／感恩詩篇寄爺娘／日日思念夢
魂中〔註14〕

描寫一年四季對父母深深思念，唯有月光花朵爲伴，思親之情如雨綿綿，魂
牽夢繫而且綿延不絕。

除了在詩作中直接表達思念父母、追禱祖輩之情懷外，也有兼懷父母祖
父母以及觸景生情、睹物思人之作，可歸類爲葉日松歌詠親恩的作品，例如
〈第一只時錶〉、〈釣童年〉〔註15〕、〈故鄉介月光〉、〈緊工時節介阿爸阿姆〉、
〈親人歌〉〔註16〕、〈麥當勞〉〔註17〕、〈阿公介油紙遮〉〔註18〕等七篇以上，
以下試以其中三篇解析之，第一篇〈第一只時錶〉其詩作內容是：

偃有一只時錶／唔係瑞士名錶／唔係日本名錶／佢介價值金錢難計
算

這只時錶／係阿姆串串汗珠換來介中古錶／係阿姆工頭工尾、種
菜、淋菜、賣菜／三角二厘／省儉起來介紀念品／這只時錶／世上
只有一只／再貴介名錶也比唔過阿姆介愛心挼恩情

這只時錶／陪偃幾十年／從來有離開／偃愛將拒掛在自己介心中／
時時收聽佢滴滴噠噠留下畀偃介嘉言——惜福　感恩

這只錶／唔係名牌／唔係金錶／佢有價／佢珍貴／世上只有一只

佢就是偃人生中介第一只時錶〔註19〕

葉日松從他擁有的一隻手錶說起，說他的手錶不是什麼瑞士名錶或日本名

〔註14〕葉日松，《臺灣故鄉情》（花蓮：花蓮縣吉安鄉公所，2004 年 6 月），頁 50～
51。

〔註15〕葉日松，《一張日誌等於一張稿紙》（花蓮：花蓮客屬會，1997 年 4 月），頁
22～23；《酒濃花香客家情》（臺中：文學街出版社，1998 年 4 月），頁 24～
25；《客語現代詩歌選》（臺北：武陵出版社，2001 年 2 月），頁 32～34。

〔註16〕葉日松，《臺灣故鄉情》（花蓮：花蓮縣吉安鄉公所，2004 年 6 月），頁 68～
69。

〔註17〕同上註，頁 104～105。

〔註18〕同上註，頁 137～139。

〔註19〕葉日松，《佢介名仔安著臺灣》（花蓮：葉日松客家文學研究室，2002 年 2 月），
頁 54～55；《鑊仔肚介飯，比麼介都卡香》（臺中：文學街出版社，2002 年 12
月），頁 63～65。

錶，這隻手錶的金錢價值很難計算，因為這隻手錶是他的母親串串汗珠換來的中古錶，是他的母親打零工、種菜、澆菜、賣菜所得的零錢，三角二厘地省儉起來的紀念品。這隻手錶世上只有一只，再貴的名錶也比不過母親的愛心和恩情，這隻手錶已經陪伴他幾十年，從來都沒有離開過，他要將將它掛在自己的心中，時時聽那滴滴噠噠聲，像留下嘉言——惜福和感恩。最末段再次強調這隻手錶不是什麼名牌更不是什麼金錶，它是無價的、珍貴的、世上唯一的一只，它也是葉日松人生中的第一隻手錶。本詩詳細敘述葉日松人生中第一隻手錶的來歷和惜福感恩的心情，可以說是將歌頌親恩的深情寄託於物品的一種手法。

　　另外，〈故鄉介月光〉也是本節要討論解析的：

> 故鄉介月光／係阿公阿婆手擎介一盞燈火／照亮魚塘塍介野薑花／
> 照亮毛屋頂背介煙囪／照亮屋前屋後介晒穀場／照亮每一條彎彎曲
> 曲介牛車路
>
> 故鄉介月光／係阿爸阿姆會發光介目珠／照亮菜園介油菜花／照亮
> 老屋介牛欄**摎**鐵耙／照亮牛眼樹下介水井／照亮**佢**心中介河壩／故
> 鄉介月光／有阿公阿婆介叮嚀**摎**慈祥
>
> 故鄉介月光／有阿爸阿姆介關懷**摎**溫柔／看到月光／**佢就**想起阿公
> 阿婆／看到月光／**佢就**想起阿爸阿姆
>
> 所以／**佢**愛在心中／畫一粒童年介月光／畫一粒故鄉介月光／畫一
> 粒永久唔會退色介月光／所以／**佢**愛在心中／畫一張／阿公阿婆介
> 笑容／畫一張阿爸阿姆介背影〔註20〕

本篇詩作主題是故鄉的月光，葉日松從月光是祖父母手提的燈火開場，說那燈火照亮了魚池邊的野薑花、茅屋屋頂上的煙囪與屋前屋後的晒穀場，同時也照亮了每一條彎彎曲曲的牛車路；第二段則說故鄉的月光是他父母會發光的眼睛，照亮了菜園的油菜花，照亮了老屋牛欄裡的鐵耙，也照亮了龍牛眼樹下的水井和他心中的小河；因為故鄉的月光裡有祖父母的叮嚀和慈祥、有父母的關懷和溫柔，所以看到月光就想起祖父母和父母，所以要在他的心中畫一顆童年的月光、故鄉的月光、畫一顆永久不會褪色的月光，也要在心中

〔註20〕葉日松，《一張日誌等於一張稿紙》（花蓮：花蓮客屬會，1997 年 4 月），頁
　　　24～26；《酒濃花香客家情》（臺中：文學街出版社，1998 年 4 月），頁24～
　　　25；《客語現代詩歌選》（臺北：武陵出版社，2001 年 2 月），頁32～34。

畫一張祖父母的笑容、畫一張父母的背影。這樣一首描寫故鄉的月光的主題，
卻隱含了其歌詠親恩的深刻用意。

第三篇的例證〈緊工時節介阿爸阿姆〉其詩作內容如下，因為這首詩充
分表現詩人對於農忙時父親和母親的忙碌身影和印象描寫十分深刻，所以於
此處特別將詩作內容逐行編錄，並於同行加上國語譯文：

客語詩文	國語譯文
像留聲機	（像留聲機）
像收音機	（像收音機）
像風車	（像風車）
像機器桶	（像機器桶）
一日到暗轉冇停	（一日到晚轉不停）
緊工時節介阿爸阿姆	（農忙時節的父母）
從田塍到禾埕	（從田埂到晒穀場）
走上走下	（走上走下）
汗珠像落水	（汗如雨下）
一儕管割禾	（一人負責割稻）
一儕管曬穀	（一人則管曬穀）
緊工時節	（農忙時節）
阿爸忙蒔田	（父親忙碌於插秧）
阿姆煞猛來挑秧	（母親勤奮挑秧苗）
出門擎燈火	（出門舉著燈火）
入門帶月光	（返家門時則往往已是月上枝頭）
緊工時節	（農忙時節）
係農人耕耘介時節	（正是農人耕耘的時節）
也係收成介時節	（也是收成的時節）
係阿爸阿姆功課最有閒介時節	（是父母親功課最忙碌的時節）
也係佢兜最快樂介時節〔註21〕	（也是他們最快樂的時節）

〔註21〕葉日松，《一張日誌等於一張稿紙》（花蓮：花蓮客屬會，1997 年 4 月），頁
38～40；《酒濃花香客家情》（臺中：文學街出版社，1998 年 4 月），頁 40～
42；《客語現代詩歌選》（臺北：武陵出版社，2001 年 2 月），頁 65～67。

葉日松將忙碌工作中的父母的印象用譬喻、明示等方法來表達。他說農忙時節的父母就像留聲機、收音機、風車、機器桶等器物，一天到晚轉個不停；時而從田埂到晒穀場來回的奔走，時而汗如雨下，一人負責割稻禾，另一人則管曬穀；農忙時節，父親忙碌於插秧，母親則勤奮挑秧苗，他們總是早出晚歸，出門提著燈火而返回家門時，則往往已是月上枝頭；末段說農忙時節是農人耕耘的時節，也是收成的時節，是父母親最忙碌的時節，也是他們最快樂的時節；本篇從記事手法著眼，將父母披星戴月，勤奮勞動，卻分工合作，條理井然，忙碌而充實快樂的情景，娓娓道來。其中用父母的「功課」最忙時就是農忙時期，也是最快樂的時光，象徵著在作者小小心靈中，「功課」就是人生的責任，也是一種快樂。他的父母勇於快樂承擔責任，他也是。在本詩作中雖然沒有歌詠親恩的文句，但全篇意象正面，其實不也是孺慕之情的表現？因此本文認為是葉日松最不著痕跡的感念親恩之作。

第二節　生活的記實與記趣

詩的社會性，指「詩」所表現的世界與社會有緊密的關連，不只是外貌的共通，而是深一層的精神的結合；它蘊含著豐富的人間情趣，擺脫了詩人以私己為出發點而定型了的意識型態。〔註 22〕葉日松將當時的生活的現象與景物及生活的情趣記錄下來，不僅是個人浪漫多情的感懷，也是深刻的生命見證。他的作品中以當年生活之記實與記趣為題材者，所占數量也很多，有的作品是生活實景，有的作品是記述實物，有的作品則紀錄生活情趣，茲分述如下：

一、生活實景

關於生活實景方面，本文選取〈唔會消失介彩虹——寫畀周大觀小朋友〉、〈種地豆〉〔註23〕、〈挲草〉〔註24〕、〈坐三等火車介心情〉、〈寫畀清潔隊介朋

〔註22〕李魁賢，《詩的見證》（臺北：臺北縣立文化中心，1994），頁 3。
〔註23〕葉日松，《佢介名仔安著臺灣》（花蓮：葉日松客家文學研究室，2002 年 2 月），頁 34；《鑊仔肚介飯，比麼介都卡香》（臺中：文學街出版社，2002 年 12 月），頁 88～89。
〔註24〕葉日松，《佢介名仔安著臺灣》（花蓮：葉日松客家文學研究室，2002 年 2 月），頁 36～37；《鑊仔肚介飯，比麼介都卡香》，頁 90～91。

友〉〔註25〕、〈朝晨介花市〉〔註26〕、〈收冬介景象〉、〈禾仔捼農夫〉〔註27〕等
八篇詩作，作爲葉日松詩作反映當年社會實景的例證，例如爲了給罹患絕症，
壽命即將凋萎的小小詩人周大觀鼓勵及傳揚他的生命的精神，他用客語寫成了
這首〈唔會消失介彩虹──寫畀周大觀小朋友〉；其內容是：

　　你用一雙手／用一分愛／用一顆心／爲天空／爲人間／畫出一條彩
　　虹／畀小朋友仰望

　　畀所有介人仰望／這條彩虹／劃過天空／劃過人心／唔會退色／唔
　　會消失〔註28〕

意指大觀的生命充滿了愛心，他爲人間畫出的彩虹讓所有人仰望，永遠不會
消失也永遠不會褪色，詩中隱含著對大觀的肯定和永遠的思念，這不僅是作
者對於小小詩人精神的鼓舞和提振，同時也是對社會新聞事件有感而發的共
振和祝福。

　　又如〈坐三等火車介心情〉這首詩，其內容是：

　　小時候／阿公阿爸介代號／係平民、貧民也係三等國民／日日上山
　　落田／從來冇埋怨／難得出門時／別人坐急行／阿公阿爸冇奈何冇
　　能力／只坐三等車／竹田到花蓮／粒粒石炭陪歸日

　　小時候／阿爸唔識字／唔會講日語／有一日／驛夫仔唔賣車票分佢
　　／害佢目金金送車走／日本人介兩巴掌／打到阿爸介自尊心血緊流
　　／花蓮轉到屋／行了四日又三夜

　　小時候／有地位介人坐 gasoline／有錢介同學坐快車／冇錢介子弟
　　／永遠追隨三等車／共樣一個人／讓般分等級／讓般有差別

　　有一次坐在車廂內／車廂搖來又搖去／搖醒佢介尊嚴／搖出佢介讀
　　書志／希望有一日／阿爸阿姆可以／坐快車去台東／坐急行去花蓮
　　〔註29〕

〔註25〕葉日松，《酒濃花香客家情》（臺中：文學街出版社，1998 年 4 月），頁 136～
　　　　137。
〔註26〕同上註，頁 140～141。
〔註27〕同上註，頁 79～81。
〔註28〕同上註，頁頁 130～131。
〔註29〕葉日松，《一張日誌等於一張稿紙》（花蓮：花蓮客屬會，1997 年 4 月），頁
　　　　34～370；《酒濃花香客家情》（臺中：文學街出版社，1998 年 4 月），頁 35～
　　　　39；《客語現代詩歌選（臺北：武陵出版社，2001 年 2 月）》，頁 52～56。

是說作者小時候祖父和父親的代號就是平民、貧民也就是三等國民。他們天天上山下田，從來沒有埋怨，難得出門時，別人坐快車，但是祖父和父親沒有能力，只好坐三等車。從竹田到花蓮，要花上一整天，同時煤炭顆粒瀰漫，品質很不理想。小時候因為父親不識字也不會講日語，有時候會遭遇到刁難，就像有一次，驛夫竟然不賣車票給父親，還打了父親兩巴掌。不僅害得他眼睜睜的目送火車開走，也嚴重的傷了自尊心，就像內心淌著血一般。那次，父親從花蓮走到竹田家裡，整整花了四天三夜的時間。小時候，有地位的人自己開汽車，有錢的同學坐快車（指火車），而像作者這種沒錢的子弟就永遠只能追隨著三等的慢速火車。作者心生疑惑：為什麼同樣是人，卻要分等級？為什麼要有差別？於是，有一次坐在慢速車廂內搖來又晃去的時刻，搖醒了作者的尊嚴和立志讀書成材的決心。他要成功他要「升級」，希望有一日，能讓父母搭乘快速火車去台東去花蓮。

這是一首深刻動人的詩篇，作者從自己父祖的社會階層出發，具體描繪出搭車分等級，自尊心被踐踏的深層悲哀。然而作者卻從不著力於悲嘆沮喪，或是不滿現實，反而積極面對現實，就在那三級火車上的搖晃中，震盪出作者的尊嚴和決心，於是作者勤奮讀書，努力創作，經營他終身的文藝事業。這可以說是一種積極自勵的人文素養，也是發自社會底層的真誠美善，從而改變自己人生最重要的。更足以說明了客家子弟堅毅昂揚、勤苦卓絕的決心，是一種傳承自父祖輩的硬頸精神，是客家人「自重自力」與眾不同的共同心理質素，也是客家精神中最值得重視的「特性」部分〔註30〕，特別值得說明。

再如〈種地豆〉、〈挲草〉、〈收冬介景象〉、〈禾仔拷農夫〉等篇，也是作者寫實記載當時農業社會，農夫忙於耕作的情景，茲以〈收冬介景象〉為例，其內容如下：

（一）

　　日頭下介水田／像一大塊千足介黃金／射出光亮／精神飽滿介禾串／在風中搖出優美介舞姿／跳出豐收介喜樂

（二）

　　機器桶／在田項有閒／隆隆介聲音／嚇走了所有介禾畢仔／平時有休假／冇放料介禾稈人／也一隻一隻轉屋家去享福了／總係辛苦介

〔註30〕謝重光，《海峽兩岸的客家人》，（臺北：幼獅 2000 年 7 月）（客家精神），頁118。

農夫／在日頭下打拼、流汗／用有情介禾鐮仔去搞／去嗳（親吻）每一串金色介禾串

（三）

機器桶行過介所在／就有醉人介禾稈香／農夫踏過介腳跡／也有汗水寫出介詩篇一行行／大家都共樣／共樣吸收到泥土介芬芳／土地介芬芳

（四）

細人仔在禾稈堆中翻筋斗／冬時節介田項拈禾串／蠻皮介細孲仔／拷紙鷂仔搞癢以後／一隻一隻都將身材肥肥大箍介「穀包」／準馬騎／有幾久／主人來到田項／將所有界細人仔欺負介「穀包」／請上牛車／載轉屋家去了〔註31〕

第一小段是說在太陽的照耀下，即將收割的稻田就像一大塊千足的黃金一般射出光亮，精神飽滿的稻穀串，在風中搖出優美的舞姿，也跳出豐收的喜樂。第二小段是說機器桶（指噴灑農藥的背桶）在田裡忙碌，它隆隆介聲音嚇走了所有的麻雀，而平時沒有休假也沒有假期的稻草人，也一個一個回家去享福了；指剩下辛苦介農夫，在大太陽下打拼、流汗，他們用有情的鐮刀去擁抱，去親吻每一串金色介的稻串。第三小段是說機器桶所走過的地方就會有醉人的稻稈香，而農夫腳踏過的足跡，也有汗水寫出來的詩篇一行一行，大家都一樣吸收到泥土的芬芳、土地的芬芳。第四小段是描寫小孩子在稻草堆中翻筋斗，也在收割後的稻田裡撿零散的禾串；而頑皮的小孩子玩累了風箏，又把一個一個的身材肥胖的「穀包」當馬騎，還好不久田主來到，就將所有被孩子們欺負的「穀包」請上牛車，載回家去了。

　　這首詩瞄準稻田收割前後的景象，飽滿的稻穗、勤苦收割的農夫互相映襯，稻香和泥香共存，孩子們有的翻觔斗，有的撿稻串，時而玩風箏，時而把穀包當馬騎；辛勤忙碌的農夫和調皮又好玩的孩子，在這收冬的景象中構成和諧而對比的畫面，在一動一靜之間，也說明了作者觀察農夫收成時刻，多元而包容的心胸，映襯與對照並用的高明手法，誇張的連稻禾都舞出豐收的喜悅；而作者並不直述農夫滿足於豐收，只是安排了小孩子在此收割時刻的活潑和玩鬧，那種對照於豐收的滿足，正好可以不言而喻。

〔註31〕葉日松，《臺灣故鄉情》（花蓮：花蓮縣吉安鄉公所，2004 年 6 月），頁 74～78。

二、生活實物

　　本小節所要討論的篇章是生活實物方面，葉日松在這方面的作品數量很多，諸如〈轉外家〉〔註32〕、〈芒花草〉〔註33〕、〈燈籠草〉〔註34〕、〈滾銅圈仔〉〔註35〕、〈極樂仔一〉〔註36〕、〈極樂仔二〉〔註37〕、〈柚葉香〉〔註38〕、〈芋荷葉〉〔註39〕、〈山中介吊橋〉〔註40〕、〈芋荷〉〔註41〕、〈竹揚尾仔〉〔註42〕、〈轉老屋個就想起讀初中該三年〉〔註43〕、〈天頂介星仔係𠊇童年介玻璃珠〉〔註44〕、

〔註32〕葉日松，《一張日誌等於一張稿紙》（花蓮：花蓮客屬會，1997年4月），頁57；《酒濃花香客家情》（臺中：文學街出版社，1998年4月），頁64；《鑊仔肚介飯，比麼介都卡香》（臺中：文學街出版社，2002年12月），頁234～235。

〔註33〕葉日松，《𠊇介名仔安著臺灣》（花蓮：葉日松客家文學研究室，2002年2月），頁16。

〔註34〕葉日松，《𠊇介名仔安著臺灣》（花蓮：葉日松客家文學研究室，2002年2月），頁19；《鑊仔肚介飯，比麼介都卡香》（臺中：文學街出版社，2002年12月），頁26～27。

〔註35〕葉日松，《𠊇介名仔安著臺灣》（花蓮：葉日松客家文學研究室，2002年2月），頁27；《鑊仔肚介飯，比麼介都卡香》（臺中：文學街出版社，2002年12月），頁34～35。

〔註36〕葉日松，《𠊇介名仔安著臺灣》（花蓮：葉日松客家文學研究室，2002年2月），頁15；《鑊仔肚介飯，比麼介都卡香》（臺中：文學街出版社，2002年12月），頁30～31。

〔註37〕葉日松，《𠊇介名仔安著臺灣》（花蓮：葉日松客家文學研究室，2002年2月），頁30；《鑊仔肚介飯，比麼介都卡香》（臺中：文學街出版社，2002年12月），頁32～33。

〔註38〕葉日松，《𠊇介名仔安著臺灣》（花蓮：葉日松客家文學研究室，2002年2月），頁32；《鑊仔肚介飯，比麼介都卡香》（臺中：文學街出版社，2002年12月），頁170～171。

〔註39〕葉日松，《𠊇介名仔安著臺灣》（花蓮：葉日松客家文學研究室，2002年2月），頁65～67；《鑊仔肚介飯，比麼介都卡香》（臺中：文學街出版社，2002年12月），頁50～53。

〔註40〕葉日松，《𠊇介名仔安著臺灣》（花蓮：葉日松客家文學研究室，2002年2月），頁70～71；《鑊仔肚介飯，比麼介都卡香》（臺中：文學街出版社，2002年12月），頁164～165。

〔註41〕葉日松，《𠊇介名仔安著臺灣》（花蓮：葉日松客家文學研究室，2002年2月），頁78；《鑊仔肚介飯，比麼介都卡香》（臺中：文學街出版社，2002年12月），頁40～41。

〔註42〕葉日松，《𠊇介名仔安著臺灣》（花蓮：葉日松客家文學研究室，2002年2月），頁80～81；《鑊仔肚介飯，比麼介都卡香》（臺中：文學街出版社，2002年12月），頁44～45。

〔註43〕葉日松，《一張日誌等於一張稿紙》（花蓮：花蓮客屬會，1997年4月），頁17～19；《酒濃花香客家情》（臺中：文學街出版社，1998年4月），頁19～

〈竹〈一〉〉〔註45〕、〈竹〈二〉〉〔註46〕、〈窗帘〉〔註47〕、〈八音〉、〈鑊仔肚介米飯　比麼介都卡香〉〔註48〕、〈一群月鴿仔〉〔註49〕、〈煮滾水〉〔註50〕、〈擎釣檳1〉〔註51〕、〈擎釣檳2〉〔註52〕、〈娘婆草〉〔註53〕、〈木瓜〉〔註54〕、〈楊桃吊槓晃〉〔註55〕、〈挨粄介聯想〉〔註56〕、〈文鎮〉〔註57〕、〈火車，火車，等一下仔〉〔註58〕等二十七篇，本小節試以其中〈八音〉為例，其內容如

21：《客語現代詩歌選》（臺北：武陵出版社，2001年2月），頁37～40。

〔註44〕葉日松，《一張日誌等於一張稿紙》（花蓮：花蓮客屬會，1997年4月），頁50～53；《酒濃花香客家情》（臺中：文學街出版社，1998年4月），頁49～52；《客語現代詩歌選》（臺北：武陵出版社，2001年2月），頁60～64。

〔註45〕葉日松，《一張日誌等於一張稿紙》（花蓮：花蓮客屬會，1997年4月），頁57；《酒濃花香客家情》（臺中：文學街出版社，1998年4月），頁64；《鑊仔肚介飯，比麼介都卡香》（臺中：文學街出版社，2002年12月），頁234～235。

〔註46〕葉日松，《一張日誌等於一張稿紙》（花蓮：花蓮客屬會，1997年4月），頁58～59；《酒濃花香客家情（臺中：文學街出版社，1998年4月）》，頁65；《鑊仔肚介飯，比麼介都卡香》（臺中：文學街出版社，2002年12月），頁236～237。

〔註47〕葉日松，《酒濃花香客家情》（臺中：文學街出版社，1998年4月），頁78～79。

〔註48〕葉日松，《鑊仔肚介飯，比麼介都卡香》（臺中：文學街出版社，2002年12月），頁125～127。

〔註49〕葉日松，《佢介名仔安著臺灣》（花蓮：葉日松客家文學研究室，2002年2月），頁84～85；《鑊仔肚介飯，比麼介都卡香》（臺中：文學街出版社，2002年12月），頁184～186。

〔註50〕葉日松，《鑊仔肚介飯，比麼介都卡香》（臺中：文學街出版社，2002年12月），頁226。

〔註51〕葉日松，《臺灣故鄉情》（花蓮：花蓮縣吉安鄉公所，2004年6月），頁111。

〔註52〕同上註，頁113。

〔註53〕葉日松，《臺灣故鄉情》（花蓮：花蓮縣吉安鄉公所，2004年6月），頁134；《鑊仔肚介飯，比麼介都卡香》（臺中：文學街出版社，2002年12月），頁172～173。

〔註54〕葉日松，《秀姑巒溪介人生風景》（花蓮：花蓮縣政府，2006年6月），頁26～27。

〔註55〕同上註，頁34～35。

〔註56〕葉日松，《佢介名仔安著臺灣》（花蓮：葉日松客家文學研究室，2002年2月），頁38；《鑊仔肚介飯，比麼介都卡香》（臺中：文學街出版社，2002年12月），頁99。

〔註57〕葉日松，《佢介名仔安著臺灣》（花蓮：葉日松客家文學研究室，2002年2月，）頁53；《鑊仔肚介飯，比麼介都卡香》（臺中：文學街出版社，2002年12月），頁212～213。

〔註58〕葉日松，《佢介名仔安著臺灣》（花蓮：葉日松客家文學研究室，2002年2月，）頁60～61；《鑊仔肚介飯，比麼介都卡香》（臺中：文學街出版社，2002年12

下：

> 八音係一群會唱歌介鳥仔／從葫蘆肚飛出來／從絲竹肚飛出來／從
> 硬土中飛出來從金屬中飛出來／從木石中飛出來／從皮革中飛出來
> 這群鳥仔／從中原飛到南方／從黃河唱到長江／從廣東飛到臺灣／
> 從𠊎介老祖先唱到如今／世世代代飛有停唱有停／希望這群鳥仔／
> 也從𠊎介手中一直唱下去
> 唱出子子孫孫介情摰愛愛摰情——〔註59〕

「八音」是客家傳統的音樂形式，傳承自中國樂器。依照製作使用材質的不同，分成八類，叫做「八音」，分別是金、石、絲、竹、匏、土、革、木；八音隨著客族的第四期遷移（公元 1645 年到 1867 年），也到了臺灣，分佈中壢、新屋、楊梅、龍潭、富岡、關西、新埔、竹東、芎林、北埔、頭份、苗栗等地方。被人稱爲「八音班」或「鑼鼓班」；在臺灣漢人過年期間、信仰祭儀或喜事慶典社團人際間聯誼的伴奏音樂活動，這些音樂活動及其表演內容，像是一種背景音樂的存在，四處出現，塑造著社會昇平愉悅的氣氛。表演者與社會中其他成員在演出時的關係，大部份是共享、創造一種節慶喜悅的氣氛，共同滿足〔註60〕。葉日松以飛鳥爲比喻，將客家人最喜歡彈奏的傳統樂器「八音」和以及象徵源遠流長的意義，愉快而輕鬆的表露出來，也記載了當年客家族群生活中實景和實物。

三、生活記趣

　　本節將詩人將當時的生活的現象與景物所引發的生活情趣記錄下來，不僅是個人浪漫多情的感懷，也是深刻的生命見證。例如〈水桶家庭〉〔註61〕、〈拈田螺〉〔註62〕、〈學蹀蹀〉〔註63〕、〈小朋友作息歌〉〔註64〕、〈覓蜆仔〉

月），頁 54～56。
〔註59〕同上註，頁 114～115。
〔註60〕客家八音介紹資料摘錄自台大客家社 http://club.ntu.edu.tw/~hakka/haksong/m8/ whatpain.htm 及客家音樂網站 http://music.ihakka.net/web/01_music_02_main.aspx
〔註61〕葉日松，《秀姑巒溪介人生風景》頁 128～129。
〔註62〕葉日松，《佢介名仔安著臺灣》（花蓮：葉日松客家文學研究室，2002 年 2 月），頁 17；《鑊仔肚介飯，比麼介都卡香》（臺中：文學街出版社，2002 年 12 月），頁 22～23。
〔註63〕葉日松，《佢介名仔安著臺灣》（花蓮：葉日松客家文學研究室，2002 年 2 月），頁 18；《鑊仔肚介飯，比麼介都卡香》（臺中：文學街出版社，2002 年 12 月），

－97－

〔註65〕、〈大人種地豆，細人仔歕蕃薯〉〔註66〕、〈相打〉、〈愛笑又愛叫〉〔註67〕、〈一張日誌等於一張稿紙〉〔註68〕、〈偃愛聽介一首歌〉〔註69〕、〈园尋仔〉〔註70〕、〈吊晃槓〉〔註71〕、〈笐竹頭下讀蟬聲讀童年〉〔註72〕、〈夢中介小木屋〉〔註73〕、〈空襲該年〉〔註74〕、〈睡唔忒介暗晡時〉〔註75〕、〈風中介甘露〉〔註76〕、〈人生像 CD〉〔註77〕、〈大頭殼〉〔註78〕、〈坐晃槓仔〉

頁 24～25。

〔註64〕葉日松，《佢介名仔安著臺灣》（花蓮：葉日松客家文學研究室，2002 年 2 月），頁 28～29。

〔註65〕葉日松，《佢介名仔安著臺灣》（花蓮：葉日松客家文學研究室，2002 年 2 月），頁 56～57；《鑊仔肚介飯，比麼介都卡香》（臺中：文學街出版社，2002 年 12 月），頁 17～19。

〔註66〕葉日松，《佢介名仔安著臺灣》（花蓮：葉日松客家文學研究室，2002 年 2 月），頁 62～64；《鑊仔肚介飯，比麼介都卡香》（臺中：文學街出版社，2002 年 12 月），頁 46～49。

〔註67〕葉日松，《佢介名仔安著臺灣》（花蓮：葉日松客家文學研究室，2002 年 2 月），頁 90～91；《鑊仔肚介飯，比麼介都卡香》（臺中：文學街出版社，2002 年 12 月），頁 238～239。

〔註68〕葉日松，《一張日誌等於一張稿紙》（花蓮：花蓮客屬會，1997 年 4 月），頁 46～47；《酒濃花香客家情》（臺中：文學街出版社，1998 年 4 月），頁 56～57；《客語現代詩歌選》（臺北：武陵出版社，2001 年 2 月），頁 52～56。

〔註69〕葉日松，《一張日誌等於一張稿紙》（花蓮：花蓮客屬會，1997 年 4 月），頁 54～56；《酒濃花香客家情》（臺中：文學街出版社，1998 年 4 月），頁 53～55；《客語現代詩歌選》（臺北：武陵出版社，2001 年 2 月），頁 97～99。

〔註70〕葉日松，《酒濃花香客家情》（臺中：文學街出版社，1998 年 4 月），頁 80～81；《客語現代詩歌選》（臺北：武陵出版社，2001 年 2 月），頁 27～28。

〔註71〕葉日松，《酒濃花香客家情》（臺中：文學街出版社，1998 年 4 月），頁 82～83；《客語現代詩歌選》（臺北：武陵出版社，2001 年 2 月），頁 57～59。

〔註72〕葉日松，《酒濃花香客家情》（臺中：文學街出版社，1998 年 4 月），頁 95～98；《客語現代詩歌選》（臺北：武陵出版社，2001 年 2 月），頁 72～76。

〔註73〕葉日松，《酒濃花香客家情》（臺中：文學街出版社，1998 年 4 月），頁 105～109；《客語現代詩歌選》（臺北：武陵出版社，2001 年 2 月），頁 84～88；《臺灣故鄉情》，頁 52～55。

〔註74〕葉日松，《酒濃花香客家情》（臺中：文學街出版社，1998 年 4 月），頁 116～118；《客語現代詩歌選》（臺北：武陵出版社，2001 年 2 月），頁 29～31。

〔註75〕葉日松，《酒濃花香客家情》（臺中：文學街出版社，1998 年 4 月），頁 124～125；《鑊仔肚介飯，比麼介都卡香》，頁 231～233。

〔註76〕葉日松，《酒濃花香客家情》（臺中：文學街出版社，1998 年 4 月），頁 126～127；《客語現代詩歌選》（臺北：武陵出版社，2001 年 2 月），頁 119～120。

〔註77〕葉日松，《酒濃花香客家情》（臺中：文學街出版社，1998 年 4 月），頁 135。

〔註78〕葉日松，《鑊仔肚介飯，比麼介都卡香》（臺中：文學街出版社，2002 年 12

〔註79〕、〈聰明介蟬仔〉〔註80〕、〈去食酒〉〔註81〕等二十二篇，這些篇章有的精練深刻，有的饒富趣味，值得探討。僅以〈相打〉為例，其內容如下：

> 細人相打頭對頭／相打打輸轉去投／愛投愛投去車頭／叩一瘰／轉
> 來**捔佢**洗鍋頭
>
> 細人相打頭對頭／相打打輸轉去投／愛投愛投去車頭／踏冇正／叩
> 一瘰／轉來**捔佢**洗鍋頭〔註82〕

其意指小朋友打架時頭對著頭，打輸了就回家告狀，經過火車站時，卻跌了一跤，頭上長了個包，回家被媽叫去洗鍋子。

　　由於客家語的詞彙「頭部」的頭讀音是「t'eu¹¹」、「愛投」意指喜歡告狀，只那些愛玩愛鬥又愛告狀的小孩，頭讀音也是「t'eu¹¹」，而車站的客家語詞彙是「車頭」讀音也是「t'eu¹¹」；而跌了一跤，頭上長了個包的客家語詞彙是「叩一瘰」讀音是「leu¹¹」，至於鍋子的客家語詞彙是「鍋頭」，讀音也是「t'eu¹¹」。所以全篇的音韻是一韻到底的充分運用「eu」的元音，念起來韻味與趣味激盪，而那位好玩又愛告狀的小孩形象，似乎呼之欲出。

第三節　自然的歌頌與抒懷

　　葉日松從小在鄉野中長大，對於大自然景物的欣賞與觀察，成為其作品客語現代詩作品中之大宗，如在《鑊仔肚介飯，比麼介都卡香》及《臺灣故鄉情》詩集中，〈自然篇〉與〈自然抒情系列〉就各佔了重要的篇幅；他有時藉景抒情，有時則以旅行者的角度切入，用遊記隨想的方式，呈現關心土地萬物生民的胸懷。

一、自然寫真

　　本小節專指詩作內容偏重於描寫「自然界」本身者，茲舉例如下：譬喻

月），頁218～219。

〔註79〕葉日松，《臺灣故鄉情》（花蓮：花蓮縣吉安鄉公所，2004年6月），頁106～107。

〔註80〕同上註108～110。

〔註81〕葉日松，《秀姑巒溪介人生風景》，頁48～49。

〔註82〕葉日松，《佢介名仔安著臺灣》（花蓮：葉日松客家文學研究室，2002年2月），頁88～89；《鑊仔肚介飯，比麼介都卡香》（臺中：文學街出版社，2002年12月），頁244～246。

月光像鐮刀、像眉毛的〈月光彎彎〉〔註83〕、描寫田間景物的〈農夫拷白鶴仔〉〔註84〕、用擬人手法陳述的〈露水〉〔註85〕；像天上星光與地面的螢光互相輝映溫柔光芒的短篇〈星光拷螢光〉〔註86〕、六段一百零七行分成六段來歌頌二十一世紀的第一次朝陽的〈用人間介熱情孵出世紀介第一之日頭〉〔註87〕、非常愛利用綠色的紙寫信的〈大自然介信仔〉〔註88〕、偏心的〈彩虹（七色橋）〉〔註89〕、青山、茅屋、田野都在煙雨濛濛中的〈雨中介田野〉〔註90〕；〈你那係知請你拷我講〉、〈尋詩（食）介白鶴仔〉〔註91〕、〈佢介名仔安著臺灣〉〔註92〕、〈春天〉〔註93〕、〈雲介心情〉〔註94〕、〈上夜間部介

〔註83〕 葉日松，《佢介名仔安著臺灣》（花蓮：葉日松客家文學研究室，2002 年 2 月），頁 11；《鑊仔肚介飯，比麼介都卡香》（臺中：文學街出版社，2002 年 12 月），頁 162～163。

〔註84〕 葉日松，《佢介名仔安著臺灣》（花蓮：葉日松客家文學研究室，2002 年 2 月），頁 14；《鑊仔肚介飯，比麼介都卡香》（臺中：文學街出版社，2002 年 12 月），頁 28～29。

〔註85〕 葉日松，《佢介名仔安著臺灣》（花蓮：葉日松客家文學研究室，2002 年 2 月），頁 33；《鑊仔肚介飯，比麼介都卡香》（臺中：文學街出版社，2002 年 12 月），頁 168～169。

〔註86〕 葉日松，《佢介名仔安著臺灣》（花蓮：葉日松客家文學研究室，2002 年 2 月），頁 35；《鑊仔肚介飯，比麼介都卡香》（臺中：文學街出版社，2002 年 12 月），頁 160～161。

〔註87〕 葉日松，《佢介名仔安著臺灣》（花蓮：葉日松客家文學研究室，2002 年 2 月），頁 40～48；《鑊仔肚介飯，比麼介都卡香》（臺中：文學街出版社，2002 年 12 月），頁 189～200。

〔註88〕 葉日松，《佢介名仔安著臺灣》（花蓮：葉日松客家文學研究室，2002 年 2 月），頁 58～59；《鑊仔肚介飯，比麼介都卡香》，頁 166～167。

〔註89〕 葉日松，《鑊仔肚介飯，比麼介都卡香》（臺中：文學街出版社，2002 年 12 月），頁 42～43。

〔註90〕 葉日松，《一張日誌等於一張稿紙》（花蓮：花蓮客屬會，1997 年 4 月），頁 60～61；《酒濃花香客家情》（臺中：文學街出版社，1998 年 4 月），頁 60～61；《鑊仔肚介飯，比麼介都卡香》（臺中：文學街出版社，2002 年 12 月），頁 182～183。

〔註91〕 葉日松，《鑊仔肚介飯，比麼介都卡香》（臺中：文學街出版社，2002 年 12 月），頁 135。

〔註92〕 葉日松，《佢介名仔安著臺灣》（花蓮：葉日松客家文學研究室，2002 年 2 月），頁 7～10；《鑊仔肚介飯，比麼介都卡香》（臺中：文學街出版社，2002 年 12 月），頁 148～154。

〔註93〕 葉日松，《鑊仔肚介飯，比麼介都卡香》（臺中：文學街出版社，2002 年 12 月），頁 174～176。

〔註94〕 同上註，頁 177～179。

露水〉〔註95〕、〈相思樹流目汁〉〔註96〕，同集中還有〈相思樹〉、〈相思樹介心事〉、〈風，畫圖〉、〈雷公〉、〈快會落山介日頭〉、〈臺灣介星夜〉、〈雷公瞇爐〉、〈小草〉、〈月桃葉〉、〈迎接春天介揚葉仔〉等詩篇；另外像〈風情萬種油桐花〉〔註97〕、〈油桐花著婚紗〉〔註98〕、〈火焰蟲〉〔註99〕、〈快樂介日頭〉〔註100〕、〈秋天介娘婆花〉〔註101〕等篇也是這類的風格。

　　如以〈你那係知請你挼我講〉為例，內容原文是：

　　　　假使風那係知／請你挼我講／暗晡夜俚介夢愛去何方

　　　　假使雲那係知／請你挼我講／遠方介佢是否已經熟睡

　　　　假使星仔那係知／請你挼我講／人挼人之間介距離讓般〔註102〕越
　　　　來越遠

　　　　假使月光那係知／請你挼我講／人間讓般會有悲歡離合

　　　　假使山那係知／請你挼我講／讓般正會永恆正會超越時空／假使海
　　　　那係知／請你挼我講參界安到包容參界安到接納

　　　　假使花那係知／請你挼我講／為何凋謝就係再生／假使草那係知／

　　　　請你挼我講／為何你介每一寸土地全部塗滿了生命介綠意

　　　　假使你那係知／請你挼我講／假使——／假使——〔註103〕

整首詩是說：如果風知道，請你跟我講，夜晚我的夢要去何方？如果雲知道，請你跟我講，遠方的他是否已經熟睡？如果星星知道，請你跟我講，人跟人之間的距離為什麼越來越遠？如果月光知道，請你跟我講，人間怎會有悲歡

〔註95〕同上註，頁180～181。

〔註96〕葉日松，《臺灣故鄉情》（花蓮：花蓮縣吉安鄉公所，2004年6月），頁15。

〔註97〕葉日松，《秀姑巒溪介人生風景》（花蓮：花蓮縣政府，2006年6月），頁18～19。

〔註98〕同上註，頁20～21。

〔註99〕葉日松，《一張日誌等於一張稿紙》（花蓮：花蓮客屬會，1997年4月），頁41；《酒濃花香客家情》（臺中：文學街出版社，1998年4月），頁43；《臺灣故鄉情》（花蓮：花蓮縣吉安鄉公所，2004年6月），頁42～43；《秀姑巒溪介人生風景》（花蓮：花蓮縣政府，2006年6月），頁22。

〔註100〕葉日松，《秀姑巒溪介人生風景》（花蓮：花蓮縣政府，2006年6月），頁38～39。

〔註101〕同上註頁，120～122。

〔註102〕「讓般」又寫作「仰般」，為什麼之意。

〔註103〕葉日松，《酒濃花香客家情》（臺中：文學街出版社，1998年4月），頁110～113；《鑊仔肚介飯，比麼介都卡香》（臺中：文學街出版社，2002年12月），頁227～230。

離合？如果山知道，請你跟我講，怎樣永恆才超越時空？如果海知道，請你跟我講，什麼叫做包容什麼叫做接納？如果花知道，請你跟我講，為何凋謝就是再生？假使草知道，請你跟我講，為何你的每一吋土地全部塗滿了生命的綠意？如果你知道，請你跟我講，如果──，如果──

　　原詩以擬人手法問大自然中本身的風啊、雲哪、星星、月光、山、海、花、草等等，作者請它們解答他對人世間的疑惑，一方面作者以句型結構的重覆迭沓，特意營造迴盪的美感；另一方面以大自然的現象本身作為八小段的為主角，可見作者對於自然界景物本身，藉著欣賞大自然的「美」的感想和靈動，藉著人本精神和專心格物的交融，以詩人的心眼看穿現實的本貌，再描繪其特寫一般，展現人物互動時重新界定人和自然的關係，這是強調自然景物的寫真。

二、借景抒情

　　本文第二章第三節論述葉日松之美學信念時，曾提及葉日松是一個崇拜自然，喜愛大自然的歌者，他喜歡向大自然採集靈感，串成詩篇，不論清晨或是黃昏、月夜，總是把握著每一個屬於他的時光，將自己的靈思，投入那一片洶湧著生命氣息的原野，將自己的名字，題寫在那一片青山和碧海之上。從春天到冬天，從冬天到春天，他生活的詩集，每一頁都有安詳世界的嚮往，每一篇都有他飄逸的歌唱。〔註104〕在早期的散文現代詩的作品中如此，近期的客語現代詩也是保持相同風格。因此葉日松詩作中藉自然景物抒發情感的篇章很多，像〈春天來了〉〔註105〕、〈菊花開菊花黃〉〔註106〕、〈蒔田〉〔註107〕、〈禾桿人〉〔註108〕、〈黃昏介故鄉〉〔註109〕、〈俚愛〉〔註110〕、

〔註104〕葉日松，〈讓腳印化為岩石〉，《生命的唱片》（花蓮縣立文化中心，1993年6月），頁112。

〔註105〕葉日松，《秀姑巒溪介人生風景》（花蓮：花蓮縣政府，2006年6月），頁18～19。

〔註106〕葉日松，《佢介名仔安著臺灣》（花蓮：葉日松客家文學研究室，2002年2月），頁40；《鑊仔肚介飯，比麼介都卡香》（臺中：文學街出版社，2002年12月），頁189～200。

〔註107〕葉日松，《佢介名仔安著臺灣》（花蓮：葉日松客家文學研究室，2002年2月），頁40；《鑊仔肚介飯，比麼介都卡香》（臺中：文學街出版社，2002年12月），頁189～200。

〔註108〕葉日松，《佢介名仔安著臺灣》（花蓮：葉日松客家文學研究室，2002年2月），頁40；《鑊仔肚介飯，比麼介都卡香》（臺中：文學街出版社，2002年12月），

〈心中介花園〉〔註111〕、〈雨中介田野〉〔註112〕、〈青春不回頭〉〔註113〕、
〈花花世界新住民——波斯菊〉〔註114〕、〈天空也流淚（山歌）〉、〈落花〉、
〈風捼雲空中遊〉〔註115〕、〈客語——回憶〉等篇都是，茲舉客語版〈回憶〉
為例：這首詩本來是花蓮音樂家郭子究先生膾炙人口的國語歌曲，由於曲調
優美動人，是許多人心底共同的旋律。它的客語歌詞是這樣的：

> 春風吹來像挨弦，燕仔雙飛結好緣／海誓山盟針牽線，情深意綿
> 綿／線跈針（來）心相連／花前月下度良辰，懷念在心田
>
> 如到今尋有你／花開花落又過恁多（隻）年／花開花落花開花落
> 又過恁多（隻）年／夜深露重痴痴等（你）麼儕來相憐
>
> 春風吹來像挨弦，燕仔雙飛結好緣／海誓山盟藤纏樹，情深意綿
> 綿／針牽線，線跈針（來）心相連／情人身影何時歸，轉來倨面
> 前〔註116〕

客家山歌歌詞中有一首非常普及的歌詞：「山歌唱來鬧連連，唱調山歌來結
緣；老人聽轉添福壽，後生聽轉大賺錢。」其中用的韻腳字，「連」、「緣」、「錢」
與本詩的韻腳字「緣」、「綿」、「連」、「田」、「年」、「憐」、「前」音韻相符，
都是「ien」的平聲，可見葉日松運用客家語文的純熟。

再從這首客家詩的用詞來說，多與客家山歌常用的情境相關聯，例如「結
好緣」、「燕雙飛」、「針線情」、「藤纏樹」、「心相連」等詞彙，葉日松將其穿

頁 189～200。

〔註109〕葉日松，《一張日誌等於一張稿紙》（花蓮：花蓮客屬會，1997 年 4 月），頁
41；《酒濃花香客家情》（臺中：文學街出版社，1998 年 4 月）頁 43；《客語
現代詩歌選》，頁 119～120。

〔註110〕葉日松，《酒濃花香客家情》（臺中：文學街出版社，1998 年 4 月），頁 43；《鑊
仔肚介飯，比麼介都卡香》（臺中：文學街出版社，2002 年 12 月），頁 189
～200。

〔註111〕葉日松，《酒濃花香客家情》（臺中：文學街出版社，1998 年 4 月），頁 43。

〔註112〕葉日松，《一張日誌等於一張稿紙》（花蓮：花蓮客屬會，1997 年 4 月），頁
41；《酒濃花香客家情》（臺中：文學街出版社，1998 年 4 月），頁 43；《鑊仔
肚介飯，比麼介都卡香》（臺中：文學街出版社，2002 年 12 月），頁 189～200。

〔註113〕葉日松，《鑊仔肚介飯，比麼介都卡香》（臺中：文學街出版社，2002 年 12
月），頁 189～200。

〔註114〕葉日松，《臺灣故鄉情》（花蓮：花蓮縣吉安鄉公所，2004 年 6 月），頁 15。

〔註115〕葉日松，《秀姑巒溪介人生風景》（花蓮：花蓮縣政府，2006 年 6 月），頁 18
～19。

〔註116〕同上註，頁 40～42。

插在字裡行間，形容男女相戀永不渝的寫照，或情感堅貞不移的情形；也可以說葉日松藉著自然景物如春風吹拂的時節，燕子雙飛的情景，山林間藤蔓緊繞樹枝的相偎相依的現象，詩人自然產生了借景抒情的詩篇。

三、遊記隨想

葉日松喜歡旅遊，也喜歡寫札記，除了經常投稿各報紙雜誌外，他的旅遊散文〈寫在湖面上的詩篇〉有九篇旅遊小品〔註117〕，而客語現代詩中也有許遊記隨想的詩篇散落在各本詩集之中。如見於《一張日誌等於一張稿紙》、《酒濃花香客家情》、《客語現代詩歌選》的〈重遊淡水〉〔註118〕，見於《一張日誌等於一張稿紙》、《酒濃花香客家情》、《客語現代詩歌選》、《臺灣故鄉情》的〈故鄉介河流〉〔註119〕，見於《酒濃花香客家情》、《客語現代詩歌選》的〈野薑花開介時節〉〔註120〕，見於《臺灣故鄉情》的〈去七星潭拈石頭〉、〈放料日俚去公園料〉〔註121〕和〈佇台北車頭等車〉〔註122〕，以及見於《秀姑巒溪介人生風景》的〈在遠來山頂看夜景〉〔註123〕等篇。以〈去七星潭拈石頭〉為例，這首詩除已在本文第三章第三節葉日松客語現代詩的創作根源第一項〈對「土地的戀歌和濃密的鄉情」〉略述其內容外，此處再論其為遊記隨想之例。原詩內容是：

> 有人去七星潭翕相／有人去寫詩、畫圖／有人去看山、看海／看雲、看船仔／有人去看飛機起飛降落／去想盡多盡多介事情／有人麼介都冇愛想／總係想將所有介煩勞摒畀大海

〔註117〕葉日松，〈第五輯寫在湖面上的詩篇〉，《生命的唱片》（花蓮縣立文化中心，1993年6月），頁179～255。

〔註118〕《一張日誌等於一張稿紙》（花蓮：花蓮客屬會，1997年4月），頁14～16；《酒濃花香客家情》（臺中：文學街出版社，1998年4月），頁16～18；《客語現代詩歌選》（臺北：武陵出版社，2001年2月），頁20～23。

〔註119〕葉日松，《一張日誌等於一張稿紙》（花蓮：花蓮客屬會，1997年4月），頁62～63；《酒濃花香客家情》，頁62～63；《客語現代詩歌選》（臺北：武陵出版社，2001年2月），頁100～101；《台灣故鄉情》，頁56～57。

〔註120〕葉日松，《酒濃花香客家情》（臺中：文學街出版社，1998年4月），頁88～94；《客語現代詩歌選》（臺北：武陵出版社，2001年2月），頁89～96。

〔註121〕同註129，頁93～95。

〔註122〕同註129，頁96～101。

〔註123〕葉日松，《秀姑巒溪介人生風景》（花蓮：花蓮縣政府，2006年6月），頁76～81。

下晝／專程去七星潭拈石頭／去聽**捱俚**結緣介石頭／講故事／去聽佢介心情／從這頭到另外一頭／所有介石頭／冇論大介、小介、圓介、扁介／隻隻都**捱俚**作親切介點頭、微笑／從佢兜介簡報中／**捱**知得／一石一世界／一石一山水／一石一田園／一石一村落／一石一詩篇／一石一幅畫／一石一傳奇／一石一故事／歸晝邊／在七星潭／**捱**冇心去計算排陣南歸介雁隻／冇心去看日頭畫出來介晚霞／**捱**，醉在石頭介柔情／醉在海風介薄荷酒之中〔註124〕

華文翻譯是這樣的：有人去七星潭照相，有人去寫詩、畫圖，有人去看山、看海，看雲、看船；有人去看飛機起飛降落，去想很多很多事情，有人什麼都不要想，只想把所有的煩憂丟給大海；下午，專程去七星潭丟石頭，去聽和我結緣的石頭講故事，去聽他的心情，從這頭到另外一頭所有的石頭，無論大的、小的、圓的、扁的，每一個都和我作親切的點頭、微笑，從它們的簡報中，我知道：一石一世界，一石一山水，一石一田園，一石一村落，一石一詩篇，一石一幅畫，一石一傳奇，一石一故事。整個下午我在七星潭，無心去計算陣陣南歸的雁隻，無心去看日頭畫出來的晚霞。我，醉在石頭的柔情，醉在海風的薄荷酒之中。

　　這首詩是以詩人自己做為主角，描寫他自己在「花蓮」七星潭聽石頭說故事的感想，在詩句中，葉日松一連用了八個一石一□□的短句型，一來營造主題為石頭的重要印象，一來隨性的由石頭看世界、看山水、看田園、看村落、看詩篇與畫，看傳奇和故事，無須計算南歸的雁群和注意滿天的晚霞，專注的沈醉在石頭的柔情中，這種自在的遨遊和隨想，充分的表達了詩人的浪漫情懷和對「花蓮」鄉土的愛。

　　葉日松的文學人生與「花蓮」息息相關，本文第二章第一節討論〈葉日松的人生歷程〉中曾提及「勤於筆耕的花蓮詩人」，「花蓮」在葉日松的筆下，就像一首一首的詩歌，像一幅一幅的畫作，令人產生一種難以抗拒的親切感，所以說葉日松已和「花蓮」形象緊緊結合。對於「花蓮」這片土地的情和愛，始終能以詩、以文來書寫，散發出濃郁的芬芳，更以感性的文字去結合音樂，來唱響「花蓮」，推銷「花蓮」，讓「花蓮」的名字更詩意，「花蓮」的天空更亮麗，也使得「花蓮」這片鄉土更有吸引力。

〔註124〕葉日松，《臺灣故鄉情》（花蓮：花蓮縣吉安鄉公所，2004 年 6 月），頁 70～73。

第四節　鄉土的頌讚與推廣

　　葉日松的詩作中，除了對「花蓮」鄉土的深愛及眷戀，書寫許多「花蓮」特色的作品之外，對於臺灣各地的鄉土特產和名勝也多有著墨，本節就此類作品做更深入的說明，並以三個面向再做陳述：

一、鄉土特產方面

　　有關臺灣鄉土特產的詩篇，在《臺灣故鄉情》第五輯阿公介油紙遮（傘）編選十二首，是介紹臺灣的名產系列，大都是爲短小押韻，適合朗誦學習母語的教材〔註125〕，如〈花蓮薯〉、〈太陽餅〉、〈萬巒豬腳〉、〈烏龍茶拷膨風茶〉、〈屏東黑珍珠〉、〈澎湖地豆介故鄉〉、〈新竹米粉名聲遠〉、〈客家美食盡風光〉、〈台東佛果靚又好〉、〈麻豆文旦人喔惱〉〔註126〕、〈大湖草莓〉等篇，茲以〈屏東黑珍珠〉爲例，原文是：

> 黑珍珠／好蓮霧／生來靚／好銷路
>
> 黑珍珠／生南國／水分多／好色澤
>
> 黑珍珠／銷全島／好水果／人喔惱〔註127〕

意思是歌頌屏東生產的黑珍珠蓮霧，生產外觀好看，銷路也好；生長在南部的黑珍珠蓮霧水分多色澤又好；第三段又再一次歌頌黑珍珠是行銷全島人人稱頌的好水果。全篇短小簡潔而朗朗上口，該種特產彷彿歷歷在眼前。

　　當然臺灣的名產何其多，希望詩人將來還有機會從各種角度各層面去創作更繁複更有內涵的作品，來獻給廣大的鄉親讀者。

二、各地名勝方面

　　葉日松喜歡旅遊，他認爲旅遊不僅可以增加見聞，也可以藉此開拓視野，一個人不要太短視，要把眼光放大，爲人處世，才能有更寬闊的心胸。特別是寫文章的人，必須向整個宇宙索取任何資料，才能豐富作品的內容。因此，不論是詩人或是作家，筆下的生離死別，喜怒哀樂，應該是沒有國界的，應該是屬於全體人類的。〔註128〕所以葉日松書寫自然、書寫遊記，也用客家母

〔註125〕葉日松，《臺灣故鄉情》（花蓮：花蓮縣吉安鄉公所，2004年6月），頁6。
〔註126〕「喔惱」，又作「安謚」，以下同。
〔註127〕同註125，頁148～149。
〔註128〕葉日松，〈社會愛心篇〉，《生命的唱片》（花蓮縣立文化中心，1993年6月），

語寫下臺灣各地名勝等作品，如〈佢介名安著臺灣〉〔註129〕、〈𠊎介家鄉——
花蓮〉〔註130〕、〈有夢有詩介七星潭〉〔註131〕、〈佇台北車頭等車〉〔註132〕、
〈秀姑巒溪介人生風景〉〔註133〕、〈淡水夜景〉等篇；以〈淡水夜景〉來說，
客語詩是這樣寫的：

> 淡水夜景／關渡大橋介功課／無時閑／接了東片介人客／西片介人
> 客續等來／請人客流水席／歸年介人潮／比淡水河介水還卡多
>
> 紅紅介日頭跌落海／人約黃昏後／右岸介燈火邀請天頂介星仔下
> 來／逛老街／左岸介燈火瞣有停／想愛湊每一個夜遊介船仔詩人
> 來食酒／有人喊左岸介咖啡／有人食右岸介「阿給」〔註134〕「鐵
> 卵」〔註135〕烰魚酥
>
> 淡水介夜景／燈火照燈火／左岸喊右岸／悠悠介河水讀星月／溫柔
> 介海風畫大橋／打嘴鼓無人吵／恬恬靜靜到天光〔註136〕

頁 156。

〔註129〕葉日松，《佢介名仔安著臺灣》（花蓮：葉日松客家文學研究室，2002 年 2 月），
　　　　頁 7；《鑊仔肚介飯，比麼介都卡香》，頁 148～152。

〔註130〕葉日松，《一張日誌等於一張稿紙》（花蓮：花蓮客屬會，1997 年 4 月），頁
　　　　42～45；《洒濃花香客家情》（臺中：文學街出版社，1998 年 4 月），頁 44～
　　　　48；《客語現代詩歌選》（臺北：武陵出版社，2001 年 2 月），頁 102～107。

〔註131〕葉日松，《鑊仔肚介飯，比麼介都卡香》（臺中：文學街出版社，2002 年 12
　　　　月），頁 136～141。

〔註132〕葉日松，《臺灣故鄉情》（花蓮：花蓮縣吉安鄉公所，2004 年 6 月），頁 96～101。

〔註133〕葉日松，《秀姑巒溪介人生風景》（花蓮：花蓮縣政府，2006 年 6 月），頁 53
　　　　～60。

〔註134〕文中的「阿給」就是「淡水阿給」，是臺灣台北縣淡水鎮有名的小吃之一，源自
　　　　1965 年楊鄭錦文女士的發明，創始店位於淡水鎮真理街上。起初是楊女士為了
　　　　不想浪費賣剩的食材，而想出的特殊料理方式。而「阿給」則是日文「油豆腐」
　　　　（油揚げ、abura-age）發音的直接音譯。「阿給」的做法是將油豆腐的中間挖空，
　　　　然後填充肉燥粉絲、浸泡過滷汁，以魚漿封口，加以蒸熟，食用前淋上甜辣醬
　　　　或其他特殊醬汁，因為有特色又符合大眾口味，風行於淡水地區。參考維基百
　　　　科網站資料 http://zh.wikipedia.org/wiki/%E6%B7%A1%E6%B0%B4%E9%98%BF
　　　　%E7%B5%A6

〔註135〕文中的「鐵卵」就是「淡水阿婆鐵蛋」。它的創始人是當地楊碧雲女士於無意
　　　　中將原本應滷 1～2 小時的滷蛋滷得太久，使得滷蛋都變得黑黑硬硬的，但沒
　　　　想到這硬硬的滷蛋吃起來反而更香更 Q 更好吃，於是將它取名為「鐵蛋」來
　　　　賣，還因此成了淡水地區的名產。

〔註136〕葉日松，《秀姑巒溪介人生風景》（花蓮：花蓮縣政府，2006 年 6 月），頁 72
　　　　～75。

意思是說：關渡大橋的功課非常忙，接了東邊的客人，西邊的客人接著就來到來，像請客的流水席，整年的人潮，比淡水河的水還多。紅紅的太陽掉入海裡，人們在黃昏後約會，右岸的燈火邀請天上的星星下來逛老街；左岸的燈火閃個不停，想要邀每一個夜遊的船詩人來喝酒，有人喝左岸的咖啡，有人吃右岸的「阿給」、「鐵卵」和魚酥；淡水的夜景，燈火照燈火，左岸喊右岸，悠悠的河水讀星月，溫柔的海風畫大橋，聊天沒有人打擾，安安靜靜到天光。

　　葉日松把淡水夜景用擬人的手法，描繪得豐富多彩而熱情，讓人有一股出訪淡水的衝動，一方面有淡水河兩岸的名產——左岸的「八里咖啡」和右岸具有淡水特色的「阿給」、「鐵卵」、「魚酥」等一般人到訪時都會品嚐的食物融入詩作之中，使讀者會心微笑而達到推廣的作用；一方面則從自然景象中的「紅紅的日頭」、「淡水河的河水」、「悠悠的河水」、「星月」、「燈火」、「溫柔的海風」找擬人的主角，這是詩人用他開闊的胸襟，向奧妙的宇宙索取多元資料而得，自然能成就一篇篇佳作。

三、文化產業方面

　　每年四五月間，陽春飄雪的客家桐花，在北臺灣沿台三線都會熱鬧登場，凝造人與天地間最聖潔美好的相逢。純白的桐花，是北臺灣客家庄的守護神，早期客家人撿油桐子貼補家用，將桐油、桐木作爲紙傘塗料和用具材料，是客家的一級產業。行政院客家委員會從 2002 年首次舉辦客家桐花祭以來，在「深耕文化、振興產業、帶動觀光、活化客庄」上，創造了卓越的成績〔註137〕，尤其提出「語言」、「文化」、「產業」三主軸結合，作爲推動客家事務的重心，特別具有文化的深層意義。

　　爲了強化二〇〇四客家「油桐花」活動的藝術層次，推廣傳唱優秀的客家山歌。行政院客家委員會曾經特別公開徵求「賞桐花，唱山歌」的優秀山歌歌詞，而「油桐花」（現代詩）的朗誦活動也分別在桃竹苗各地區熱烈展開。葉日松爲此寫作了多篇關於「油桐花」的詩作，如〈桐樹下份家啦〉〔註138〕收錄於《臺灣故鄉情》中，同詩集中還有〈桐樹下話家常〉、〈童年介桐花，到今還恁香〉、〈客家樹客家花〉、〈桐樹情〉、〈油桐花〉等篇是類似的作

〔註137〕參考客委會網站資料 http://tung.hakka.gov.tw/ct.asp?xItem=8439&CtNode=696&mp=102&ps=
〔註138〕葉日松，《臺灣故鄉情》（花蓮：花蓮縣吉安鄉公所，2004 年 6 月），頁 16～17。

品。以〈童年介桐花，到今還恁香〉來說，他的客家原文是這樣的：

> 桐樹有情送花香／花雨飄落火車箱／火車隆隆過／陪𠊎一庄過了
> 又一庄
>
> 天地有情送花香桐花／懷念跈車箱／火車隆隆過／載𠊎轉去童年
> 介故鄉
>
> 童年夢　在家鄉／桐花香　飄遠方／童年介桐花／到今還恁香
> 〔註139〕

意思是說當年桐樹像有情感的人一樣送來花香，油桐花瓣飄落在車廂裡，火車隆隆駛過，陪我過了一個又一個的村莊；多年以後，天地有情送花香，令人懷念的花香彷彿在車廂中瀰漫，火車隆隆駛過，載我回到童年的故鄉；童年的夢，還深鎖在記憶中的故鄉，桐花的現實香味雖然已經飄向遠方，然而童年的花香，卻仍然記憶猶新。文評家邱上林說：這首〈童年介桐花，到今還恁香〉從空間的移動、時間的流逝到轟隆轟隆的火車聲響及黑色火車和白色油桐花的黑白對照，可說是內容非常豐富的一首詩。

　　因此葉日松與其他客家詩人歌頌油桐花的連篇詩作不僅為油桐花開時節帶來浪漫氣氛，點綴了四五月間臺灣民眾到客家庄賞客家花的文藝氣息，同時促進文化與產業的結合，帶來豐沛的文化產能，也是文學促進文化的最佳例證。

第五節　民俗的節慶與信仰

　　本節標題「民俗之節慶與信仰」係對照前四節「親情之浸潤與歌詠」、「生活之記實與記趣」、「自然之歌頌與抒懷」、「鄉土之頌讚與推廣」而來，因為本文認為葉日松的詩篇中有許多對於節慶及信仰的民俗活動的紀錄和感懷先祖的詩篇，讓我們對於客家先民平日艱苦奮鬥的生活及做完工作祈求上蒼保佑豐收和闔家平安的願望，能有相當的瞭解。一方面對於傳統的節慶如元宵節、冬至和過農曆年有所描寫，一方面對於客家人過完年之後及陸續掃墓的民俗、做工前祈福和完工後的謝恩習慣也有所呈現，尤其值得強調的是對於客家義民崇拜信仰中淬練，敘述客家義民公義精神的《萬古流芳在人間〈義民之歌〉》敘事詩，是首度以文學為基礎，結合民間信仰的創作。以下分成三小節說明：

〔註139〕葉日松，《秀姑巒溪介人生風景》（花蓮：花蓮縣政府，2006 年 6 月），頁 190。

一、傳統節慶的紀實

本節表達的是葉日松詩作中關於傳統節慶的內容，至少有〈秀姑巒溪四重唱〉〔註140〕、〈過冬節〉、〈餃〔註141〕粄圓〉〔註142〕、〈過新年〉〔註143〕等篇，以〈過冬節〉〔註144〕爲例，傳統的農業社會中，冬至一到，客家人和其他漢民族文化一樣，婦女們會搓湯圓慶祝，家人團聚在一起，又是一年的尾聲，家家戶戶都洋溢著歡樂的氣氛；原客家詩是：

> 過冬節／吃粄圓／吃了粄圓等過年
>
> 吃粄圓／望團圓／唔使幾久就過年
>
> 過冬節／吃粄圓／家家戶戶慶豐年

意思是冬至到了，人們吃湯圓，吃了湯圓等待年終的到來，不用多久，過年團圓的日子即將來到，可以家家戶戶歡樂慶祝豐收的年度；整首詩固然簡短，卻精確的實錄了過冬至時，客家族群的生活景象和節慶氣氛。

二、客家民俗的描寫

關於比較特殊的客家民俗方面，例如客家族群的掃墓祭祖活動，並不是一般四月五日的清明節，而是在過完年之後就陸續展開。這是一種習俗的改變，也可以說是民俗的創新。由於客家族群年輕人大多出外打拼，幾乎只有年節返鄉，尤其許多從事勞力工作或低階工作的客家人，一年可能只有過年才返鄉一次。因此，爲了節省時間和交通成本，元宵節次日就會有家族開始掃墓〔註145〕，葉日松的詩作中〈掛紙〉〔註146〕可以作爲特殊客家民俗的例

〔註140〕同註159頁61～71。

〔註141〕「餃」粄圓又寫作「接」粄圓。

〔註142〕葉日松，《佢介名仔安著臺灣》（花蓮：葉日松客家文學研究室，2002年2月），頁21；《鑊仔肚介飯，比麼介都卡香》（臺中：文學街出版社，2002年12月），頁104。

〔註143〕葉日松，《佢介名仔安著臺灣》（花蓮：葉日松客家文學研究室，2002年2月），頁22～23；《鑊仔肚介飯，比麼介都卡香》（臺中：文學街出版社，2002年12月），頁109～111。

〔註144〕葉日松，《佢介名仔安著臺灣》（花蓮：葉日松客家文學研究室，2002年2月），頁20；《鑊仔肚介飯，比麼介都卡香》（臺中：文學街出版社，2002年12月），頁102～103。

〔註145〕黃永達，《臺灣客家讀本》（臺北：全威創意媒體，2004年10月），頁526。

〔註146〕葉日松，《客語現代詩歌選》（臺北：武陵出版社，2001年2月），頁68～71。

證之一。另外，客家族群對於田事非常重視，在播種耕耘前要祈福，在農作收成完工後，也要拜謝各方神明保佑；在葉日松的詩作中〈做起工做完工〉、〈伯公伯婆〉〔註147〕、〈廟前慶豐年〉〔註148〕也可以見到客家族人重視田事的精神；而這首為「世界客屬第十四屆懇親大會」在臺灣舉行而寫的〈酒濃花香客家情〉〔註149〕詩篇，歌頌全球客屬鄉親的客家精神以及為「臺灣客家文化發展協會」推動客家文化發展，期許每一位鄉親透過母語、透過文字、利用歌聲、利用生活介點點滴滴來喚醒沉睡已久的文化內涵的〈明亮介星群〉〔註150〕等篇，也可以歸類為創新客家民俗之作。以〈做起工做完工〉為例：原客語詩是──

> 蒔田做起工／祈求風調雨順好年冬／割禾做完工／澎湃牲儀敬伯公
>
> 紙炮聲聲響／山歌鬧田庄／喊拳不在賭輸贏／人生難得快樂好時光
>
> 〔註151〕

是說插秧時，農夫有起工的儀式，是為了要祈求風調雨順有個好年；而割稻完工時，也有收工的儀式，是用豐盛的牲禮祭拜土地公；炮竹啦、山歌傳唱啦、也有不計輸贏的喊拳聲，都是表現農忙後難得的休閒與歡樂。這些內容的書寫，便是將客家族群重視農事且敬天樂觀的一面呈現出來，可以說是一種新穎的風格。

參、義民信仰寫入詩篇

本小節要討論的則是關於葉日松將客家義民信仰精神融入現代詩作，敘述客家義民公義精神的《萬古流芳在人間〈義民之歌〉》敘事詩，這部分的創作共計八首：第一首：熱寫染成一支旗（序曲）〈紅紅介血染成一支旗〉

〔註147〕葉日松，《臺灣故鄉情》（花蓮：花蓮縣吉安鄉公所，2004年6月），頁66～67。

〔註148〕葉日松，《佢介名仔安著臺灣》（花蓮：葉日松客家文學研究室，2002年2月），頁26；《鑊仔肚介飯，比麼介都卡香》（臺中：文學街出版社，2002年12月），頁86～87。

〔註149〕葉日松，《酒濃花香客家情》（臺中：文學街出版社，1998年4月），頁69～77；《客語現代詩歌選》（臺北：武陵出版社，2001年2月），頁108～118。

〔註150〕葉日松，《秀姑巒溪介人生風景》（花蓮：花蓮縣政府，2006年6月），頁130～132。

〔註151〕葉日松，《佢介名仔安著臺灣》（花蓮：葉日松客家文學研究室，2002年2月），頁24～25；《鑊仔肚介飯，比麼介都卡香》（臺中：文學街出版社，2002年12月），頁92～93。

〔註152〕，同集中還有第二首：情話綿綿〈新婚夜〉，第三首：萬古留名比花香〈萬古留名比花香〉，第四首：千人挑飯送溫情〈千人挍飯送溫情〉，第五首：〈血染大地〉，第六首：變成螢火蟲回家看家人〈化作火焰蟲轉來看大家〉，第七首：枋寮香火照射四方〈枋寮介香火射四方〉，第八首：〈用情用愛寫詩篇〉等篇。全詩八首一氣呵成，義民保鄉衛國的精神，視死如歸的氣節，躍然紙上；同時在剛強中，又有兒女情長的描寫，是一種剛柔並濟的寫法，更是將傳統民間信仰予以創新活化的新作風。

原詩從描寫義民如何下決心開始：

> 出征介腳步／行出生命介光彩／保鄉衛土介決心毋會改／硬頸介子
> 民拚到底

而臨出征前的與妻訣別：

> 天上月光靚如畫／最驚風雲起變化／想到出征／目汁雙流淋手帕

其心中的掙扎是萬般難耐：

> 萬古留名比花香／除民亂／保家鄉／家園亂／苦難當／無出戰／心
> 毋安／男子漢／志四方／夫離家／晡娘子女米糧斷／子出征／爺娘
> 心悲傷／生離死別難預卜／假使係無你／漫漫長夜難天光

最後義民仍是下定決心為家鄉效死，而家鄉的父老則是用行動來感恩感謝：

> 奉茶水／送糧草／腳步無停像春風／千人挍飯送溫情／感恩心意全
> 在不言中

接著是描述戰場刀光劍影的情景：

> 正義邪惡拚生死／刀光劍影棍亂飛／蒼天會流淚／草木也傷悲／義
> 氣風發震山河／不分客家捹福佬／血染大地心照月／壯懷也激烈／
> 見證介日頭落西山／遍地介忠魂星月來做伴

第六首是犧牲者化做螢火蟲和星星來和家人鄉人相依相伴的情形：

> 佢會化作火焰蟲／夜夜飛轉屋來看大家／佢會變成慈祥介星仔／夜
> 夜轉來打嘴鼓照顧每一儕

第七首則點出義民爺爺落籍所在，原來是義民們自己的選擇：

> 安身歇睏／義民中意邸枋寮／千年萬年／黑色令旗陪佢唱歌謠

最後一首則以七言絕句做結語：

〔註152〕葉日松，《秀姑巒溪介人生風景》（花蓮：花蓮縣政府，2006年6月），頁135
　　　　～136。

　　義民功德大無邊／萬古流芳在人間／英烈千秋照史冊／感恩香火無斷煙

總之，葉日松客語現代詩的內容，包含親情之浸潤與歌詠類、生活之實景實物和童趣懷想類、對於大自然的寫真觀察、或借景抒情及遊記的隨想抒懷，都有著力甚深的作品；而對於鄉土特產、各地名勝以及用文學作品帶動產業的嘗試也有相當的效果；至於就客家民俗活動及傳統節慶的記實及將客家義民信仰精神融入現代詩作的作法也產生了不同的風貌和風格，可以說葉日松客語現代詩的內容是多元而豐富。

第五章 葉日松客語現代詩的
　　　　形式結構

　　詩人蕭蕭認為：從一首詩的語言文字的結構來說，可以分為「情感的結構」、「意義的結構」、「語言的結構」三個層面；所謂「情感的結構」是指「要理清感動的緣由與事實」；所謂「意義的結構」則是「一種思辨、推理的過程」。詩的內容如何，可以從此理解，因此這兩種結構可以說是詩的內在結構。另外「語言的結構」則是「外現的」，可以分析的，有良好的語言結構的詩，可以避免新詩容易「晦澀」、「難解」和「支離破碎」及「有句無篇」的弊病。〔註1〕

　　「情感的結構」、「意義的結構」可以成為詩的意境的解析與立論的根據，本文擬於次一章進行深究；本章探討葉日松客語現代詩的「形式結構」就是從「語言的結構」來著眼。

　　另外從戰後同世代詩人的寫作模式來看，由於現代詩人的關懷視野由遙遠而變為切近，取材選擇由保守而漸趨開放，語言風格也變化多樣，因此表現的形式由單純而繁複。他們的作品從數百行到數十行，由數十行到兩三行，詩的形式從自由體、散文體、回文體、十行體、十四行體、五行體、古詩新詩交叉體、四言體、圖象詩、小詩、組詩、論文體、錄影詩體、上下文集合體，以至方言詩……等等，真的是名堂眾多，不一而足，其勇於嘗試變換的

〔註1〕　這段話是從蕭蕭的《現代詩學》(台北：東大，1998年再版)，頁326整理出來的看法。

勇氣和膽識，令人嘆爲觀止〔註2〕。其中，也有眾人所津津樂道的形式層疊，
非常有特色，茲舉例說明如下：

　　一、葉維廉用「的」字構築出層疊之象，文句簡短，行數增多，明確清
晰的表現層疊之美。

　　　　遙遠的
　　　　浪花裡

　　　　有船
　　　　若出其中
　　　　有輕輕的
　　　　叫喚
　　　　若出其裏（錄自〈溢出〉第四節）

　　二、林亨泰用一句相同的話重複三次，卻排列成六行，是以最單純的存
在，最基本的形式，顯示層疊之美：

　　　　防風林　的
　　　　外邊　　還有
　　　　防風林　的
　　　　外邊　　還有
　　　　防風林　的
　　　　外邊　　還有（錄自〈風景〉之二）

　　三、白荻則以圖象來表示意境，嘗試用文字的視覺效果表露流浪者與巨
大空間對比而產生的卑微感和無家可歸的哀傷：

　　　　　　　在
　　　　　　　地
　　　　　　　平
　　　　　　　線
　　　　　　　上
　　　　一株絲杉
　　　　　　　在
　　　　　　　地

〔註2〕白靈 http://www.ntut.edu.tw/~thchuang/WPB/main.htm

平

線

上（錄自〈流浪者〉第二節）〔註3〕

然而葉日松客語現代詩的「語言結構」的表現形式比較單純而質樸，在分段與分行的圖像方法上和表現技巧上，與上述現代詩人的模式，是走不同的風格而自有風華；本文發現葉日松客語現代詩詩作的語言形式，有許多單純採用三言、或三言與五言、或三言五言與七言，錯落雜用的形式上的特色。而這些方法，是否有什麼特別的用意？節奏和詩情是否和字數有相當的關聯？這是本章第一節要探討的重點。

　　另外，因為葉日松客語現代詩的篇幅大多短小，有的詩篇一段四行或五行，有的兩三段八九行，超過三十行以上的詩篇占的比例很少。這樣的寫作特色在客家文學有什麼價值？

　　「客家山歌」是客家民間文學重要而且豐沛的資產，葉日松客語現代詩的詩作中，是否有相關的篇章與客家山歌的書寫方式相符者？其傳承的價值何在？這是本章第三節要討論的重點。

第一節　字數與詩的形式

一、三言為主，四言、五言、七言為輔的詩篇

　　現龍系列《樂在詞中》的廣告詞說：「童謠包括趣致生動的民間童歌及以前啓蒙讀本《三字經》的節錄片段，內容多樣，節奏感強，可朗誦。」〔註4〕兒童文學兼客家童謠研究者吳聲淼認為：

> 客家童謠在句式方面，我們可以從整齊或不整齊的句數來看，像三言、五言、七言等固定的字數，有整齊的美；而不固定字數（雜言）的，則有錯綜的美。只要念起來琅琅上口，都是好的句式。客家童謠的句子以三言、五言及七言為主：三言句簡短且能表達完整的意思，非常適合兒童朗誦，如《牽豬哥》；五言句雖然常出現，但大都

〔註3〕陳啓佑，〈新詩緩慢節奏的形成因素〉，《渡也論新詩》（臺北：黎明文化，1983年9月），頁13。

〔註4〕現龍系列是一個幼兒教學的網站 www.dragonwise.hku.hk/dragonwise/p4index.htm

掺雜一些三言或七言的句子，全首七言句的童謠反而較多，究其本源，可能來自客家民謠；最普遍的是混合句的童謠，一首三言句開頭的童謠，中間或結尾，往往夾雜五言或七言的句子，這跟兒童的天性有關，活潑的心靈耐不住呆板、枯燥；一成不變的句子，反而束縛了孩子自由的心，兒童喜歡隨自己的意思，愛怎麼念就怎麼念，因此，採混合句的客家童謠，為數最多，如《月光華華》。從附錄一中我們可以看出這廿一首峨眉地區客家童謠，對於句式的要求是十分自由，這可能是客家童謠偏好三、五、七言所組合的雜言，不受格律的限制有關。〔註5〕

另外依筆者與葉日松深度訪談〔註6〕，獲悉其幼年時期曾經有一整年的時間在漢文老師阿基先生嚴格要求下，用客家母語背誦童《三字經》、《百家姓》、《唐詩》、《四書》、《增廣賢文》、《四言雜記》、《幼學瓊林》等教材，葉日松也自陳：

> 每當我們背誦到那些優美的詩句或文句時，內心便會感到無比的舒暢愉快。〔註7〕

這裡所提到內心的愉快舒暢，本文認為是一種啟發，是一種對於文學的歡喜的引領，當然是一種啟蒙，更是一種深深耕耘在心田的幼芽，使得葉日松得以沉浸、吸納而由一顆文學幼芽日後終成為一棵著作等身的文學大樹。〔註8〕

而由史稱「天才超逸，下筆萬言」的司守謙所編的〈蒙學韻書—東韻〉來看：

> 天轉北，日升東。（三　三）
>
> 東風淡淡，曉日濛濛。（四　四）
>
> 野橋霜正滑，江路雪初融。（五　五）
>
> 報國忠臣心秉赤，傷春美女臉消紅。（七　七）
>
> 孟軻成儒，早藉三遷慈母力，曾參得道，終由一貫聖人功。（四　七　四　七）
>
> 清暑殿，廣寒宮。（三　三）
>
> 詩推杜甫，賦擬楊雄。（四　四）

〔註5〕 吳聲淼：〈峨眉地區客家童謠初探〉http://www.fgu.edu.tw/~wclrc/drafts/Taiwan/wu/wu.htm

〔註6〕 見附錄四訪談記錄整理。

〔註7〕 葉日松，〈客家漢文先生〉，《摩里沙卡的秋天》，頁187。

〔註8〕 本文第二章第三節〈葉日松之文學情緣〉：葉日松與「文學啟蒙」的私塾先生之記述。

人情冷暖異，世態淡涼同。（五　　五）

絲墜槐蟲飄帳幔，竹莊花蝶護房攏。（七　　七）

高士遊來，履齒印開苔徑綠，狀元歸去，馬蹄踏破杏泥紅。（四　七　四　七）

龍泉劍，烏號弓。（三　　三）

春儺逐疫，社酒祈豐。（四　　四）

笛奏龍吟水，箭吹風嘯桐。（五　　五）

江面漁舟浮一葉，樓台譙鼓報三通。（七　　七）

時當五更，庶尹拱朝天闕外，漏過半夜，幾人歌舞月明中。〔註9〕

（四　七　四　七）

原來從明清時代的孩童的啓蒙教材《訓蒙駢句》，主要是對兒童進行駢句訓
練，也就是爲將來作文作詩打基礎的背誦教材。這份教材，是按韻部順序，
由三言、四言、五言、七言、十一言的五對駢句組成一段，每韻二段。詞語
平仄對仗工整，想像力異常豐富，的確無懈可擊〔註10〕，從它的形式來說，
也看得出每一個韻目的教材篇章各分成三大段，是由三言、四言、五言、七
言、十一言所組成的駢體雜文。葉日松幼年時期所學習的傳統蒙學教材，是
否與這種韻文的學習效果相同或有相關，目前尚待澄清，然而從《訓蒙駢句》
的三言、四言、五言、七言、十一言短語雜文併陳，和葉日松客語現代詩的
詩作中的短語雜文現象是一致的，可見古今兒童對於教材的節奏感和朗讀的
字數或短語的雜陳也是相符的；因此葉日松創作客語現代詩，是以提供國內
中小學鄉土語言老師當作鄉土語文教材爲重要目的之一，而希望能得到與當
年學習傳統蒙學教材相同的學習效果的深刻用心，是值得重視的。以下單就
其中詩作的字數和詩作的意境作相關的分析：

　　葉日松客語現代詩的詩作中有許多三言爲主，四言、五言、七言爲輔的
篇章，如〈桐樹下　份家啦〉〔註11〕、〈娘婆草〉〔註12〕、〈學踱踱〉〔註13〕

〔註9〕　司守謙所編的蒙學韻書 http://home.educities.edu.tw/bise/big5/books/xunmeng/
　　　　xunmeng.htm

〔註10〕　同上註。

〔註11〕　葉日松，《臺灣故鄉情》（花蓮：花蓮縣吉安鄉公所，2004 年 6 月），頁 16～
　　　　17。

〔註12〕　葉日松，《臺灣故鄉情》頁 134～136；《鑊仔肚介飯，比麼介都卡香》（臺中：
　　　　文學街出版社，2002 年 12 月），頁 172～173。

〔註13〕　葉日松，《佢介名仔安著臺灣》）頁 18。《鑊仔肚介飯，比麼介都卡香》，頁 24
　　　　～25。

等，茲分別敘述如下：

（一）以〈桐樹下　份家啦〉為例

桐樹下　份家啦（三　三）

搞泥沙　鼻桐花（三　三）

𠊎騎馬　載阿爸（三　三）

你煮茶　請麼儕（三　三）

拈桐子　轉屋家（三　三）

賣介錢　阿姆拿〔註14〕（三　三）

這首童謠在本文第三章第二節第三項〈客家族群的生活印象〉中已有論述，在此僅列出其字數以明示全詩為三言的情形。

（二）以〈娘婆草〉為例

娘婆草（三）

開娘花（三）

開介花（三）

像雪花（三）

飛來飛去（四）

飛到滿天下（五）

娘婆草（三）

開娘花（三）

開介花像掃把（五）

風一來（三）

搖搖擺擺（四）

像人掃灶下〔註15〕（五）

這首童謠全詩有兩段各六行，每行一句，大部分字數是三言，音節是三－三－三－三－四－五、三－三－五－三－四－五的節奏，以三言為主而有變化。

〔註14〕葉日松，《臺灣故鄉情》（花蓮：花蓮縣吉安鄉公所，2004 年 6 月），頁 16～17。

〔註15〕葉日松，《臺灣故鄉情》（花蓮：花蓮縣吉安鄉公所，2004 年 6 月），頁 134～136；《鑊仔肚介飯，比麼介都卡香》（臺中：文學街出版社，2002 年 12 月），頁 172～173。

詩意是描述秋天芒草開花的情景，芒草開的花白白的，像雪一樣，飛來飛去飛得滿天都是；它開的花還像掃把一樣，有很多細細的小枝條，風一吹來，它的身體搖搖擺擺，像人打掃廚房一樣。

　　這首詩的描述是寫物詩，兩段的前兩行用的是重複的形式，令人感到層疊之美，用譬喻修辭寫芒草開花的狀態，像雪花也像掃把，雪花四處飄散似乎沒有實用性；然而實際上，芒草花花絮散落後所剩的綿細的花梗，集結之後正好可以用來綁成「輕便掃把」，打掃家裡比較細微的角落；所以詩人雖然用「像人掃廚房」的姿態來形容搖擺的姿態，其實也同時說明了當時農業社會的客家族群，善用自然資源的生活態度。

　　（三）以〈學蹀蹀〉為例

　　　　學蹀蹀 （三）

　　　　遽遽大 （三）

　　　　細姆孲 （三）

　　　　地泥下 （三）

　　　　毋使驚 （三）

　　　　毋使怕 （三）

　　　　細心細膩 〔註16〕（四）

　　　　學鵝孲 （三）

這首童謠全詩只有一段八行，每行一句，大部分字數是三言，前六行是三言，而最後一行是四言，節奏是一二三、一二三、一二三、一二三、一二三、一二三、一二三四，一二三。前六行等速度的進行又有點焦急的感覺，彷彿學走路時固定的又不太穩定的練習的樣子，最後終於舒緩下緊張的情緒。而逐句解釋的句意是描述小娃兒學走路的情景，小孩子啊在地上，學走路，快快長大；不要擔心、不要害怕，只要小心注意，就沒有關係。

　　這首可愛的小詩的意境可以從幾個層次探討，第一層是描寫小娃兒從褓褓時期變成幼兒，學走路的動作，這種蹣跚學步的，雙手慢慢要脫離大人的扶持，雙腳要一步一步踏出去的動作，客家語的詞彙叫做「學蹀蹀」（hok[5] tia[11] tia[55]），從小娃兒本身的學習過程來說，是「學蹀蹀」。

　　第二個層次是陪伴觀察小孩成長的長輩或父母者看到細人仔（小娃兒）

長大了，本來不久前才在地上爬的呀！小孩子成長的速率在這個時期怎麼這麼快！這麼快就要學走路了！長輩看到細人仔蹣跚學步，此刻的心情應該是一方面期待，一方面又感到欣慰；一方面要鼓勵小娃兒勇敢嘗試，努力的踩出穩健的步伐，告訴他，明確的指引他，只要小心謹慎，就不用害怕！另一方面自己又不敢太放鬆，仍然要細心謹慎的守護著，在他隨時需要的時候，協助他、扶持他。這時大人口上會說：「蹀──蹀」！「蹀──蹀」！這正是為人長輩的既期待又怕受傷害的心情啊！有一句客家俗諺說：「爺娘想子女像長江水，子女想爺娘沒擔竿長。」而「蹀蹀」這個多面含意的客家詞彙，更加彰顯這首詩的多義性。

葉日松客語現代詩的詩作中以這種三言為主，四言五言七言為輔的篇章，數量非常多，可以說是他的風格之一。

二、字數不拘的自由句

葉日松客語現代詩的詩作中有更多字數不拘的自由句的篇章，如〈芋荷葉〉、〈血染大地〉〔註17〕、〈新竹米粉名聲遠〉等多篇，也相當有特色，亦將其茲分別敘述如下：

（一）以〈血染大地〉為例

風起雲湧上戰場（七）

一心為家鄉（五）

正義邪惡拚生死（七）

刀光劍影棍亂飛（七）

蒼天會流淚（五）

草木也傷悲（五）

義氣風發震山河（七）

不分客家挷福佬（七）

血染大地心照月（七）

壯懷也激烈（五）

見證介日頭落西山（八）

遍地介忠魂星月來做伴（十）

〔註17〕葉日松，《秀姑巒溪介人生風景》（花蓮：花蓮縣政府，2006年6月），頁143～144。

　　求仁得仁　求義得義（四　四）

　　義民無孤單（五）

這首詩篇全詩只有一段十四行，每行字數不一致，前七行的字數是七－五－七－七－五－五－七；而後七行則是七－七－五－八－十－四－四－五，在不一致的字數中，以五言和七言為主，而顯得有節奏感。

　　這首〈血染大地〉是葉日松取材自客家民間信仰「義民爺」而作的《萬古流芳在人間（義民之歌）》系列。本系列以敘事詩呈現，一方面歌頌義民為鄉土犧牲奉獻的精神，萬古流芳而永在人間，是一方面則是葉日松寫作客語現代詩的另一種嘗試。本詩分八個篇章：一、熱血染成一支旗一序曲；二、情話綿綿；三情萬古留名比花香；四、千人挍飯送溫倩；五、血染大地；六、化作火焰蟲轉來看大家；七、枋寮介香火射四方；八、用情用愛寫詩篇；〈血染大地〉是其中的第五篇。

　　義民信仰是臺灣客家族群的主要民間宗教信仰，不但歷史悠久，而且根深柢固。每年農曆七月二十日的「義民節」在新竹縣新埔地區的褒忠亭義民廟皆有盛大的祭典，甚至連居住在繁華的首善之都的臺北市客家鄉親，至二○○七年止，也連續在臺北舉辦了長達二十年「義民祭」的祭祀活動〔註18〕。

　　有關「義民」的起源，根據文化學者陳運棟的說法，係指乾隆五十一年林爽文騷動事件〔註19〕發生時，客家子弟為保衛家園而產生的民間自衛群體，許多熱血青年千里迢迢南下作戰，並壯烈犧牲。

　　葉日松這系列從第一首序曲的〈紅紅的熱血染成一支旗〉開始，敘述客家義民們的決心為公為義的精神；第二首是描寫義民先輩出征前夕的〈情話綿綿〉像林覺民〈與妻訣別書〉那樣的情懷；第三首敘述義民們心中的掙扎；

第四首是敘寫義民們決心爲家鄉效死，〈萬古留名比花香〉，而鄉親父老爲表達感恩之情，義務爲戰士奉茶水、挑飯等行動不絕於途；第五首詩敘述戰鬥開始，刀光劍影棍亂飛，結局是義民們奮勇殺敵，戰死沙場的情形；第六首詩是敘述犧牲者不死的魂魄，會〈化作火焰蟲轉來看大家〉，安慰家人不要太過傷心；第七首點出義民爺爺落籍的所在；最後以一首七言絕句作結。本節摘選的正是描寫戰事方酣之時，義民爺爺一心爲家鄉爲正義邪惡，在戰場拼生鬥死；戰況非常激烈，刀光劍影棍棒亂飛，這情景，可以說天地同悲，蒼天流下眼淚，草木哀泣；戰士們義氣風發震撼山河，不分客家老福佬族群，共同爲保衛家園拼戰；雖然性命已絕，血已染紅大地，但他們的心照著明月，豪情壯志非常激昂；太陽西下，遍地忠魂有星月來做伴；戰士們求仁得仁，求義得義，已爲鄉土奉獻寶貴的性命。

（二）再以〈新竹米粉名聲遠〉爲例

　　新竹米粉名聲遠（七）
　　米粉來自客家庄（七）
　　客家庄　米粉香（三　三）
　　米粉香（三）
　　獻畀鄉親來分享（七）

　　吃米粉　來新竹（三　三）
　　煮介食一碗（五）
　　炒介食一盤（五）
　　還想食　無困難（三　三）
　　歸箱帶轉屋（五）
　　一點無麻煩〔註20〕（五）

這首詩共有二段，第一段五行，字數的安排是七－七－三、三－三－七，完全採用三言和七言的節奏來分配，旋律輕快而自然；第二段六行，分成兩小段的重疊，前三行和後三行完全一樣的字數安排，是三、三－五－五，再一次三、三－五－五的字數安排，這樣特殊安排的節奏顯然有疊句的美感。

　　這首詩從生活角度出發，書寫名聞遠近的「新竹米粉」。原來「新竹米粉」

〔註20〕葉日松，《臺灣故鄉情》（花蓮：花蓮縣吉安鄉公所，2004 年 6 月），頁 152～153。

其實是和客家族群的生活息息相關。因為新竹地區秋冬時期經常吹落山風，居民將處理過的米粉條，一方面曝曬於強烈的陽光下，一方面被強勁的落山風吹乾，這樣經過曬乾與風乾的過程，米粉特別香 Q 有勁，竟也產成了地方特產。所以這種利用自然資源，發展出的特別的食材特色，特別的值得推廣。尤其在臺灣現代社會中，「米粉」這個食材是日常生活中非常普遍的食材，詩人能在平淡平凡中書寫其特色，則詩和「米粉」各享相得益彰的效果。

這首詩是說新竹米粉名聲遠播，其實米粉來自客家庄；米粉的香味瀰漫了全客家庄，可以獻給鄉親來分享；想吃米粉時，就來新竹吧！煮的，吃它一碗，炒的，也吃它一盤，如果意猶未盡，想再來一些，也完全沒有困難，因為也有乾貨備用，整箱帶回家都可以，一點也不會麻煩！

葉日松客語現代詩裡這類自由字數安排的詩篇，數量極其龐大，例如〈打水漂仔揼石頭〉、〈佢介名安著臺灣〉、〈春天〉、〈雲介心情〉、〈相思樹〉、〈蒔田〉、〈蜗仔聲、讀書聲、舂米聲〉、〈黃昏介故鄉〉、〈坐三等火車　介心情〉、〈捨唔得分割介臍帶〉、〈阿爸像一頭大樹〉、〈竹揚尾仔〉、〈第一隻時錶〉、〈看到月光佢就想起爺娘〉、〈五月雪〉、〈人生路〉、〈雨中介田野〉、〈快會落山介日頭〉、〈落花〉、〈佇台北車頭等車〉、〈客家美食盡風光〉、〈淡水夜景〉、〈年三十暗晡〉、〈做起工做完工〉、〈廟前慶豐年〉、〈明亮介星群〉、〈新婚夜〉、〈化作火焰蟲轉來看大家〉、〈掛紙〉、〈犁〉、〈數字歌〈一〉〉、〈數字歌〈二〉〉、〈思親曲〉、〈思念阿爸阿姆〉、〈過端陽〉、〈中秋慶團圓〉、〈早起介小麻雀〉、〈共品蓮花介芬芳〉、〈故鄉介牛車路〉、〈阿爸像一頭大樹〉、〈阿姆介身影〉、〈牽牛花〉、〈希望暗晡夜夢到您〉、〈重遊淡水〉、〈轉老屋個就想起讀初中該三年〉、〈思念介彩筆為您畫一張相〉、〈釣童年〉、〈天頂介星仔係佢童年介玻璃珠〉、〈佢愛聽介一首歌〉、〈佢愛大自然〉、〈麥當勞〉、〈上課捯下課〉、〈夢中介小木屋〉、〈相思樹，流目汁〉、〈風，畫圖〉、〈雷公瞇爐〉、〈迎接春天介揚葉仔〉、〈風情萬種油桐花〉、〈秋天介娘婆花〉、〈春天來了〉、〈滿叔公做生日〉、〈一雙禾桿鞋〉都是。

第二節　行數與詩的形式

現代詩以形式自由為原則，不押韻不對仗，不講求格律，每句字數的多寡，每段句子的長短，詩人都有絕對的創作自由，有的採用西洋詩分行的形

式，如何分行、如何斷句，也成了現代詩人可以利用的法寶。

　　以詩的外在形式——詩作的篇幅長短來看，中西詩歌在篇幅方面有非常顯著的差異；我們習見的傳統中文詩篇，長度平均在四到十二句之間，除了漢賦不算，現存最長的中文詩《孔雀東南飛》，總共三百五十多句；而一百句以上的詩篇，例如白居易的《長恨歌》一百二十句，應該足以稱爲中國的「長詩」；然而西洋的名詩名作一百行的英詩是不能斷然稱做長篇的，像密爾頓的《李西達斯》（"Lycidas"）長達一百九十三行，但它還是被批評家公認爲「英語中最完美的長篇短詩，批評家溫特斯（Yvor Winters）（精挑細選的）《追求現實：英語短詩選集》編列短詩一百八十五首，其中超過三十五行以上的約有四十首；超過二百行的詩作如朱哀頓（John Dryden）的《馬克·夫雷克諾》（Mac Flecknoe）編者尚稱做「有點長的詩篇」（moderately long poems）；許多比《孔雀東南飛》更長的詩篇簡直不勝列舉；而敘事詩篇動輒鋪陳千行以上，例如拜倫的《唐璜》更長達一萬五千行！因此就篇幅而言，中文詩歌絕對無法和英語或其他西洋詩歌相提並論。中國人常自誇爲詩的民族，其實，漢詩源遠流長三千年，原來眞正發達的只有抒情短詩而已〔註21〕。

　　所以，到底詩的長度，詩的行數，究竟如何是好？是長達幾百行、幾千行好呢？還是篇幅短一些好？十九世紀以來的西洋文學批評史上，也有一些推崇短詩的詩人和評論家。浪漫詩人柯立芝（Samuel Taylor Coleridge）就曾率先指出：

　　　　任何長度的詩篇，都不可能也不必要全篇都是詩。〔註22〕

美國詩人坡（Edgar Allen Poe）熱烈呼應這個看法，並且進一步強調：

　　　　長詩一詞純粹只是個自相矛盾的術語。〔註23〕

他的推論是這樣的：

　　　　詩只有在藉由激勵心靈而產生振奮作用的情況下才配稱爲詩。詩的
　　　　價值恰與這種激勵振奮成正比。但由於心理機能的緣故，一切的興
　　　　奮必然都是短暫即逝的。使一首詩名副其實所需要的那種興奮程
　　　　度，不可能持續貫穿任何一部長篇作品。〔註24〕

〔註21〕 吳潛誠，〈衡論詩的長短以及詩系〉《詩人不撒謊》（台北：圓神，1988 年），頁 228～230。
〔註22〕 同上註，頁 231。
〔註23〕 同上註。
〔註24〕 同上註。

詩的價值來自於「激勵心靈而產生的振奮作用」，並不在於篇幅的長短。然而隨著資訊化社會的來臨，「輕薄短小的訴求」是普遍的特徵，這種特徵不僅表現在物質消費的層面，也呈顯在精神文化的內涵，因此小詩逐漸成爲九○年代以後的顯學，自有其內外條件的相互配合。關於小詩的嘗試與開拓，林于弘認爲：

> 小詩的語言精確，內容誠懇，且能符合快速閱讀與回味雋永的現實
> 要求，也正是它之所以風靡的主要原因。事實上，任何一種文體的
> 盛衰興滅，除了自身進化的必然趨勢之外，也脫離不了與整個社會
> 的互動與干涉。而小詩以最有限的文字空間，寓含無窮盡的豐富意
> 涵，取得應有的一席之地。是以在新世紀的諸多期待中，小詩也將
> 擔負起更重大的使命，懷抱更瑰麗的夢想。〔註25〕

西洋詩如此，中國古典詩如此，國語現代詩如此，客語現代詩也不會例外。尤其葉日松的詩作，依照其本意「一方面是用自己最真摯的情愛擁抱每一個感性的文字，讓它化育爲一首又一首清新雋永的人間之歌」，一方面是將有關客家文學中的童謠，歌詞和一般現代詩，提供給許多國小母語教學的教材所需〔註26〕，也需符合所謂「快速閱讀與回味雋永的現實要求」，以及「與整個社會的互動與干涉」有密切關係，所以本文特別專注於葉日松客語現代詩的段數與行數的問題，並將其全部詩篇的段數與行數的數字整理如附錄二，發現236首詩篇中短篇詩歌的比例非常之高。

由於「小詩」、「短篇」的行數字數雖無定論，但一九九五年六月起，台北市政府率先把知名詩人「十行以內的小詩」貼於公車上穿梭街頭，成爲年年舉辦的「公車詩選」活動，以致九○年代後期各項新興活動的徵詩行數普遍都壓縮到十行上下；而因應現代人書寫習慣有時一行高達二十字的情形，白靈、向明主編《可愛小詩選》（1997）時，不拘泥於行數而改以百字爲限，是另一番關於字數的原則。

葉日松客語現代詩的詩作中，最少的是四行，最多的是一○九行，大部分在三十行以下，大約佔了八成多；而有趣的是如以十行及三十行作爲兩個分界點來計算，十行以下和十行以上三十行以下則各占四成；因此本文先以十

〔註25〕林于弘，〈小詩的嘗試與開拓〉，《臺灣新詩分類學》，（臺北：鷹漢文化，2004年6月），頁327～348。

〔註26〕葉日松，：《臺灣故鄉情》頁3，頁6；《客語現代詩歌選》自序，頁3。

行及三十行作爲兩個分界點，分別論述葉日松客語現代詩的詩作中十行以下、十行以上三十行以下，及三十行以上的實際情形：

一、四行至十行

四行至十行的詩，精巧短小。依詩人向明的說法，小詩很可愛，都有可貴的童心，比較能爲人接受〔註 27〕。本文統計葉日松客語現代詩八本詩集詩作中，四行至十行的詩共計有 97 首占全部 236 首詩裡的約四成一〔註 28〕，因其篇幅較短小，本小節試列舉〈娘婆草〉〔註 29〕、〈相打〉〔註 30〕、〈愛笑又愛叫〉〔註 31〕、〈秋思〉〔註 32〕四首，並加以賞析：

第一首 〈娘婆草〉

　　娘婆草　像阿爸

　　頭那頂　開白花

　　大姑拗來送親家

　　老弟拿來份家啦〔註 33〕

這首詩只有一段四行，以字數來說，第一行三言的兩句，第二行也是三言的兩句，詩的語言節奏是三、三－三、三－七－七，可以說是完全採用三言和七言的節奏來分配，旋律自然停頓而輕快活潑；前兩行，分成兩小段的字數重疊，後兩行完全一樣的字數重疊，這樣節奏顯然富有疊句的美感。

這首詩是說，秋天的野地裡盛開的「娘婆草」花，就像爸爸白蒼蒼的頭

〔註 27〕 原文是「我和白靈合編的可愛小詩詩選要求每首詩都可愛，都能爲人接受，我們思考了種種會使一首詩可愛的各種可能，結果我們選擇了小詩，因爲我們發現凡屬小的東西都可愛，都能受人歡迎，像小孩，小鳥，小花，小草，無不是一派天眞的自然出現，沒有半點加工。可愛的小詩更是如此，詩中都有可貴的童心。」向明：《新詩後 50 問》（台北：爾雅，1998 年），頁 131。

〔註 28〕 見附錄二〈葉日松客語現代詩的詩作——按字數排列一覽表〉。

〔註 29〕 葉日松客語現代詩詩作中以〈娘婆草〉爲名的共有三篇，內容各不相同，兩首各見於《鑊仔肚介飯，比麼介都卡香》頁 20，是一首十二行的詩；及頁 172，是一首九行的詩；另一首則見於《臺灣故鄉情》，頁 134，是一首四行的詩，本小節所舉之例，即出於此。

〔註 30〕 葉日松，《佢介名安著臺灣》，頁 88；《鑊仔肚介飯，比麼介都卡香》，頁 244。

〔註 31〕 葉日松，《佢介名安著臺灣》，頁 90；《鑊仔肚介飯，比麼介都卡香》，頁 238。

〔註 32〕 葉日松，《客語現代詩歌選》，頁 121；《酒濃花香客家情》，頁 134。

〔註 33〕 葉日松，《臺灣故鄉情》（花蓮：花蓮縣吉安鄉公所，2004 年 6 月），頁 134～136；《鑊仔肚介飯，比麼介都卡香》（臺中：文學街出版社，2002 年 12 月），頁 172～173。

髮；大姑把「娘婆草」花折下來送給親家，而弟弟則把「娘婆草」花折下來玩家家酒。「娘婆草」就是普通話的「五節芒」，是一種臺灣各地常見的野草植物。每到秋天，「五節芒」的花盛開，白茫茫一片。詩人一來從童趣角度，想像孩子的天眞浪漫想法，而有「像爸爸白蒼蒼的頭髮」的譬喻；一來從實用的角度，說明大姑採下花梗做成掃把送給親家，弟弟則是把他拿來當成玩家家酒；詩人這樣雙面呈現的手法，可以說是純眞而自然。

第二首〈相打〉

細人相打頭對頭
相打打輸轉去投
愛投愛投去車頭
叩一瘦
轉來**拗偓**洗鍋頭

細人相打頭對頭
相打打輸轉去投
愛投愛投去車頭
踏冇正　　叩一瘦
轉來**拗偓**洗鍋頭

這首詩有兩段十行，第一段五行，以字數的安排來說第一到五行的字數各是：7－7－7－3－7，一二三行都是七個字，到了第四行突然變成三個字，可見這事情很奇怪，也表示有情緒起伏之處；第二段整段都和第一段內容幾乎相同也是五行，只有在第四行又強調三言而且重覆，足以表示詩人刻意在兩段重複的詩句中，作一句關鍵的變化。

第三首〈愛笑又愛叫〉

愛笑又愛叫
鴨麻打孔竅
湖鰍鑽落泥
阿舅著紅鞋

這首詩也只有一段四行，以字數來說，各行都是五言，詩的語言節奏具有整齊的規則之美；以押韻來說，這首詩一二行押【eu】韻，韻腳字是「叫－eu」，「竅－eu」；元音的舌位口型是由前元音「e」到韻尾的後元音「u」，屬於上升

複韻母的發音型式；而第三、四行押「ai」韻，押韻的韻腳字是「泥－ai」、「鞋－ai」；元音的舌位口型是由韻腹的低元音的「a」，到韻尾的高元音「i」，也是屬於上升複韻母；因此四行短短的詩，雖然隔兩行就換韻，但韻腳停頓及連接之處，卻同屬於上升複韻母，唸起來非常順口自然。

這首詩是一首仿傳統形式的客家童謠，客家童謠充滿了特殊的趣味，依鄧榮坤的說法認為：「童謠，以趣味性居多，雖然有許多不合乎世俗民情，由於歌詞淺顯，旋律活潑輕快，普遍受到小朋友的喜愛〔註 34〕。」本文認為這首詩的詮釋，可以有許多面向。第一，可以說是孩子們同儕間的互相嘲弄，說某某人又愛哭又愛笑，就像母鴨搖屁股走路的顛簸畫面，又像滑不溜丟的泥鰍在泥裡鑽鑽來鑽趣的景象，既可憐又可笑；也像那穿著紅鞋子的舅舅，不男不女的樣子，實在諷刺極了；另一個面向，則是長輩照顧幼兒時，為了哄逗小孩或安撫其情緒，就無厘頭式的，編了一些押韻的詞，讓孩子開心，其慈愛之情，可以從詩中會意出來。

第四首〈秋思〉

　　蘆荻翻起阿爸阿姆頭上介白花
　　楓葉燦爛成故鄉介彩霞
　　雁子尚且知得南歸
　　遊子豈可忘家

　　浪跡天涯
　　你係偓唯一介牽掛
　　月冷露重
　　冇人拷偓圍爐閒話

這首詩有兩段八行，第一段四行，以字數的安排來說第一到四行的字數各是：13－10－8－6，呈遞減兩字的規則倒三角的外形；第二段也是四行，字數的安排則是4－8－4－8，詩的語言節奏整齊的變化之美。

這首詩是一首思念父母的詩篇，是說看到秋天蘆荻的白花，就想起父母花白的頭髮；看到楓葉，就想起故鄉的彩霞，雁子到了秋天都會飛返南方的家，遊子怎麼會忘記回家？我浪跡天涯，遊歷四方可，你們就是我唯一的牽掛。擔心的是：天氣變冷了，露水也重了，不知你們有否添加衣物？擔心的

〔註 34〕鄧榮坤，《客家歌謠與俚語》，（臺北：武陵出版社，1995 年），頁 98。

是：沒有人陪你們圍爐團聚，你們會寂寞而孤苦啊！

二、十行以上三十行以下

　　本小節要討論的是葉日松客語現代詩作中，行數「十行以上三十行以下」的詩篇，依〈附錄二葉日松客語現代詩行數排列一覽表〉統計得知：葉日松客語現代詩「十行以上三十行以下」的詩共計有 106 首，占全部 236 首詩裡的約四成五，以下試列舉〈客家美食盡風光〉〔註35〕和〈花花世界新住民——波斯菊〉〔註36〕兩首為例，並加以賞析：

　　第一首〈客家美食盡風光〉

　　　　臺灣美食鄉（ioŋ）
　　　　散落各地客家庄（oŋ）
　　　　口味鹹、油、香（ioŋ）
　　　　到今還係恁風光（oŋ）

　　　　炆筍乾　用肥腸
　　　　炆豬肚　用鹹菜（oi）
　　　　炆菜頭　用排骨
　　　　炆爌肉　係上等菜（oi）

　　　　薑絲炒大腸
　　　　炒肉人人愛（oi）
　　　　豬肺炒黃梨
　　　　鴨紅炒韭菜（oi）

　　　　米食花樣多（o）
　　　　色香味　水準高（o）
　　　　粄條　米篩目
　　　　艾粄　發粄　糯米糕（o）
　　　　菜包　紅粄　九層粄

〔註35〕葉日松，《臺灣故鄉情》（花蓮：花蓮縣吉安鄉公所，2004 年 6 月），頁 154。
〔註36〕葉日松，同上註，頁 32～35。

客家美食　菜單還盡多（o）
不如大家共下來唱一條老山歌（o）

這首詩有四段共十九行，第一段四行，字數的安排是：5－7－5－7，呈規則節奏，押「oŋ」韻，韻腳字是「鄉」、「庄」、「香」、「光」，音效非常響亮；第二段四行，字數的安排是用短句，每行三言的形式 3－3、3－3、3－3、4，詩的語言節奏輕快整齊，押「oi」韻，韻腳字是第二、四行的同字「菜－ts'oi」；第三段也是四行，字數的安排也是用短句，但是以每行五言的形式 5－5－5－5，詩的語言節奏又呈現整齊的規律，沿用上段的韻「oi」韻，韻腳字是第二、四行的末字「愛－oi」、「菜－th,oi」；第四段變化較大，共有七行，字數的安排是以三言爲主，各行的字數是 5－3、3－3、3－2、2、3－4、5－13，本段採用「o」韻來呈現歌頌傳揚情緒，韻腳字是第一、二、四、五、六行的末字「多－o」、「高－o」、「糕－o」、「多－o」、「歌－o」，詩的語言節奏錯落有致。

　　這首詩是一首頌讚客家美食的詩篇，第一段用總的方式點出臺灣的美食散落在各地的客家庄，傳統口味的鹹、油、香到現在還非常風光非常受歡迎；第二三段則分別說到最有特色的客家菜的「四炆」──「炆筍乾」、「炆豬肚」、「炆菜頭」、「炆壙肉」和「四炒」──「薑絲炒大腸」、「青菜炒肉絲」、「豬肺炒黃梨」、「鴨紅炒韭菜」，第四段更仔細介紹各樣米食，最後還意猶未盡的順便帶入客家山歌的傳唱風情，不僅用文字之「美」與客家風味之「食」結合，還巧妙的帶出「不如大家共下來唱一條老山歌」，融合客家文化特色於一詩。

　　第二首〈花花世界新住民──波斯菊〉
　　你來自遠方
　　來自盡遠盡遠介所在
　　安著「波斯」

　　你翻山越嶺　漂洋過海
　　來到這位（這裡）
　　請問你會心焦麼（嗎）

　　在這位

你係一位人見人愛介新住民

這位介人愛你　你愛這位介每一儕

這位介水土　這位介氣候

這位介人情味

會黏人　會醉人

你講你愛佇這落地生根

捱這繁衍　佇這傳宗接代

　　所有介人　共嘗甜蜜　共享幸福

你介子民　你介後代

隻隻生到清純脫俗　高雅秀麗

你擁有介特別氣質　別儕無

你擁有介特別風韻　別儕無

這位係你介家

你愛這會粘人介所在

你**捱**大家和和樂樂地久天長

無論係先來介油茶花、油桐花

杜鵑花、百合花、**捱**櫻花

抑係後來介薔薇、玫瑰、菊花、蘭花、鬱金香**捱**其他介花

大家都愛將這片土地打扮出萬紫千紅

大家都愛用自己生命介彩筆

畫出一年四季生生不息介圖案

畫出這片土地介靈秀**捱**壯麗

這首詩有六段共二十九行，第一段三行，字數的安排是：5－9－4，呈不規則節奏，用疊詞「來自」、「盡遠」表現反覆與強調；第二段三行，字數的安排是 5、4－4－7，也呈現不規則節奏；第三段是九行，字數的安排也是長短句交參，3－12－6、8－5、5－5－3、3－10－4、6－4、4、4，詩的語言節奏有輕快有旋盪；輕快之處是第四行和第五行的「這位介水土」、「這位介氣候」、「這位介人情味」及第六行的「會黏人」、「會醉人」等同類疊句的反覆效果，

旋盪之處是本段第七、八、九行的四字詞彙「落地生根」、「挷這繁衍」、「傳宗接代」、「共嘗甜蜜」、「共享幸福」。

第四段四行各行的字數是 4、4－8、4－8、3－8、3，第一行是類句的反覆，第二行有疊字「隻隻」的反覆，第三四行則是類似疊句的呈現，所以整段呈現類疊的效果；第五段三行各行的字數是 6－9－12，字數每行遞增三字，所以外形呈現正三角形；第六段是七行，字數的安排也是長短句交參，各行的字數是 9、3－3、3、3－7、2、2、2、8－16－12－13－12，顯出花的種類的多元和落地生根之後的情感的綿長。

這首詩的大意是說「波斯菊」來自非常遙遠的地方，應該可以說是翻山越嶺漂洋過海而來。不知道它會不會心焦，會不會想家？它是一位人見人愛的新住民，這裡的人愛它，它也愛這裡的每一位；這裡的水土、這裡的氣候、這裡的人情味彷彿會黏人、會醉人；詩人用擬人法說：你講你要在這裡落地生根在這裡繁衍，在這裡傳宗接代，和所有的人，共嘗甜蜜、共享幸福；詩人再用擬人法說：「波斯菊」的子民後代每個都清純脫俗、高雅秀麗；你擁有別的花沒有的特別氣質，擁有別的花沒有的特別風韻，這裡是你的家！你愛這會粘人的地方，你會和大家和和樂樂地久天長的相處！無論是之前先來的油茶花、油桐花、杜鵑花、百合花、櫻花還是後來的薔薇、玫瑰、菊花、蘭花、鬱金香和其他種種的花；大家都要將這片土地打扮出萬紫千紅，大家都要用自己生命的彩筆畫出一年四季生生不息的圖案，畫出這片土地的靈秀和壯麗！

三、三十行以上

本小節要討論的是葉日松客語現代詩作中，行數「三十行以上」的詩篇，依〈附錄三　葉日松客語現代詩行數排列一覽表〉統計得知：葉日松客語現代詩「三十行以上」的詩共計有 34 首，只占全部 236 首詩裡的約一成四，其中百行以上的詩也只有兩首。試列舉〈月給〉〔註37〕和〈用人間介熱情孵出世紀介第一之日頭〉〔註38〕兩首為例，並加以賞析：

第一首〈月給〉

　　師範畢業該年

〔註37〕葉日松，《秀姑巒溪介人生風景》，頁 82～87。

〔註38〕葉日松，《佢介名安著臺灣》，頁 40～48。

偓吂滿廿歲
廿歲做先生
阿爸阿姆拕阿婆當歡喜
祖公傳下來
偓係第一個在公家機關食月給介人
偓會做先生
全係祖先介庇蔭
雙親介恩情大過天
永久不能忘

第一擺領月給
新台幣四百個銀
偓內心介激動
久久不能平息
轉屋一落門
就用恭敬介雙手
將月給袋原封不動交畀阿姆
無想到
佢也阻擋不了自家介感動
流下苦盡甘來介目汁
該暗晡
茅屋肚　燈盞下
一家人　四方桌
圍成一幅溫馨介畫面

耕種介家庭
除了糶穀之外
也無其他介收入
偓介月給就變成了全家生活介所費
一隻月過了一隻月
一年過了又一年

月給爲𠊎畫出感恩介圖騰
成歲年年從來無中斷

阿姆離開後
阿爸也過身
𠊎介月給交畀麼儕呢
想來想去
還係拿來做投資
投資畀五個細孲仔
希望佢兜　永久愛記得爺娘介恩情
隻隻有孝心　隻隻好名聲

這首詩有四段共四十行，第一段十行，字數的安排是：6－5－5－10－5－15－5－7－5－5，呈不規則的節奏，但五言和五言倍數的句子占多數，呈現自然的停頓；第二段十四行，字數的安排是 6－7－6－6－5－7－12－3－11－9－3－3、3－3、3－9，也呈現不規則節奏，以三言的句子結構爲主；第三段是八行，字數的安排是長短句交參，5－6－7－15－8－7－11－4、5，前四行字數遞增，有三角形的外形，覺得詩意濃厚，第五六行是疊詞「一隻月過了一隻月」、「一年過了又一年」，第八行是疊字「歲歲」、「年年」，有重疊的節奏之美；第四段也是八行，字數的安排是長短句交參，5－5－9－4－7－8－4、10－5、5，前三行字數爲單數，讀來很有韻律，第八行又是疊字「隻隻」的運用，有重疊反覆而熟悉之感。

第二首〈用人間介熱情孵出世紀介第一之日頭〉：

1

送走今年最後一隻日頭
看了廿世紀介最後一片彩霞
𠊎企在美崙山頂摎中央山脈對話
摎太平洋共唱一首：
「世紀末介回首
千禧年介留言」
天地恁大
𠊎恁渺小

仰般發揮
人生正唔會浪費？
盡心盡力
問心無愧

2

在世紀交換介暗晡
在二千年介最後一夜
有人在海邊
　　　　有人在山頂
有人在自家介屋肚守歲
等待介心情
像時鐘一分一秒適該跳
適該唱
有人傷感
有人歡喜
不管如何
守歲介人潮
從海邊溫暖到高山
溫暖了全部介人間

3

時間介腳步　滴嗒滴嗒
有人看手上介時錶
有人看壁項介時鐘
有人調整桌上介鬧鐘
有人對準手機介數字
守候之外還係守候
等待之外還係等待
等待時間到空白
等到零零零
等待世紀介交接

當兩針指向十二
重疊在十二介分水嶺
全世界介人都從自己介心中
發射出狂歡介火箭
向太空向所有介星球
報告人類介消息
報告世紀最大介新聞
期待其他星球介人來地球觀光
希望大家公平競爭
和平相處

4

夜，冇想愛睡
夜，陪大家守歲　冇喊瘇
海邊有搖滾
山頂有合唱
所有介人將熱誠奉獻出來
所有介人將滿心介祝福捐出來
昇海水溫暖
昇東方介天空溫暖
因為用愛　用溫暖
就可以孵出一隻圓圓　紅紅
比卵黃還卡靚還卡大介日頭
所有介人面向東方
期待新世紀介第一隻日頭
期待改頭換面介新日頭
從東方　從海平線上
用新介觀念
用新介姿態
飛躍外空
飛向人間

5

所有介人　不分種族

不分膚色

大家共樣　在日頭出來以前

祈福　祝願

希望第一條曙光來到人間介時節

世界係新介　世界

人間係新介人間

和平介人間

冇戰爭　冇暴力

冇罪惡　冇貪念

希望

高山　青翠

大海　清藍

飛禽　逍遙

走獸　悠哉

花草芬芳

河川歡唱　冇污染

交通流暢冇事故

行人唔使膽跳心驚

人佬人　相扶持

社會盡安詳

娛樂休閒品質高

旅遊觀光見聞多

家庭安樂

人權有保障

希望

經濟成長起飛

𠊎介臺灣永久富強

希望萬物共榮共存

千年萬年

只有一隻地球村

希望——

希望——

6

新世紀介第一隻日頭出來了

新年度介第一隻日頭來到人間了

送走所有介悲傷

送走所有介災難

送走所有介不如意揇目汁

面對陽光

迎風納雨

捅著幸福　捅著快樂

踏上晨光爲俚鋪好介一條人生大道

向前行

滿天介花雨在兩旁揇恩拍手祝賀

這首詩有六大段共一○九行，是葉日松客語詩作中最長的一首。它的第一段有十二行，字數的安排是：10－12－14－9－7－6－4－4－4－7－4－4，呈不規則的節奏，但雙數的句子占多數，呈現慢版的節奏；第二段十四行，字數的安排是8－9－5－5－10－5－10－3－4－4－4－5－8－8，也呈現不規則節奏，有五言和十言的句組，也有四言和八言的句組，在不規則中有句組的結構；第三大段分成兩小段第一小段十行，字數的安排是5、4－8－8－9－9－8－8－7－5－7，其中「有人……」的句型反覆了四次，「等待……」的句型也反覆了四次，可以說第一小段有重複之美；第二小段也是十行，字數的安排是 7－9－12－8－9－7－9－13－8－4，字數的安排五句中由遞增到遞減，形成兩個循環，也可以說有類疊之美。

　　第四大段十九行，表現出漫長等待的情緒，字數的安排各行是 5－9－5－5－11－13－5－8－4、3－9、2－12－8－11－10－3、5－5－5－4－4，其中幾乎每兩行就出現句組如一二行是「夜，有……」的句型反覆了兩次；三四行是「海邊……」和「山頂……」的對偶；五六行又是「所有介人將……出來」句型反覆兩次；七八行是「畀……溫暖」的反覆句型；第九行十行條件句型，也有單字重複和疊字「圓圓」「紅紅」的運用，十三十四行同有「期

待……日頭」的反覆句型，第十五行兩個短句都以「從」開頭，十六十七行同有「用新介……」的反覆句型，十八十九行則同用「飛……」開頭；所以說本段結構雖然長達十九行，但兩兩類疊或重複，讀來節奏感仍屬強烈。

第五大段長達三十三行，表現出在漫長的等待中，另有新期望的情形，它字數的安排是4、4－4－4、7－2、2－14－5、2－7－5－3、3－3、3－2－2、2－2、2－2、2－2、2－4－4、3－7－8－3、3－5－7－7－4－5－2－6－8－8－4－7－2－2，除了第五行以外，多數爲八字以下的短語二言三言四言五言最多；其中前十行爲一組，是爲人間和平祈禱；十一到十七行是祈禱自然環境沒有污染；十八到二十八是爲人類的生活環境和品質祈福；二十九行到三十三行則是以地球只有一個爲宗，期待萬物共存共榮。

第六大段一下子縮到僅僅十一行，表示經過漫長的等待，終於等到了新世紀的第一道陽光。本段字數的安排是 12－13－7－7－11－4－4－4、4－15－3－14，七字以上的長句是本段的特色；第一二行是「新世紀介第一隻……了」的句型反覆了兩次；三四五行是「送走所有介……」的句型反覆三次；六七八行則是四字詞彙的詞組，別有綿長之意；最後三行是長句、短句、長句的穿插，而兩個長句的結尾語「人生大道」和「拍手祝賀」，是押【o】的韻尾，聲音屬於了悟與期待的情緒，與對未來的樂觀期盼相輔相成。

關於本詩能說明葉日松美學信念，見於本文第二章第三節第三項，茲再述其大意及詮釋：「傍晚，送走今年最後的夕陽，看了廿世紀的最後一片彩霞後，我站在美崙山頂和中央山脈對話，也和太平洋共唱『世紀末的回首和千禧年的留言』：天地這麼大，我，這麼渺小，我要怎麼發揮人生才不會浪費？我自認我已經盡心盡力，我問心無愧。」

在世紀交換的晚上，在二千年的最後一夜，有人在海邊，有人在山頂，也有人在自己家裡守歲。那等待的心情，像時鐘一分一秒的跳和唱，有人傷感，有人歡喜，不管如何，守歲的人潮，從海邊溫暖到高山，溫暖了全部的人間。時間的腳步，滴噠滴噠，有人看手上的手錶，有人看牆壁上的時鐘，有人調整桌上的鬧鐘，也有人對準手機的數字。守候之外還是守候，等待之外還是等待，等待時間到空白，等到零零零，等待世紀的交接。

當兩針指向十二的時刻，重疊在十二的分水嶺，全世界的人都從自己的心中發射出狂歡的火箭。彷彿向太空向所有的星球，報告人類的消息，報告世紀最大的新聞，期待其他星球的人來地球觀光，並希望大家公平競爭、和

平相處。此時，夜，不想睡，夜，陪大家守歲，不喊累。海邊有人搖滾，山頂有合唱，所有的人都將熱誠和滿心的祝福奉獻出來，給海水和東方的天空溫暖。因為用愛和溫暖，就可以孵出一隻圓圓紅紅，比卵黃還要漂亮還要大的太陽。

此時，所有的人面向東方，期待新世紀的第一個太陽，期待改頭換面的新太陽，從東方的海平線上升起，用新的觀念和姿態，飛躍外空，飛向人間。所有人不分種族不分膚色，大家一起在太陽出來以前祈福祝願，希望第一條曙光來到人間時，世界是新的世界，人間是新的人間。和平的人間，沒有戰爭和暴力，沒有罪惡和貪念，而高山青翠、大海清藍、飛禽逍遙、走獸悠哉、花草芬芳、河川歡唱，自然環境沒有污染，生活環境方面，交通流暢沒有事故，行人不必膽跳心驚，而人和人互相扶持，社會安詳，娛樂休閒品質高，旅遊觀光見聞多，家庭安樂而人權有保障。希望經濟成長起飛，臺灣能永久富強，希望萬物能共榮共存。

終於，新世紀的第一道光線出來了！新年度的第一個太陽來到人間了！它送走所有的悲傷、災難、不如意和淚水，我們要，面對陽光，迎風納雨，擁抱幸福和快樂，踏上晨光為我們鋪好的一條人生大道勇敢向前行！我們會看到滿天的花雨在大道兩旁為我們拍手祝賀！

第三節　承襲山歌的形式

就葉日松客語現代詩作中，本文發現有部分作品是為了推廣傳唱優秀的客家山歌而作 〔註39〕，有些作品則是自然呈現與客家山歌相仿的句型。「客家山歌」究係從何而來？「客家山歌」的體裁和一般形式如何？葉日松客語現代詩作中承襲客家山歌句型的作品有哪些？其風格如何？茲於本節分述之：

一、客家山歌的由來

在唐代以前，中原一帶經過長期的歷史演變，民間山歌早已頗為興盛。唐代時中原「山歌」的稱謂相當普遍，唐代詩人白居易詩中就有「山歌猿獨

〔註39〕葉日松提到：「油桐花」行政院客家委員會，為了強化二○○四客家桐花祭文化內涵，提昇活動的藝術層次，並透過以桐花祭為主題來創作新詞，賦予客家歌曲全新視野。特別公開徵求「賞桐花，唱山歌」的優秀山歌歌詞。《臺灣故鄉情》自序，頁4。

叫」、「豈無山歌與村笛」的詩句，李益詩中也有「山歌聞竹枝」等語。客家方言是客家山歌最主要、根本的特徵之一，曲調、歌詞、客家方言構成客家山歌不可分割的整體，其中語言的獨特韻味更是其他山歌或其他民歌所無法代替的〔註40〕。它是來自民間的一種通俗文藝，一種口頭文學，李調元《粵東筆記‧粵俗好歌》提到：「其歌也，辭不必全雅，平仄不必全，以俚言土音襯貼之〔註41〕。」這說明客家山歌的內容就是民眾日常目見耳聞之事，用最他們熟悉的方言俚語、俗語，不加修飾，來直接表達的歌謠。

「山歌」原為山野之歌，是流傳於鄉村、農、漁、樵等鄉村居民所傳唱的歌謠，「山」原具野、俗之意。不過白居易「豈無山歌與村笛」詩句中，把山歌與村笛並舉，很可能是泛指城市以外的鄉野地區，那些樵夫、農民、牧童所唱的口傳歌謠，所以山歌之山，是山野之山，包括山崗項和平地的鄉下，而不只是山上的山〔註42〕。段寶林曾說：「山歌是我國南方各省對民歌的統稱，流傳在西南、江南等廣大地區。」因此，山歌的名稱也就隨著地區有所不同，如：花兒、葉兒、田頭歌、喊山歌等。流傳至臺灣，仍沿襲山歌之名，不論在山上或平地演唱，只要是以客家方言，就稱為「客家山歌」。

客家山歌源遠流長、內容豐富、特殊韻味是其他山歌或其他民歌所無法代替的，因為客家山歌在民間文學素樸的外表下，紀錄客家族群的生活情境、語言特色、思想態度，負載著豐富的文化色彩，表現客家族群獨特的文化特色。這種方言形式呈現的口頭文學，表現出用這種方言的人們的思想情感，一面從文學的角度，表現出民間文學的內涵，一面從語言的角度，呈現特有的方言口語特色〔註43〕。

二、客家山歌的體裁

客家山歌之體裁，就是詩經裡所用的「賦」、「比」、「興」三種體裁。詩

〔註40〕 葉惠薇〈今日的客家山歌〉，《韶關學院學報（社曾科學版）》第 23 卷第 8 期，民國 91 年八月。

〔註41〕 清‧李調元輯：《粵東筆記。卷一》（台北市：新文豐出版公司）民國 68 年 5 月，頁 34。

〔註42〕 古國順，〈客家山歌演唱中的口白〉，見周錦宏等編：2001 苗栗客家文化月一第一屆臺灣客家文學研討會論文集（苗栗:苗栗縣文化局）民國 90 年 12 月出版，頁 246。

〔註43〕 蔡宏杰，〈從語言特色與修辭技巧談客家山歌的藝術特點〉《國文天地 22 卷 2006/12，259 期》頁 24～32。

經邶風靜女:「靜女其姝,俟我於城隅,愛而不見,搔首踟躕。」就是一種按事直敘的「賦」體,客家山歌也有這種體裁,例如:「思想阿妹千百番,一日唔得一日完;上晝唔得下晝過,下晝唔得日落山。」再如:「同妹寮到兩三更,聽到雞啼就著驚;打開窗門看星斗,樣般閏月磨閏更。」以及:「愛聽山歌請你來,看我聰明好口才;我們山歌隨口唱,唱到心花朵朵開。」等三首山歌平舖直敘,很合「賦」體意味。

第二種體裁是借彼以喻此的「比」體。比就是用具體的事物或現象來比喻,又可分為明喻、暗喻和借喻;詩經上可以拿衛風的「木瓜」詩做代表:「投我以木瓜,報之以瓊琚。匪報也,永以為好也。」客家山歌也有這種體裁,例如:明喻的手法:「妹子好比月鴿形,利害就在眼珠仁;上上下下斜眼看,熱死幾多風流人」,這是直接把女子比喻成月鴿;第二種是暗喻的手法,是用暗示把真意藏在裡面,讓人們去理會和想像,例如:「桂樹開花滿園香,菊花開在桂花旁;哥是桂花妹是菊,任人去講也清香。」第三種是暗喻的手法,從表面上看來是一回事,但是從用的比喻中便可領略出另外的意義,如:「一朵鮮花香味濃,可惜生在雜草中;若是生在當陽處,日灑雨淋花更紅。」這首山歌表面看來是在描述一朵鮮花的景況,但事實上是在惋惜一位美貌的少女「生不得時」或「遇人不淑」的感嘆[註44]。

還有一種是由觸景生情而引起的「興」體。詩經上可以拿周南的「桃夭」做代表「桃之夭夭,灼灼其華;之子于歸,宜其家室。」「桃之夭夭,其葉蓁蓁;之子于歸,宜其家人。」「興」體是講情的,所用的方法往往不合乎邏輯,不能用邏輯的方法去推求;只有透過情感,才能發揮它的作用。客家山歌用這種體裁的也不少;例如:「芹菜結子連打連,同妹相識兩三年;百樣言語都講盡,風流兩字就唔會。」再如:「河邊石子生溜苔,思想阿妹唔得來;七寸枕頭眠三寸,留開四寸等妹來。」

在詩歌裏「賦」「比」「興」三種方法往往是混合應用,例如賦而兼比的客家山歌:「十七十八青春期,今日唔交等幾時?等加兩年年紀老,等得月圓日落西。」很顯然這首歌的主題,在於勸人及時行樂。首三句就是按事直敘的「賦」,末尾一句則是假借天文現象為之譬喻,以證明自己主張之正確的「比」。再如興而兼比的客家山歌歌詞:「禾畢細細屋上企,又想來食又想

〔註44〕鄭瑞貞,〈客家山歌的內涵、藝術表現手法和音樂特性〉《中央研究院民族研究所,第四屆國際客家學研討會論文集》,頁405〜430。

飛。燈心拿來織細布，上機唔得枉心機。」這一首歌，首兩句由觸景生情而引起，這就是「興」，末兩句才轉入本題，而又假借燈心織布來比喻，這就是「比」。第三是賦而兼興的客家山歌歌詞：「新做眠床四四方，一片眠來一片荒。睡到三更思想起，少個阿妹來商量」這首歌首兩句敘述自己孤眠獨宿的情形，就是「賦」，後來深深感歎單身漢的苦悶，就是「興」〔註45〕。

三、客家山歌的形式

客家山歌的形式，普遍都是七言四句：七字一句、四句一首，和唐詩的七言絕句大致相同，在歌唱時則會隨曲調加入虛字和襯字，使每句有時會變成八字九字十字甚至十一字或更多。例如「山歌唔唱心唔開」一句七字的歌詞，為使歌詞流暢、音樂婉轉，往往可以加上襯字變成「山（哪）歌（喔）唔唱（啊）心唔（那）（哩）開（嘟）」這是第一個特色。

客家山歌格律上押韻的形式以腳韻來分有三種，包含第一：首句就用韻，也就是一二四句的末字押韻，第三句不押，這種格律和七言絕句相同，例如：「東邊落雨西邊晴，新作田塍唔敢行；燈心作橋唔敢過，心肝想妹唔敢聲。」第二：首句第三句不押韻，只有二四句的末字押韻，例如：「郎係有心妹有意，鐵尺磨成繡花針；郎係針來妹係線，針行三步線來尋。」第三：每句末字都押韻，也就是所謂通押，客家山歌傳唱的歌詞較少有此種例證；以上是客家山歌第二個特色。

客家山歌第三個特色是通常的情形是第一、二、四句的末字用平聲；第三句的末字用仄聲，至於其他的字則平仄沒有律詩那麼嚴格。由於山歌是一般民眾所唱，而非文人雅士所作，每句用字的平仄，以及全首山歌的押韻，並不嚴格要求：也無須字字推敲，因此只要唱來順口即可。〔註46〕

隨著時代的變遷，現今客家山歌在流傳過程中，因社會環境、背景改變等種種因素，正選擇適合它的形式轉變，如即興作詞的特色逐漸消逝，取而代之的是山歌班的興起。但它仍為民眾交際溝通時的休閒娛樂，也是文化活動與精神生活的重要一環，「民歌的生命力正在於它隨著生活和語言的變化而不斷發展，在發展中又繼承了傳統形式中一切有用的東西。」客家山歌亦無

〔註45〕陳運棟，《客家人》（臺北：東門，1992年8月，十版）頁214～219。
〔註46〕彭靖純，《竹東地區客家山歌研究》（臺北市立教育大學應用語文研究所碩士論文，2006年6月），頁9。

疑地，將繼續傳承，並持續不斷地發展下去，葉日松客語現代詩作中，也保有優美的客家山歌風格。

四、承襲客家山歌的作品

黃永達曾說：

> 天寬地闊的花東縱谷，高山田野的純樸客庄一鳳林小鎮，是我出生到十九歲的全部，採花生騎水牛，逐雞趕鴨，撿蚯蚓、野螺餵雞鴨是生活，蒔田割禾做完工，聽爸爸、叔伯拉弦唱山歌，與弟妹們一同捕螢火蟲、數星星、看天河、打蜂窩捉鳥雀是玩樂。〔註47〕

由於黃永達與葉日松同為花蓮文人，也有相近的成長背景，也曾經經歷插秧割稻等農事忙完後，會聽到看到爸爸、叔伯拉弦唱山歌的景況；可見「客家山歌」的確是當時一般人生活中，值得深刻記憶並用文字書寫的事。葉日松詩作中有許多山歌形式的作品，如收錄於《葉日松客語詩選》的〈思親曲〉、〈思親曲〉1、〈思親曲〉2、〈元宵之歌〉，收錄於《臺灣故鄉情》的〈桐樹情〉、〈油桐花〉，及收錄於《客語現代詩歌選》的〈茶園情歌〉等詩作都是採取山歌形式的詩篇：以下試以詩作〈思親曲〉2、〈油桐花〉及〈廟前慶豐年〉三篇詩作對照前述各項客家山歌說明，做一探討：

第一篇〈思親曲〉2

第一首

　　一年容易又南風（uŋ）

　　思念花兒訴情衷（uŋ）

　　音信難通兩茫茫

　　夢來夢去又一冬〔註48〕（uŋ）

這首詩一二四句末字押韻，韻腳字是「風 fuŋ³⁵」、「衷 tsuŋ³⁵」、「冬 tuŋ³⁵」，以聲調來說屬於「平聲」，合於一般七言絕句「一二四句押平聲韻」的格律，也符合一般客家山歌的基本形式。

第二首

　　天倫之樂樂無窮（uŋ）

〔註47〕黃永達，《臺灣客家讀本》（臺北：全威創意，2004 年 10 月），頁 55。

〔註48〕葉日松，《臺灣故鄉情》（花蓮：花蓮縣吉安鄉公所，2004 年 6 月），頁 50～51。

　　團圓歲月水流東（uŋ）

　　感恩詩篇寄爺娘

　　日日思念夢魂中〔註49〕（uŋ）

這首詩一二四句末字押韻，韻腳字是「窮 k'iuŋ¹¹」、「東 tuŋ³⁵」、「中 tsuŋ³⁵」，以聲調來說也屬於「平聲」，合於一般七言絕句「一二四句押平聲韻」的格律，第三句末字沒有用仄聲韻，不過還算符合一般客家山歌的基本形式。

　　本篇詩作是兩首懷想親恩的山歌歌詞，辭意通俗淺顯，明白易解。第一首是說，時光匆匆，一年很快又到了南風拂送的季節，思念父母的心情無人能解，只好向花兒傾訴。然而與父母天人兩隔，卻由於音信難通，只能在夢中相逢。第二首是接著描述時光很快，又過了一年，猶記得當年共享天倫之樂，總以為快樂的日子會無窮無盡，永永遠遠；哪知團聚的歲月就像東逝的流水匆匆而過，如今只能用感恩的詩篇寄給在天上的父母，日日夜夜在夢中思念。

　　第二篇〈廟前慶豐年〉

　　第一首

　　　義民廟前慶豐年（ien）

　　　善男信女鬧煎煎（ien）

　　　你唱山歌捱挨弦（ien）

　　　冇煩冇慮像神仙〔註50〕（ien）

這首詩一二三四句末字都押韻，韻腳字是「年 ŋien¹¹」、「煎 jien³⁵」、「弦 hien¹¹」，、「仙 sien³⁵」以聲調來說屬於「平聲」，格律屬於比較少見的四句都押韻的客家山歌形式。

　　第二首

　　　戲棚頭前慶豐年（ien）

　　　進香人潮肩連肩（ien）

　　　嘹亮歌聲傳入天（ien）

　　　大人細子樂無邊〔註51〕（ien）

〔註49〕葉日松，《臺灣故鄉情》（花蓮：花蓮縣吉安鄉公所，2004 年 6 月），頁 50～51。

〔註50〕葉日松，《佢介名仔安著臺灣》（花蓮：葉日松客家文學研究室，2002 年 2 月），頁 26；《鑊仔肚介飯，比麼介都卡香》（臺中：文學街出版社，2002 年 12 月），頁 86～87。

這首詩一二三四句末字與第一首相同都押韻，韻腳字是「年 ŋien[11]」、「肩 kien[35]」、「天 t'ien[35]」、「邊 pien[35]」以聲調來說屬於「平聲」，與前首同樣屬於比較少見的四句都押韻的客家山歌形式。

　　這兩首詩是描寫農村生活中，最令人期待的廟會活動；大家為了慶祝豐年，在義民廟前，擺起各種祭品來謝恩，善男信女熱鬧非凡，有的唱山歌，有的打鑼拉弦，大家都無憂無慮地快樂像神仙一般；為了慶祝豐年，在義民廟前還請了戲班子來演戲酬神，此時進香的人潮比肩而來，大人小孩快樂無邊。

　　第三首〈油桐花〉

　　第一首

　　　　滿山桐花開白色（et）
　　　　人人喊佢五月雪（iet）
　　　　冰心玉潔照山河
　　　　幽雅清香謝毋忒〔註52〕（et）

這首詩有一段四行，韻腳字是一二四行的末字，各是「色 set[2]」、「雪 siet[2]」、「忒 set[2]」，韻尾聲音是短急收藏的舌尖塞音「t」，彷彿是詩人看到潔白精巧的油桐花，自然流露出伶俐輕快的詩情。以聲調來說屬於「仄聲」，與一般客家山歌的基本形式稍有不同。

　　第二首

　　　　油桐年年送花香（ioŋ）
　　　　真情陪佢過風霜（oŋ）
　　　　從細到老無分離
　　　　佢介恩情像月光〔註53〕（oŋ）

這首詩有四行，以押韻來說，是第一二四句末字押韻，韻腳字各是「香 hioŋ[35]」、「霜 soŋ[35]」、「光 koŋ[35]」，以音調來說，屬於平聲韻，合於一般七言絕句「一二四句押平聲韻」的格律，也和一般客家山歌的基本形式相符。

〔註51〕葉日松，《佢介名仔安著臺灣》（花蓮：葉日松客家文學研究室，2002 年 2 月），頁 26；《鑊仔肚介飯，比麼介都卡香》（臺中：文學街出版社，2002 年 12 月），頁 86～87。
〔註52〕同上註，頁 26～27。
〔註53〕同上註，頁 26～27。

　　這兩首詩是描寫近年來逐漸變成「客家花」的油桐花，第一首是說油桐花開的花是白色的，人人稱它爲「五月雪」，它造型可愛，像個冰心玉潔的少女，在山谷河邊兀自開花，使風景更加優美；而它的幽雅清香並不會隨著一朵一朵的花瓣逝去。第二首則是說油桐花年年飄送花香，它用眞情陪伴我度過風霜雨雪，從以前到現在，沒有中斷過，它的恩情就像曖曖含光的月亮一般，溫柔恆久！

　　客家山歌在今日雖然面臨漸漸失傳的窘境，年輕族群多半被流行音樂吸引，這些傳唱久遠的傳統民間歌謠，漸漸地只保存在老一輩的口中，但是這些蘊含深刻意涵與人生經驗的歌謠，卻是重要的文化財產，值得我們去保存、研究。葉日松客語現代詩作中沿襲山歌曲式的作品，也可以發現其中所要傳達的意象，也因此創造了更豐富的文學作品。

　　由以上各節討論得知，葉日松客語現代詩作，字數多三言五言或七言交替運用，以增加詩篇的自然節奏感；行數方面則大多數（八成六）都在三十行以下，可以說是採小詩的形式。而小詩的形式，事實上我國古代已有，如周朝以前的歌謠，都是很簡單的三四句。詩經裡的形式，亦是小詩的一種變體。而中國新詩中的小詩都是受西洋小詩和我國古詩，以及印度泰戈爾的詩所影響。遠在柏拉圖時代，已運用小詩以言志，柏拉圖的「詠星」：

　　　　你看著星麼，我的星？

　　　　我願爲天空，得以無數的眼看你。

在柏拉圖之前，希臘流行一種「詩銘」（EP Gramma），這是一種墓誌銘的造象詩，亦是短而富哲理。印度也有這種富哲理的小詩手法叫做「伽陀」，亦是三四句，都是極眞實而簡鍊的表現方法，它所企圖表現的也只是人類情緒上的瞬間感觸，正如一顆火必須在燃燒到某種程度始能發出光燄，人類的情思也是必須壓縮到某種程度始能產生詩。葉日松將這種「瞬間的撲擊」用客家母語、用不到三十行的小詩和沿用傳統客家山歌七言四句的形式，呈現在他的客語現代詩作中。

第六章　葉日松客語現代詩的
　　　　聲情表現

　　「詩」的音樂性是它的基本生命，所以詩的欣賞要和語言聲韻，和音樂節奏來結合。語言是聲音為表現「意念」，經過聯貫、限定、和組織而成〔註1〕。而在最古老的藝術表現中，詩、音樂、舞蹈是一三者一體的綜合藝術；他們的共同性就是節奏。詩的節奏，取自文字語言，它著重於意義之傳達；音樂的節奏，取自於聲音，它著重於和諧；舞蹈的節奏，取自動作形式，它著重於姿態。日本文藝理論家本間久雄說：「節奏不但用在詩或語言學上，並且用在更廣的範圍－哲學上、生理學上等等〔註2〕。」而意大利美學家克羅齊認為語言學與美學是同一件事情。〔註3〕

　　文學作品之構成聲音美，有學者〔註4〕結合語言風格賞析的方法，認為從「同音的重複」、「音節的整齊化」、「押韻」、「句中韻」、「雙聲疊韻詞」、「聲調的變化」、「頭韻」、「諧主元首」、「諧韻尾」、「圓唇音與非圓唇音的交錯」等基本原則來分析作品；也可以從「韻」的音響效果、「平仄交錯與聲調變化」、

〔註1〕　英文裏的意念（idea），有人譯成觀念、想像、概念、心像、表像，意識內容。而最接近於語言學家的意見的是觀念，想像。而接近心理學家的意見的是概念，意識內容。而我們今天談詩的語言，必須綜合各家之說，然後始能找出詩的語言的本質。見周伯乃，《現代詩的欣賞》（臺北：三民，1974年12月），頁16。
〔註2〕　同上註，頁46。
〔註3〕　他說：「任何人研究普通語言學或哲學的底語言學，也就是研究美學的問題。研究美學底問題，也就是研究普通語言學。語言的哲學就是藝術的哲學。」同上註，頁14。
〔註4〕　竺家寧，〈通俗作品中的聲音美〉《語言風格與文學韻律》（臺北：五南 2001年3月），頁113～117。

「頭韻」的運用、「雙聲疊韻詞」的運用、「由音節要素的解析」等方式來分析作品的聲音美；也有論者使用國際音標來忠實記錄詩作語音和音值，從聲韻學的角度加以分析者〔註5〕。

因此本章參考聲韻學者之方法，先用國際音標來標示葉日松客語現代詩詩作的客家語語音，調值部分則用五度音值法〔註6〕，再申論其聲韻的效果，以建立葉日松客語現代詩的韻律特色。第一節討論的是一韻到底的整齊韻律，試圖舉出葉日松客語現代詩的詩作中最常見的押韻的安排；第二節討論的是不刻意押韻的自然節奏的詩篇，這部分作品數量非常多；第三節則討論二段以上或長篇的詩作，其中有轉韻安排者；每節各以代表作品作爲分析之例證。

第一節　一韻到底的整齊韻律之美

葉日松客語現代詩的詩作的聲情表現，有許多篇章是刻意押韻的。朱光潛說：「詩有音有義，他是語言和音樂合成的，要明白詩的性質必須要研究語言的性質和音樂的性質」〔註7〕；而黃永武先生在其《中國詩學設計篇》〈談詩的音響〉一文中提到：「韻腳的音響各有特色，可以將情感強調出來〔註8〕。」因爲中國文字從開始創造起，形、音、義就是不可離分的，所謂「聲義同源」「義本於聲，聲即是義」的說法，古代詩歌可以如此探討，近代新文學亦復如是；而葉日松客語現代詩是用中國文字書寫，也有許多押韻的篇章，若其韻尾之客語語音音響與感情情節也能和諧，也能達到聲義相符的情形，應能提升葉日松客語現代詩之文學價值。

然而黃永武說：「吾人聽詩時韻腳的聲響特別突出，所以它對情緒的影響最大，那麼韻腳的疏密與轉換，對於引導情緒的起伏，必然有顯著的效能〔註9〕。」押韻最密的是「句中韻」，其次是「句句押韻」、「四句三韻」、「隔

〔註5〕　陳啓佑，〈聲韻學在新詩上的一項試驗〉——「無調之歌」的節奏《渡也論新詩》，（臺北：黎明文化，1983 年 9 月），頁 101～112。

〔註6〕　本文採趙元任先生五度音值的記音法，與音樂的簡譜法相符，讀者更容易體會詩語言的音樂性。

〔註7〕　朱光潛，〈替詩的音律辯護〉，《詩論新編》（臺北：洪範，1982 年 5 月），頁 185。

〔註8〕　黃永武，〈談詩的音響〉，《中國詩學設計篇》（臺北：巨流，1976 年 10 月），頁 153～201。

〔註9〕　同上註，頁 162。

句押韻」等形式。由於葉日松從小受到客家漢文先生背誦客家語傳統韻文的影響，加上客家語本身語音的特色，本文發現葉日松客語現代詩的詩作中押韻的詩作作品相當多，同時也部分作品是以「句句押韻」、「四句三韻」或「隔句押韻」形式呈現，因此本文參考渡也從語音學音律的角度對張默的〈無調之歌〉元音調查分析所做的研究結果，依據黃永武「韻腳的音響各有特色，可以將情感強調出來」的論點，對照於葉日松客語現代詩的詩作中，記錄詩作的韻腳和元音並統計，以明其詩音樂的聲情美感。

一、句句押韻的詩作賞析

（一）例如收錄於葉日松《臺灣故鄉情》的〈伯公伯婆〉：

伯公　伯婆　田頭坐（o）

長年累月　看人挲草　看人割禾（o）

保護農家收成好（o）

伯公　伯婆　毋會老（o）

長年累月　做巡邏（o）

這趖趖　該趖趖（o）

身體正恁好〔註10〕（o）

這首詩共有兩段七行，韻腳字各是「坐 ts'o^{35}」、「禾 vo^{11}」、「好 ho^{31}」、「老 lo^{31}」、「邏 lo^{11}」、「趖 so^{11}」、「好 ho^{31}」是一首句句都押韻的詩。

（二）再如同詩集中另一首〈桐樹下　份家啦〉的詩篇是三言句句押韻的形式：

桐樹下　份家啦（a）

搞泥沙　鼻桐花（a）

偓騎馬　載阿爸（a）

你煮茶　請麼儕（a）

拈桐子　轉屋家（a）

賣介錢　阿姆拿（a）

這首詩有一段六行，韻腳字各是「啦 la^{35}」、「花 fa^{35}」、「爸 pa^{35}」、「儕 sa^{11}」、「家

ka^{35}」、「拿 na^{35}」等聲音的響度最大，情感也最振奮，相當合於前述「聲義相符」的原則。

（三）同詩集另一篇〈桐樹情〉則是兩首客家山歌形式的句句押韻的詩：

第一首

　　你來啉茶𠊎講古（u）

　　油桐樹下打嘴鼓（u）

　　處暑過忒又寒露（u）

　　開山打林無喊苦（u）

這首詩有一段四行，韻腳字各是「古 ku^{31}」、「鼓 ku^{31}」、「露 lu^{55}」、「苦 k'u^{31}」，「u」「u」的聲音，似乎表現出從苦楚中轉化為懷舊的情感。

第二首

　　有緣大地做眠床（oŋ）

　　桐樹恩情斗難量（ioŋ）

　　生生世世　邸〔註11〕客庄（oŋ）

　　客家情分　水流長（oŋ）

這首詩也是一段四行，韻腳字各是「床 ts'oŋ^{11}」、「量 lioŋ^{11}」、「庄 tsoŋ^{35}」、「長 ts'oŋ^{11}」韻尾是鼻音的陽聲韻，帶有悠遠深長的情感。

二、四句三韻的詩作賞析

指「一二四句押韻」的情形，例如：

（一）收錄於葉日松《臺灣故鄉情》的〈童年介桐花到今還恁香〉

　　桐樹有情送花香（ioŋ）

　　花雨飄落火車箱（ioŋ）

　　火車隆隆過

　　陪𠊎一庄過了又一庄（oŋ）

　　天地有情送花香（ioŋ）

　　桐花懷念跈車箱（ioŋ）

　　火車隆隆過

〔註11〕「邸」又作「戴」。

　　載𠊎轉去童年介故鄉（ioŋ）

　　童年夢　在家鄉（ioŋ）
　　桐花香　飄遠方（oŋ）
　　童年介桐花
　　到今還恁香〔註12〕（ioŋ）

這首詩是三段每段各四行的詩，每行字數雖各不相同，但都在第一二四行的末尾的字帶有押韻，第一段的韻腳字各是「香 hioŋ³⁵」、「箱 sioŋ³⁵」、「庄 tsoŋ³⁵」，第二段的韻腳字也是「香 hioŋ³⁵」、「箱 sioŋ³⁵」、「鄉 hioŋ³⁵」，第三段的韻腳字也是「鄉 hioŋ³⁵」、「方 foŋ³⁵」、「香 hioŋ³⁵」，整首詩在「香 hioŋ³⁵」、「箱 sioŋ³⁵」、「鄉 hioŋ³⁵」重複而帶有稍許變化中顯得意味深遠。

　　（二）同詩集中另有一篇〈油桐花〉則是兩首客家山歌形式的四句三韻的詩：

　　第一首
　　滿山桐花開白色（et）
　　人人喊佢五月雪（iet）
　　冰心玉潔照山河
　　幽雅清香謝毋忒（et）

這詩一段四行，韻腳字各是「色 set²」、「雪 siet²」、「忒 set²」，韻尾聲音是短急收藏的舌尖塞音「t」，彷彿是詩人看到潔白精巧的油桐花，自然流露出伶俐輕快的詩情。

　　第二首
　　油桐年年送花香（ioŋ）
　　真情陪佢過風霜（oŋ）
　　從細到老無分離
　　佢介恩情像月光（oŋ）

這首詩一段四行，韻腳字各是「香 hioŋ³⁵」、「霜 soŋ3⁵」、「光 koŋ3⁵」，韻尾聲音則是綿遠悠揚的陽聲韻尾，聲音情感桐花的花香雖然一年才一度，它的陪伴和恩情卻像月光一樣溫婉綿長。

〔註12〕葉日松，《臺灣故鄉情》（花蓮：花蓮縣吉安鄉公所，2004 年 6 月），頁 66、67。

（三）同詩集中另外兩篇山歌形式的〈思親曲〉1、〈思親曲〉2，各有兩首押韻的詩，其中〈思親曲〉1 含兩首山歌，第一首是一二四句押韻，第二首是四句同韻；而〈思親曲〉2 中的兩首山歌都是四句三韻的形式：

〈思親曲〉1

第一首

　　春去秋來又一年（ien）

　　思念爺娘雨綿綿（ien）

　　目汁難寫親人歌

　　惟有月光撨挨絃（ien）

這首詩一段四行，韻腳字各是「年 ŋien¹¹」、「綿 mien¹¹」、「絃 hien¹¹」，韻尾聲音不僅是綿遠悠揚的陽聲韻尾【n】，依據竺家寧的說法，收〔-n〕的陽聲韻字，發音時鼻腔產生共鳴的效果，加上聲調是平聲，使聲響綿延拖長，迴盪不絕〔註 13〕，同時音調都是低平，可以說這首詩的聲情顯露出低吟長嘆之感。

第二首

　　細人時節在林園（ien）

　　爺娘教偓記金言（ien）

　　佢介身影全無變（ien）

　　夜夜來到舊門前（ien）

這首詩一段四行，韻腳字各是「園 ien¹¹」、「言 ŋien¹¹」、「變 pien⁵⁵」、「前 ts'ien¹¹」，韻尾聲音一樣是綿長悠揚的陽聲韻尾【n】。

〈思親曲〉2

第一首

　　一年容易又南風（uŋ）

　　思念花兒訴情衷（uŋ）

　　音信難通兩茫茫

　　夢來夢去又一冬（uŋ）

第二首

　　天倫之樂樂無窮（uŋ）

〔註13〕竺家寧，〈從語言風格學看杜甫的秋興八首〉《語言風格與文學韻律》，頁 131。

團圓歲月水流東（uŋ）
感恩詩篇寄爺娘
日日思念夢魂中（uŋ）

這兩首詩各有四行，韻腳字各是「風 fuŋ^{35}」、「衷 tsuŋ^{35}」、「冬 tuŋ^{35}」、「窮 k'iuŋ^{11}」、「東 tuŋ^{35}」、「中 tsuŋ^{35}」，兩首山歌的韻腳都是押【uŋ】，而且聲音兩兩重複，第一首的「衷 tsuŋ^{35}」和第二首的「中 tsuŋ^{35}」異字同音，而第一首的「冬 tuŋ^{35}」和第二首的「東 tuŋ^{35}」也是異字同音，特別強調出其情緒是那麼深刻感傷。

三、隔句押韻

葉日松客語現代詩作中押韻的作品除了上述「句句押韻」和「一二四句押韻」的形式有特殊的聲韻情感之外，另外也有為數甚多的「隔句押韻」的詩篇，其押韻情況有時是「隔行押韻」，有時是「二三四句押韻」，也有時則是「一三句押某韻」「二四句押另外的韻」，也有幾乎整首詩都押「某韻」只有少數一兩行沒有押該韻的情形，以下分別舉例說明，並論述其聲韻特色：

（一）以下先以〈客家樹，客家花〉〔註 14〕為例

桐花飄落像春水
洗淨客家人介辛酸苦楚（u）
桐樹介年輪（u）
譜出客家人介生命音符（u）

紙傘、屐仔盡鄉土（u）
陪偓行過人間介風雨路（u）
番仔火歲歲年年
點光家鄉每一户（u）

桐花桐樹客家情（in）
長長久久在偓介心肝肚（u）

〔註 14〕葉日松，《臺灣故鄉情》（花蓮：花蓮縣吉安鄉公所，2004 年 6 月），頁 22、23。

　　桐花桐樹客家情（in）

　　長長久久在捱介心肝肚（u）

本詩作共分三段，總合的說本詩以【u】韻爲主，屬合口呼，圓唇，聲音感情似乎屬於悲苦的狀態，好像意味著客家族群經歷過的辛酸苦楚，和數不盡過往的風雨路，點點滴滴在心頭。以分段來說，第一段四行的韻腳各是【ui】、【u】、【u】、【u】韻，押韻是押二三四行；第二段是押一二四行，而第三段押韻的韻腳則各是【in】、【u】、【in】、【u】韻；這樣各段押韻形式變化豐富，交替錯落有致，使全首桐花詩的聲情與意象更加切合，也讓整首詩更有深度。

　　（二）再以另一首收錄於《秀姑巒溪介人生風景》的桐花詩〈油桐花　著婚紗〉爲例：

　　油桐花（a）　　著婚紗（a）

　　一嫁嫁到好人家（a）

　　油桐花（a）　　想阿爸（a）

　　年年五月轉外家（a）

　　油桐花（a）　　人人誇（a）

　　做親善爲客家（a）

　　身著白衫靚過雪（iɜk）

　　渡來介人客（ak）

　　一車過了又一車〔註15〕（a）

本詩作共分四段，全首詩幾乎都押【a】韻，只有一行的末字不是【a】韻。而【a】韻屬開口呼，展唇元音，從聲門發出時口腔張開度最大，任何元音的口腔張開度無法望其項背，而它的響度是八大元音中最大的，運用得妙時可以使詩歌洋溢一片強烈而豐饒的聲響，就像這首快樂而歡欣的詩篇一樣，女生長大後披上嫁衣嫁了好人家，因爲看到美麗的油桐花，而想念娘家的爸爸等

〔註15〕葉日松，《秀姑巒溪介人生風景》，頁20～21。

等，溫馨滿足的歡樂氣氛，躍然紙上。

（三）再以〈大頭殼〉為例：

阿婆阿婆落來坐（o）

食飯傍田螺（o）

田螺滿大鍋（ok）

阿婆降子「大頭殼」（ok）

殼啊殼（ok）

竹園拈竹殼（ok）

做笠嘛冇心學（ok）

交代介事情冇下落（ok）

歸日梭來梭去

冇落冇著〔註16〕（ok）

本詩分成三段，押的雖然都是【ok】韻，但各段的押韻形式不同，第一段是
一二行同韻【o】，三四行押【ok】韻，第二段四行全部同【ok】韻，而最末
段末字則同樣收在【ok】韻；整首詩屬古韻覺類的入聲韻，而依據黃永武〈談
詩的音響〉〔註17〕的看法，【ok】的聲音，舌位在中央，口型屬於開口，剛把
聲音置中，卻以舌根塞音，把氣流塞住，聲音就嘎然而止，其中代表的聲情
有「欲進不能」、「不暢快」的感覺，對照這首〈大頭殼〉的詩意，說老阿婆
生的兒子頭很大卻沒頭沒腦、作事情有頭無尾、接收指令時心不在焉、整天
東晃西晃不得安定；整首詩充滿諷刺、隱喻、玩笑的口氣與其詩歌的聲音所
代表的情緒似乎互相切合。

四、主要元音相同或相近

依詩句中分析主要元音的方法，來詳細說明其詩句的聲情表現，也可以
發現葉日松客語現代詩中的聲情表現：

（一）先以〈火焰蟲〉（螢火蟲）為例：

〔註16〕葉日松，《鑊仔肚介飯，比麼介都卡香》，頁218～219。

〔註17〕同註16，頁161。

　　本詩作共分二段各六行，全首詩幾乎都押「uŋ」韻，只有一行的末字不是「uŋ」韻。而本詩之韻腳「uŋ」屬於侵東冬韻，如依劉師培《正名隅論》整理之古韻部韻腳代表之意義〔註18〕來看，侵東冬韻類的字多有「眾」、「大」、「高」、「闊」、及「發舒」之義。

火	焰	蟲		火	焰	蟲（螢火蟲）
o	ia	u		o	ia	u

飛	到	西		飛	到	東（飛到西　飛到東）
i	o	i		i	o	u

從第二行的韻母音節順序為 i－o－i；i－o－uŋ 聽起來就像有許多小蟲嗡嗡作響的小蟲子，四處飛來飛去的感覺。

有	時	在	花	叢（有時在花叢）
iu	ɨ	ai	a	u

有	時	在	林	中（有時在林中）
iu	ɨ	ai	i	u

這兩行的末三字韻母各為 ai－a－uŋ；ai－i－uŋ，有頭尾一致而中間為【a】和【i】的對應又和【ai】呼應的節奏感。

好	比	記	者	走	新	聞（好比記者跑新聞）
o	i	i	a	eu	i	u

煞	猛	又	盡	忠（認真又盡忠）
a	a	iu	i	u

　　這兩行的末兩字韻母各為 i－un；i－uŋ，令讀者有細聲螢叫的感受。

火	焰	蟲		火	焰	蟲（螢火蟲）
o	ia	u		o	ia	u

尋	寶	物		像	蜜	蜂（尋寶物　像蜜蜂）
i	o	ut		io	i	u

這段第二句韻律的分配也是 i－o－u 和 io－i－u，也相當能對應而有音樂性。

有	時	在	草	縫（有時在草縫）
iu	ɨ	ai	o	u

有	時	在	涵	空（有時在涵洞）
iu	ɨ	ai	a	u

〔註18〕同註16，頁157～158。

這兩行末兩字的韻母由低響度的【o】到響度最大的【a】似乎有強調到處都布滿許多螢火蟲的感覺。

唔	使	月	光	來	做	伴 (不用月光作伴)
m	ii	ie	o	oi	o	a

自	己	擎	燈	籠 〔註19〕(自己拿燈籠)
i	a	a	ꜣ	u

這兩行文字舌位的變化較大，尤其上一行的第三字舌位從【ia】（下降複元音）響度由小到大，到第四字的聲響普通的央元音【o】，到第五字的【oi】（上升複元音）響度又由大到小，第七字又回到舌位最低而響度最大的元音【a】。

　　而最後一行的五個字舌位的的變化也相當有特色，其變化規則是「前－後－後－中－前」，而且韻母 i-a-a-ꜣ-u 的情感像是由「驚疑的 i」到連兩次的讚嘆的【a-a】」回到肯定而熟悉的的【ꜣ】【u】，像是一個美妙的聲音的循環。

　　（二）再以〈思念你〉的首兩段為例：

　　人類的原始五個母音【a】、【ə】、【o】、【u】、【i】中，音素【a】的口腔開口度最大，音響也最大，以同音感嘆語「啊」的解釋為例，「啊」聲有表示贊成、驚訝、痛苦或讚嘆等意義，情感是高亢的；相對的音素【i】的口腔開口度最小，音響也最小，以同音感嘆語「咦」的解釋為例，「咦」：從口、從夷，夷有平坦義，嘆息之聲平舒謂「咦」〔註20〕，表示情感的細膩。

秋	風	起 (秋風吹起)
iu	u	i

思	念	你 (不禁思念起你)
ɨ	ia	i

寫	張	信	仔 (寫封信)
i	o	i	e

託	雁	寄	畀	你 (託大雁寄給你)
o	ie	i	u	i

分析本段四行文字共十五字中，以韻母【i】用字的字佔了全段的三分之二；

〔註19〕葉日松，《一張日誌等於一張稿紙》頁 41；《酒濃花香客家情》頁 43；《臺灣故鄉情》，頁 42～43；《秀姑巒溪介人生風景》，頁 22～23。

〔註20〕周何主編，《國語活用辭典》（臺北：五南，1987 年 1 月），頁 332。

而且貫穿全詩的各段起首的兩行【iu－u－i】、【ɨ－ia－i】，不是「嗚」的悲傷聲音，就是「咦」的嘆息聲，則其思念之義與懷想之情，透過文字的聲音也表露無遺。

秋	風	起	（秋風吹起）		
iu	u	i			
思	念	你	（不禁思念起你）		
ɨ	ia	i			
悠	悠	長	夜	（悠悠長夜）	
iu	iu	o	ia		
託	夢	來	見	你	（託夢來見你）
o	u	oi	iɜ	i	

本段四行的韻腳「起」、「你」、「夜」、「你」都屬於古韻「幽」類的字，而「幽」類的字，依據劉師培《正名隅論》的看法，多含有「曲折有稜」、「隱密斂縮」的意義〔註 21〕，意即情感上是細密而收斂內隱的；也正是這種內斂而無處抒發的情感，才有訴不盡的離苦和寫不完的思念哪！

　　從口腔發音的圓展來論，第三行的疊字「悠悠」為下降複韻母【i－u】舌位由高位的【i】下降到央元音【u】，聲音情感似乎從悲戚的嘆息到嗚呼的哀嘆；而第四句的三字「來」、「見」、「你」韻母又各為上升複韻母的【oi】、下降複韻母的【iɜ】、回到單純悲戚嘆息的單元音【i】，聲音情感可以說在變化中有一致性。

秋	風	起	（秋風吹起）		
iu	u	i			
思	念	你	（不禁思念起你）		
ɨ	ia	i			
綿	綿	夜	雨	（綿綿夜雨）	
iɜ	iɜ	ia	i		
全	部	送	畀	你	（全部送給你）
o	u	u	u	i	

秋	風	起	（秋風吹起）
iu	u	i	

〔註21〕同註 16，頁 158。

思	念	你	（不禁思念起你）
ɨ	ia	i	

最	怕	分	離	（最怕分離）
ui	a	u	i	

相	見	等	有	期〔註22〕	（相見等有期）
io	iɜ	ɜ	o	i	

本首詩末兩段的末兩行句中韻的安排各是整齊的「iɜ－iɜ－ia－i」央元音到前元音的變化「o－u－u－u－i」；而末段兩行的句中韻的安排是上升複韻母到單韻母「ui－a－u－i」，且有【ui】到【i】的對應；而末段末行的句中韻的安排則剛好是下降複韻母到單韻母「io－iɜ－ɜ－o－i」的變化，且有【io】到【o】、【i】巧妙的對應，韻母的口型開合之間，也有聲音洪細之別，同時流露出悠悠無期的感嘆。

　　綜上所述，葉日松客語現代詩作中押韻的作品為數眾多，如〈正月十五慶元宵〉、〈過端午〉、〈中秋慶團圓〉、〈登山介聯想〉、〈故鄉介牛車路〉、〈共品蓮花介芬芳〉等等詩篇，有「句句押韻」、「四句三韻」或「隔句押韻」等呈現的形式，從元音分析中也得以探討其中詩韻情感的表現，不在本文一一陳述。

第二節　不刻意押韻的自然節奏

　　葉日松客語現代詩作中除了為數眾多的押韻的作品以外，也有更多數的自由形式而不刻意押韻的詩篇，其聲情表現呈現自然的節奏和情感，以下從理論對照作品作一說明。

　　學者唐鉞曾指出：

> 凡兩個字所含的韻元（vowel）有相同的，若接連用他，可以叫做應響。〔註23〕

這種「應響」有一種比雙聲、疊韻還要有深微的音樂性質，詩人渡也曾以張默的〈無調之歌〉為例，把詩中的韻元即一般八種元音【i】、【u】、【o】、【ə】、【e】、【ɜ】、【a】、【y】，從事調查及統計，並發現作者刻意遣用含有某些元音

〔註22〕葉日松，《佢介名仔安著臺灣》，頁12～13；《鑊仔肚介飯，比麼介都卡香》，頁71～73。

〔註23〕陳啟佑，《渡也論新詩》，（臺北：黎明文化，1983年9月），頁107。

字眼的主要用意，以及由元音帶來的音樂效果程度的高低深淺。

根據一般聲韻規則：低元音比高元音響亮，而後元音比前元音響亮，可以直接肯定極端元音【i】和【y】響度最低微，而【u】比【i】、【y】響度大一點，【o】又較【u】響亮一點。極端元音【a】響度最爲宏大。【o】、【ə】、【e】與【ɜ】四個元音響度彼此相差甚微，它們皆介於【u】和【a】之間，這個道理非常淺顯。

英國詩人蒲伯（Alexaeter pope 1688-1744）在他的著作「批評論」一書中也曾討論到節奏和自然的關係：

> 第一件事就是服從「自然」，再用「自然」做標準來下判斷，因爲「自然」是不變的：「自然」永無錯誤，永遠是光明、清晰、不變、普遍。「自然」可以產生生命、美、力量。所以「自然」是一切藝術的起源與終點和衡量。〔註24〕

理論上來說，「詩」的音樂性始自文字語言本身所形成的節奏。節奏是情緒變化之最原始的表現，英文 rhythm 被譯成爲若干音節的強弱長短抑揚頓挫之配合，正是我們所使用的文字的節奏〔註25〕。「節奏」是一切藝術的靈魂，在造形藝術中，有濃淡疏密陰陽向背來配稱，在詩樂舞蹈時間藝術中，則爲高低長短急徐的呼應。

這樣的呼應，在詩歌和音樂中的節奏是有規律的，是可預期的。例如我們讀一句詩和聽一陣砲聲，在人類的生理和心理上都會引起一種反應，一句詩所帶來的反應，是有意義的，這個意義取決於文字的本身－單詞和語句的效果。所以，詩的音樂性，是自然形成的，它的形成與創作的情緒有關，情緒的波動可以變成詩的節奏躍動，我們讀任何一首新詩的聲調都不能用相同的方法，有些詩，甚至必須用作者的方言始能完全傳真出他的詩的內在節奏，譬如管管的詩，就是要靠他那種山東的地方語言，才能完全傳達詩的內在節奏。詩，貴在於創造，創造，貴在自然，而詩的內在節奏，是自然的流露，不是任何人爲的韻律所能矯飾的。因此，詩的音樂性，是自然的流露，它是

〔註24〕周伯乃，《現代詩的欣賞》，頁11。

〔註25〕補充説明：在浩瀚的宇宙裡，有一個依規則的時間間隔而循環的法則，這法則決定了宇宙間的一切的現象。像人體的脈膊、海洋的潮汐、星球的循環、蟋蟀的鳴聲，無一不靠著這普遍存在於宇宙間的節奏作用。而藝術返照自然取材於自然，「節奏」便成爲一切藝術的靈魂。在造形藝術中，有濃淡疏密陰陽向背來配稱，在詩樂舞蹈時間藝術中，則爲高低長短急徐的呼應。同上註。

作者和讀者共同的情緒之諧和，是情感的溶化而昇華的旋律之迴蕩、飄逸。葉日松客語現代詩的詩作，用客家母語爲工具，是否自然流露出詩的內在節奏？

　　根據心理學理論，推知適當的「類疊」修辭格足夠令讀者印象烙深，感應力增強，進而催促一首詩頭尾相呼應，臻於完美統一的境界，依著「反複」與「重疊」兩種方式來謀求生動活潑的節奏。類疊可以釐分文字的類疊和聲韻的類疊；必須釐清的是，文字的類疊一定同時具有聲韻的類疊的個性，不過聲韻的類疊，並不一定同時皆屬於文字的類疊。〔註26〕

一、以〈春天跦麼儕來〉爲例

（一）本詩共三段十八行，先說第一段

春　　　天　　　適〔註27〕　　奈　　　位〔註28〕？（春天在哪裡）
ts'un^{35}　t'iɛn^{35}　ti^{55}　　　　nai^{55}　vi^{55}

春　　　天　　　適　　　花　　　園　　　肚〔註29〕（春天在花園裡）
ts'un^{35}　t'iɛn^{35}　ti^{55}　fa^{35}　iɛn^{11}　tu^{31}

春　　　天　　　適　　　樹　　　頂　　　項〔註30〕（春天在樹上）
ts'un^{35}　t'iɛn^{35}　ti^{55}　su^{55}　taŋ^{31}　hoŋ^{55}

春　　　天　　　適　　　草　　　坪　　　上（春天在草坪上）
ts'un^{35}　t'iɛn^{35}　ti^{55}　ts'o^{31}　p'iaŋ^{11}　hoŋ^{55}

春　　　天　　　適　　　白　　　雲　　　頂（春天在白雲裡）
ts'un^{35}　t'iɛn^{35}　ti^{55}　p'ak^{5}　iun^{11}　taŋ^{31}

春　　　天　　　適　　　每　　　一　　　個　　　人　　　介　　　笑
ts'un^{35}　t'iɛn^{35}　ti^{55}　mi^{35}　it^{2}　gɛ^{55}　ŋin^{11}　giɛ^{55}　sɛu^{55}
容　　　上（春天在每個人的笑容裡）
iuŋ^{11}　hoŋ^{55}

本段六行，在韻律上可以看出有下列幾個特色：

1、在每一行都用「春天」這個主題來開頭，這樣重複疊沓的效果，整齊

〔註26〕陳啓佑，《渡也論新詩》，（臺北：黎明文化，1983 年 9 月），頁 104。
〔註27〕適：在。
〔註28〕奈位：哪裡。
〔註29〕花園肚：花園裡。
〔註30〕樹頂項：樹上。

並置的呈現，有著極強烈的提示作用，彷彿「春天」就眞的在讀者的身邊；同時也符合「同音的重複」、「音節的整齊化」聲韻美感的基本原則。

2、第一行的奈【nai^{55}】位【vi^{55}】（同屬【i】韻），第三、四、六行的末字都是【hoŋ^{55}】，所以說本段有「押韻」及「諧韻尾」的現象。

3、第三行「su^{55}」和第六行的【sɛu^{55}】同屬摩擦唇齒音，以及第二行【iɛn^{11}】、第五行【iun^{11}】和第六行的【iuŋ^{11}】同屬邊通硬顎音【i】，具有「頭韻」的現象，具有相當的美感。

4、從聲調的高低變化來說第一段各行末字的音高各是 55－11－55－55－31－55，六字中有四字屬於高平音，具有高亢興奮的韻律感。

5、第六行的「t'iɛn^{35}」、「ti^{55}」、「mi^{35}」、「it^2」、「ŋin^{11}」、「giɛ^{55}」、「iuŋ^{11}」中的「ti^{55}」、「mi^{35}」、「it^2」、「ŋin^{11}」主要元音都是【i】，則明顯具有「諧主元音」的聲韻之美。

（二）再看第二段：

春	天	跈	麼	儕	來	（春天跟誰來）
ts'un^{35}	t'iɛn^{35}	t'ɛn^{11}	ma^{31}	sa^{11}	loi^{11}	

春	天	跈	蝶	仔〔註31〕	來	（春天跟蝴蝶來）
ts'un^{35}	t'iɛn^{35}	t'ɛn^{11}	iak^5	ɛ^{31}	loi^{11}	

春	天	跈	蜂	仔〔註32〕	來	（春天跟蜜蜂來）
ts'un^{35}	t'iɛn^{35}	t'ɛn^{11}	p'uŋ^{35}	ɛ^{31}	loi^{11}	

春	天	跈	河	水	來	（春天跟河水來）
ts'un^{35}	t'iɛn^{35}	t'ɛn^{11}	ho^{11}	sui^{31}	loi^{11}	

春	天	跈	色	彩	來	（春天跟色彩來）
ts'un^{35}	t'iɛn^{35}	t'ɛn^{11}	sɛt^2	ts'ai^{31}	loi^{11}	

春	天	跈	東	風	來	（春天跟東風來）
ts'un^{35}	t'iɛn^{35}	t'ɛn^{11}	tuŋ^{11}	fuŋ^{35}	loi^{11}	

這段六行的韻律有下列幾個特色：

1、在每一行都是六個字，字數非常整齊，同時六個中有四個字是完全相同的，可以說是完全符合「同音的重複」、「音節的整齊化」聲韻美感的基本原則的。

〔註31〕蝶仔：蝴蝶。
〔註32〕蜂仔：蜜蜂。

2、第四行的河「ho¹¹」、水「sui³¹」的聲母都是摩擦音，具有「頭韻」的現象，可以說是雙聲詞的運用。

3、第一行的麼「ma³¹」、儕「sa¹¹」和第六行的東「tuŋ¹¹」、風「fuŋ³⁵」是「諧韻尾」也可以說是「疊韻詞」。

4、從聲調的高低變化來說，第二段各行末字的音高都是－11，而各行的前兩字音高各是「－31－11」、「－5－31」、「－35－31」、「－11－31」、「－1－31」、「－11－35」都是中音或低音，顯示這段音韻效果特別柔和溫婉。

（三）第三段是：

春　　　天　　　係〔註33〕　　　麼　　　介〔註34〕
ts'un³⁵　t'iɛn³⁵　hɛ⁵⁵　　　　ma²　　kiɛ⁵⁵

東　　　西？（春天是什麼）
tuŋ¹¹　　si³⁵

春　　　天　　　係　　　一　　　張　　　風　　　景　　　明
ts'un³⁵　t'iɛn³⁵　hɛ⁵⁵　it²　　tsoŋ³⁵　fuŋ³⁵　kin³¹　min¹¹

信　　　片（春天是一張風景明信片）
sin⁵⁵　　p'iɛn³¹

春　　　天　　　係　　　一　　　篇　　　優　　　美　　　介〔註35〕
ts'un³⁵　t'iɛn³⁵　hɛ⁵⁵　it²　　p'iɛn³⁵　iu¹¹　mi³⁵　kɛ⁵⁵

情　　　詩（春天是一篇優美的情詩）
ts'in¹¹　sii³⁵

春　　　天　　　係　　　一　　　首　　　抒　　　情　　　介
ts'un³⁵　t'iɛn³⁵　hɛ⁵⁵　it²　　su³¹　su³⁵　ts'in¹¹　kɛ⁵⁵

歌　　　曲（春天是一首抒情的歌曲）
ko³⁵　　k'iuk²

春　　　天　　　係　　　一　　　位　　　溫　　　柔　　　多
ts'un³⁵　t'iɛn³⁵　hɛ⁵⁵　it²　　vi⁵⁵　vun³⁵　iu¹¹　to³⁵

情　　　介〔註36〕　　　細　　　阿　　　妹　　　仔
ts'in¹¹　kɛ⁵⁵　　　　sɛ⁵⁵　a¹¹　moi⁵⁵　ɛ³¹

〔註33〕係：是。
〔註34〕麼介：什麼。
〔註35〕介：的；又做「个」。
〔註36〕細阿妹仔：小女生。

（春天是一位溫柔多情的小女生）

春	天	係	一	位	大	自	然
ts'un^{35}	t'iɛn^{35}	hɛ^{55}	it^2	vi^{55}	t'ai^{55}	ts'ii^{55}	iɛn^{11}

介	親	善	大	使 〔註37〕
kɛ^{55}	ts'in^{11}	san^{55}	t'ai^{55}	sii^{31}

（春天是一位大自然的親善大使）

這第三段十八行的詩的韻律可以綜合說明如下：

1、在每一行的開頭都是「春天係」三個字，接著第二三四五六行都是量詞「一」，這樣開頭字數非常整齊，句法結構類似的類句，也相當符合「同音的重複」、「音節的整齊化」聲韻美感的基本原則的。

2、第二行從張「tsoŋ^{35}」、風「fuŋ^{35}」、景「kin^{31}」、明「min^{11}」、信「sin^{55}」、片「p'iɛn^{31}」六字中前二字收「ŋ」而後四字收「n」，連續六字都是屬於陽聲韻尾的字，所以這一整句具有悠揚綿遠的效果，是「諧韻尾」，也可以說是「疊韻詞」的運用。

3、同第二行中景「kin^{51}」、明「min11」、信「sin^{55}」主要元音都是【i】；各行的天「t'iɛn^{35}」、係「hɛ^{55}」主要元音都是【ɛ】；第五行的溫「vun35」、柔「iu11」主要元音都是【u】；也明顯具有「諧主元音」的聲韻之美。

4、第三行的優「iu^{11}」、美「mi^{35}」；第五六行的一「it^2」、位「vi^{55}」；第六行的大「t'ai^{55}」、自「ts'ii^{55}」；大「t'ai^{55}」、使「sii^{31}」各組詞彙有疊韻詞，具有強烈的音樂性。

5、這整首詩各行的春「ts'un^{35}」、天「t'iɛn^{35}」聲母「ts'」和「t'」同屬於塞音；而第一行的東「tuŋ^{35}」、西「si^{35}」聲母「t」、「s」同屬於齒音；第四行的歌「ko^{35}」、曲「k'iuk1」聲母「k」和「k'」同屬於軟顎塞音；第五行的多「to^{35}」、情「ts'in^{11}」聲母「t」和「ts'」同屬於塞音；因此本段「頭韻」運用的技巧相當精妙。

6、再從從聲調的高低變化來說，第三段的第二、五、六行末三字的調值分別是是－11－55－31，－11－55－31，－11－55－55－31，這樣相同或相近音高的字句串成的音響，穿插得特別有音樂節奏感。

〔註37〕春天跈麼儕來：春天跟誰來？這首詩是葉日松很有名的作品之一，見於《佢介名仔安著臺灣》頁68～69；《鑊仔肚介飯，比麼介都卡香》，頁155～157。

二、再以〈火車，火車，等一下仔〉爲例

（一）先分析第一段如下

火　　　車　，　　火　　　車（火車　火車）
fo³¹　　ts'a³⁵　　　fo³¹　　ts'a³⁵

你　　愛　　去　　奈　　位〔註38〕？（你愛去哪裡）
ŋ¹¹　　oi⁵⁵　　hi⁵⁵　　nai⁵⁵　　vi⁵⁵

等　　一　　下　　等　　一　　　下（等一下　等一下）
tɛn³¹　　it²　　hɑ⁵⁵　　tɛn³¹　　it²　　hɑ⁵⁵

請　　你　　載　　𠊎　　去　　童　　年　　介
ts'iaŋ³¹　ŋ¹¹　tsoi⁵⁵　ŋai¹¹　hi⁵⁵　t'uŋ¹¹　ŋiɛn¹¹　kɛ⁵⁵
車　　　頭〔註39〕（請你載我去童年的火車站）
ts'a³⁵　t'eu¹¹

愛　　看　　看　　旅　　客　　介　　留　　言
ŋai¹¹　oi⁵⁵　k'on⁵⁵　k'on⁵⁵　li³¹　hak¹　kɛ⁵⁵　liu¹¹　ŋiɛn¹¹
牌（我要看看旅客的留言版）
p'ai¹¹

到　　底　　佢　　係　　去　　奈　　位？（到底他是去哪裡）
to⁵⁵　tai³¹　ki¹¹　hɛ⁵⁵　hi⁵⁵　nai⁵⁵　vi⁵⁵

這首詩的第一段六行的韻律有下列幾個特色：

1、在第一行和第三行有「火車」、「等一下」、「去奈位」的疊詞運用，第五行也有「看看」疊字的運用，而第二句「你愛去奈位」、和第六句的「到底佢係去奈位？」類似句的運用、應該符合「同音的重複」、「音節的整齊化」聲韻美感的基本原則的。

2、第五行到「to⁵⁵」、底「tai³¹」的聲母「t」是齒塞音，顯出「頭韻」運用的技巧。

3、第二行的愛「oi⁵⁵」、去「hi⁵⁵」、奈「nai⁵⁵」、位「vi⁵⁵」主要元音有三個是都是【i】，各韻尾音也是【i】；所以這行具有「諧主元音」、「諧韻尾」的聲韻之美。

4、第四行的請「ts'iaŋ³¹」、你「ŋ¹¹」、載「tsoi⁵⁵」、𠊎「ŋai¹¹」、去「hi⁵⁵」、童「t'uŋ¹¹」、年「ŋiɛn¹¹」、介「kɛ⁵⁵」、車「ts'a³⁵」、頭「t'eu¹¹」字中，依照一

〔註38〕你愛去奈位：你要去哪裡？
〔註39〕車頭：車站。

般押韻分三類，押鼻音如【－m】、【－n】、【－ŋ】屬於「陽聲韻」，其他押非鼻音如【－i】、【－o】、【－a】、【－u】爲「陰聲韻」，而押塞音韻尾【－p】、【－t】、【－k】的則屬於「入聲韻」；本文發現「請你載偓去童年介車頭」這十個字「由音節要素」的解析，其韻尾安排是「陽」－「陽」－「陰」－「陰」－「陰」－「陽」－「陽」－「陰」－「陰」－「陰」整齊而有致的規則。

　　5、再從聲調的高低變化來說，本段各行末字的音值是 35－55－55－11－11－55，而末兩行的後五字呈現有趣的對應〈11－55－11－11－11〉和〈11－55－55－55－55〉。這樣相同或相近音高的字句串成的音響，穿插得特別有音樂節奏感。

　　（二）再分析第二段如下：

車	長	，	車	長	（車長　車長）
ts'a^{35}	tszoŋ^{31}		ts'a^{35}	tszoŋ^{31}	

你	愛	去	奈	位？	（你要去哪裡）
ŋ^{11}	oi^{55}	hi^{55}	nai^{55}	vi^{55}	

等	一	下	等	一	下	（等一下　等一下）
tɛn^{31}	it^2	ha^{55}	tɛn^{31}	it^2	ha^{55}	

請	問	你	有	看	到	（請問你有沒有看到）
ts'iaŋ^{31}	mun^{55}	ŋ^{11}	iu^{11}	k'on^{55}	to^{31}	

瘦	瘦	高	高	皮	膚	赤	赤〔註40〕
ts'eu^{55}	ts'eu^{55}	ko^{35}	ko^{35}	phi^{11}	fu^{35}	cak^2	cak^2

（瘦瘦高高皮膚黑黑）

安	著〔註41〕		阿	平	仔〔註42〕	捁
on^{11}	to^{55}		a^{35}	p'in^{11}	ɛ^{31}	lau^{35}

阿	盧	目	介	朋	友	冇〔註43〕？
a^{35}	lu^{11}	muk^2	gɛ^{55}	phɛn^{11}	iu^{35}	mo^{11}

（叫做阿平仔和阿盧目的朋友嗎）

　　這首詩的第二段六行的韻律有下列幾個特色：

　　1、這段的句法和第一段類似而稍有變化，在每一行和第三行有「車長」、

〔註40〕皮膚赤赤：皮膚黑得發亮。
〔註41〕安著：名字叫做。
〔註42〕捁：和，又寫作「摎」。
〔註43〕冇：有沒有，又寫作「無」，以下同。

「等一下」的疊詞運用，第五行則也有「瘦瘦」、「高高」、「赤赤」三組疊字的運用，應該符合「同音的重複」聲韻美感的基本原則。

2、第四行的看「k'on⁵⁵」、到「to³¹」和第六行的「on¹¹」、到「to⁵⁵」，主要元音都是【o】；而阿「a35」、平「p'iaŋ11」主要元音都是【a】；盧「lu¹¹」、目「muk²」主要元音都是【u】；顯出這行也具有「諧主元音」的聲韻之美。。

3、其中第四行的看「k'on⁵⁵」、到「do³¹」和第六行的安「on¹¹」、著「do⁵⁵」和盧「lu¹¹」、目「muk²」應可屬於「句中韻」的聲韻之美。

4、至於本段聲調的高低變化來說，本段各行末字的音值是 31－55－55－31－1－11，而末兩行的後四字呈現有趣的對應〈11－35－1－1〉和〈55－11－35－11〉。

（三）第三段的分析如下：

開	往	□□〔註44〕	介	火	車（開往□□站的火車）
k'oi¹¹	voŋ³⁵	□□	kɛ⁵⁵	fo³¹	ts'a³⁵

請	你	**捗**	**偓**	講〔註45〕（請你跟我講）
ts'iaŋ³¹	ŋ¹¹	lau³⁵	ŋai11	koŋ³¹

你	有	法	度〔註46〕	載	**偓**	轉
ŋ¹¹	iu¹¹	fap1	t'u⁵⁵	tsoi⁵⁵	ŋai¹¹	tson³¹

到	懷	念	介	童	年	冇？
to⁵⁵	fai¹¹	ŋiam⁵⁵	kɛ⁵⁵	t'uŋ¹¹	ŋiɛn¹¹	mo¹¹

（你有沒有辦法載我回到懷念的童年？）

這首詩的第三段三行的韻律有下列幾個特色：

1、這段的句法和第一二段的差別變化很大，但仍不離火車的主題，且「你」、「偓」各自重複兩次，有少許的「同音的重複」聲韻美感。

2、第一句的開「k'oi¹¹」、往「voŋ³⁵」主要元音都是【o】；和第三行的轉「tson³¹」、到「to⁵⁵」主要元音都是【o】；這段短短三行的詩作也具有「諧主元音」的聲韻之美。

3、其中轉「tson³¹」、到「to⁵⁵」是疊韻詞，而載「tsoi⁵⁵」、偓「ŋai¹¹」是「諧韻尾」。

4、另外懷「fai¹¹」、念「ŋiam⁵⁵」一詞中的韻母部分「ai」、「ia」舌位有「低

〔註44〕□□：某個地方。
〔註45〕**捗偓講**：跟我講。
〔註46〕有法度……冇：有沒有辦法。

「一高」、「高一低」的交替變化。

5、至於本段聲調的高低變化來說，本段末行的音值是 11－35－1－55－55－11－31－55－11－55－55－11－11－11；其中〈55－11〉在後十個字當中出現三次之多，亦即〈55－11〉－31－〈55－11〉－55－〈55－11〉－11－11，也相當有節奏感。

（四）第四段的分析如下

車	長	笑	笑	冇 〔註47〕	回	答	（車長笑笑沒有回答）
ts'a^{35}	tsoŋ^{31}	sɛu^{55}	sɛu^{55}	mo^{11}	fi^{11}	tap^{2}	

火	車	一	站	過	一	站
fo^{31}	ts'a^{35}	it^{2}	tsam^{55}	ko^{55}	it^{2}	tsam^{55}

冇	回	頭 〔註48〕	（火車一站過一站沒有回頭）
mo^{11}	fi^{11}	t'eu^{11}	

這首詩的最末段兩行的韻律則有下列幾個特色：

1、這段短短兩行，就有疊字「笑笑」、同音字「冇」，疊詞「一站」，類詞「車長」和「火車」、「回答」和「回頭」，所以本段「同音的重複」的聲韻美感佔了很大比例。

2、就第一行的末字回答的答「tap^{2}」和第二行的末字回頭的頭「t'eu^{11}」來看，如果細細從兩字的語音「音節要素」來解析，我們可以發現兩字的聲母「t'」、「t」同屬舌尖塞音，而韻母部分【a】「a」、【eu】「eu」是單韻母與雙韻母對應，且低舌位響度最大的「a」音和高舌位響度最低的【u】音對應，也是開口【a】和合口【u】的對應；韻尾則是雙唇閉口【-p】的入聲韻和陰聲韻【u】的對應；音調部分則恰巧是低入調「2」，和低平的調「11」對應；前者代表聲音短促急收，而後者代表聲音低吟綿長。

3、除了上述兩行末字低入調「2」，和低平的調「11」對應現象呈現美感之外；兩行的末三字的音值來看，同時都是〈11－11－2〉、〈11－11－11〉的低音，彷彿聽到了火車緩緩前進的節奏及帶給讀者極大迴盪和思考的空間。

葉日松客語現代詩作品中屬於這一類「不刻意押韻的自然節奏」的詩篇相當多，如〈秋思〉、〈麥當勞〉、〈唔會消失介彩虹〉、〈收多介景象〉、〈禾仔栲

〔註47〕冇：沒有。

〔註48〕〈火車，火車，等一下仔〉也是葉日松名作之一，選自見於《佢介名仔安著臺灣》，60～61；《鑊仔肚介飯，比麼介都卡香》，頁54～56。

農夫〉、〈燈籠草〉、〈極樂仔〉、〈芋荷葉〉、〈山中介吊橋〉、〈上課挵下課〉、〈相打〉、〈愛笑又愛叫〉、〈𠊎愛聽介一首歌〉、〈夢中介小木屋〉、〈大頭殼〉、〈夢中介小木屋〉、〈聰明介蟬〉、〈去食酒〉、〈故鄉介車頭〉、〈尋詩介白鶴仔〉、〈佢介名安著臺灣〉、〈春天〉、〈雲介心情〉、〈相思樹、流目汁〉、〈相思樹〉、〈風，畫圖〉、〈雷公矅爐〉、〈迎接春天介揚葉仔〉、〈風情萬種油桐花〉、〈油桐花〉、〈著婚紗〉、〈秋天介娘婆花〉、〈春天來了〉、〈蒔田〉、〈滿叔公做生日〉、〈一雙禾稈鞋〉、〈蜗仔聲〉、〈讀書聲〉、〈阿爸阿姆介叮嚀像山歌像家書〉、〈蜗仔聲、讀書聲、舂米聲〉、〈緊工時節介阿爸阿姆〉、〈火焰蟲〉、〈黃昏介故鄉〉、〈野薑花開介時節〉、〈迎媽祖〉、〈做平安戲〉、〈共品蓮花介芬芳〉、〈故鄉介牛車路〉、〈掌牛介日仔〉、〈覓蜆仔〉、〈拈田螺〉、〈燈籠草〉、〈吃酒醉介極樂仔〉、〈芋荷〉、〈數字歌〉、〈山中介吊橋〉、〈大自然介信仔〉、〈文鎮〉、〈讀書人介作息歌〉、〈你若係知請你挵𠊎講〉、〈睡毋忒介暗晡時〉等等。

第三節　轉韻安排的節奏韻律之美

　　葉日松客語現代詩作品中屬於押韻作品而有轉運安排的情形，如第一節之第三點有關隔句押韻以稍有說明之外，本節另就有關轉運安排的節奏韻律之美再做討論：

　　艾略特曾在〈詩的音樂〉一文中說：

> 任何長度的詩都必須在較強烈與較不強烈的片段之間作變化轉折，
> 俾能提供一種起伏之情感的韻律，這種韻律是整體音樂結構不可或
> 缺的。〔註49〕

　　黃永武先生則在〈談詩的音響〉一文中說：

> 韻腳的疏密與轉換，能烘托出不同的情節氣氛。〔註50〕

唐詩的轉韻，因為格律限制嚴格，大抵來說分成二種；一種是不規則而隨意換韻的，像李白的夢遊天姥詩，與詩中情節氣氛配合，比較容易掌握。另一種是換韻的距離以及韻腳的聲調都有規則可循，共規則大致是以四句或八句一換韻。換韻時通常又以平韻仄韻相間遞用為原則，詩人們大抵喜在標明主旨時用平舒韻，在迂徐曼衍時用仄聲韻。

〔註49〕而強烈度較低的片段會是……散文式的……周伯乃，《現代詩的欣賞》，頁19。
〔註50〕黃永武，〈談詩的音響〉，《中國詩學設計篇》，頁168。

　　然而現代詩是自由的，並不講究刻意的押韻或是嚴格的格律，依照古詩也有的「韻意雙轉」的關係，「行所不得不行，轉所不得不轉」的境界，詩人對於用字的短長、韻的疾徐、疏密、多寡、輕重等，隨著情感景物而自由變化詩韻，活潑而彈性的顯示出匠心經營，應是古今中外詩人用韻的原則。

　　葉日松客語現代詩有許多隔行換韻或隔段換韻的詩作，本節再列舉〈黃昏時節〉、〈歡迎來花蓮〉為例，探討其詩作「韻腳的轉換」的效果。

壹、先以〈黃昏時節〉為例：

〈黃昏時節〉

　　故鄉介天空片片彩霞（a）

　　田項農夫唱歌回家（a）

　　家家戶戶炊煙起

　　美景如畫（a）

　　阿爸阿母介叮嚀像一盞燈

　　勸化倕兜惜年華（a）

　　努力耕耘會得瓜（a）

　　永不變卦（a）

　　日頭落西邊（i3n）星仔在天（i3n）

　　掌牛阿哥快樂如仙（i3n）

　　恬靜農村山挵田（i3n）

　　幸福人間（i3n）

　　流汗打拼天下無白吃午餐

　　勸君時時愛勤勉（i3n）

　　祖先嘉言記心頭

　　永不變遷〔註51〕（i3n）

本詩作共分四段，第一段「一二四行」末字押韻，第二段「二三四行」末字

〔註51〕葉日松，《葉日松客語詩選》（花蓮：花蓮客屬會，1999年9月），頁7—8。

押韻，第一二段都押【a】韻，韻腳字各是霞【a】、家【a】、畫【a】、華【a】、瓜【a】、卦【a】；從詞彙「彩霞」、「回家」、「美景如畫」、「年華」、「得瓜」、「不變卦」的意境和情節來看，全詩呈現的是作者在黃昏的美景中快樂的回家，自己體會到父母辛勤耕耘而豐收，於是暗自下定決心，誓不變掛；可以說與口腔張開度最大、響度最大【a】韻所代表的積極、歡樂的、肯定的、正面的情緒是完全相符的。

而後二段押【iɜn】韻，第三段「一二三四行」末字全部押韻，第四段則是「二四行」末字押韻，都押【iɜn】韻，韻腳字各是邊【iɜn】、天【iɜn】、仙【iɜn】、田【iɜn】、間【iɜn】、勉【iɜn】、遷【iɜn】；依據竺家寧：收【-n】的陽聲韻字，發音時鼻腔產生共鳴的效果，加上聲調是平聲，使聲響有綿延拖長，迴盪不絕〔註52〕的效果的說法；再從詞彙「西邊」、「在天」、「如仙」、「山田」、「人間」、「勤勉」、「變遷」的意境和情節來看，日落黃昏之後，天色漸晚，星星高掛在遙遠的天邊，牧童快樂似神仙，在恬靜的山田之間，享受幸福的生活。詩人最後一段則強調，做人應謹記祖先訓言，勤勉打拼的精神，才能永世流傳，而不變遷。其中聲音的響綿延拖長，迴盪不絕與詞義的意境，是與聲義相符的原則相符的。

二、再以〈歡迎來花蓮〉為例：

〈歡迎來花蓮〉
　　花蓮港係天堂（iaŋ）
　　國家公園名聲揚（ioŋ）
　　海岸線有詩畫（a）
　　縱谷平原像童話（a）

　　六十石山七星潭
　　優雅風景無奈比（i）
　　品嘗曼皮魚三餐富麗米（i）
　　花蓮薯做等路
　　金針送人也歡喜（i）

　　光復冰滋味好（o）

〔註52〕竺家寧，〈從語言風格學看杜甫的秋興八首〉《語言風格與文學韻律》，頁131。

瑞穗牛奶香全島（o）

鶴崗茶　品牌老（o）

玉里羊羹人喔惱（o）

安通水尾　洗溫泉

秀姑巒溪划船樂逍遙（ieu）

來觀光　　來遊料

順續來聽客家老歌謠〔註53〕（ieu）

本詩也分四段，第一段五行兩個韻，前兩行押的是綿長的陽聲韻【ioŋ】，韻腳字各是天堂的堂【ioŋ】、名聲揚的揚【ioŋ】，詩中的情感昂揚而激情；後兩行押的是聲響度最大的的單元音【a】，韻腳字各是詩畫的畫【a】、童話的話【a】，詩句中的意象也是正向而純真的；第二段五行只押一個韻，【i】，屬於古韻「幽」類的字，而「幽」類的字，依據劉師培《正名隅論》的看法，如前述多含有「曲折有稜」、「隱密斂縮」的意義，意即情感上是細密而收斂內隱的；本段韻腳字各是無奈比的比【i】、富麗米的米【i】、歡喜的喜【i】，詩中的情感細膩而內斂。

　　第三段四行全都是押【o】韻，【o】的舌位在口腔的中央，響度僅次於【a】；【o】韻的情緒比照感嘆詞「喔」來看，有表示領悟之義〔註54〕，與詞彙中的「滋味好」【o】、「香全島」【o】、「品牌老」【o】、「人喔惱」【o】（讚美）押韻和詞義也有相輔相成之功；第四段的四行則以隔行押韻且同音重複為特色，而「樂逍遙」的「遙」和唱歌謠的「謠」，兩相對應，韻味無限。

　　綜合各節內容來說，現代社會充滿了匆忙、緊張、繁亂和喧囂，而詩人如何能在焦急、不安、恐懼和徬徨的瞬息萬變的情緒中，穩定人心，平靜自在的面對，的確是非常重要的。任何一種語言，對於它的社會和民族都有某種無形的價值。我們知道每一個民族與每一個民族之間，每一個社會與每一個社會之間的傳統有所不同，也就是因為它的語言的不同，詩人多少負有保存和擴展，改進語言的職責。現代詩的最大功能，也就是它能利現代社會相結合，和它自己的民族傳統相結合，和它自己的人們的思想、情感、聲音、

〔註53〕葉日松，《秀姑巒溪介人生風景》（花蓮：花蓮縣政府，2006年6月），頁15～17。

〔註54〕周何主編，《國語活用辭典》，頁351。

情緒相結合。因此,現代詩和現代社會是有著極其密切的關係。數萬年來,人類的語言一再地改變,擴展,而我們的詩也一再地改善、演變,正如我們的社會形態一再地擴展,改良一樣。〔註55〕

　　因此,本章從葉日松的客語現代詩的聲情探討出發,分析他的詩作中刻意押韻的詩篇的聲韻情感,不刻意押韻的詩篇的自然節奏的韻律和情感,和轉韻安排的詩篇的聲情,發現葉日松的客語現代詩的篇章,不僅與古詩押韻的聲義相近相切的原則相符,能烘托出不同的情節氣氛,有時在較強烈與較不強烈的片段之間作變化轉折,提供一種起伏之情感的韻律;同時從保存客家母語的語言的職責出發來說,詩人葉日松用客家母語寫作,經由本章各節以客家母語之聲韻注音來探討,其客語現代詩的聲情表現,擴展了客家母語詩的廣度與深度,彰顯了客家母語詩的文學價值。

<hr />

〔註55〕周伯乃,《現代詩的欣賞》,頁299～300。

第七章　葉日松客語現代詩的
　　　　意象經營

　　現代作家，尤其是詩人，特別重視「意象」的呈現。「意象」，原是心理學上的一個名詞，是指人類的意識的活動、對過去經驗的喚起的一種心象再現，而現代詩人將外界的事象納入心靈，把原有的形式擊碎，然後再經過理性的剪裁、組織，拼湊成一種全新的式樣，一種前輩詩人所未曾有過的新的形式，這便是創造性的想像，因此，我們也可以說意象之形成是來自於想像的。〔註1〕

　　簡政珍指出：

　　　意象是詩人和語言的對話後靜謐的尾音。詩摒除散文喧囂的本質，
　　　詩人在文字中所指陳的是沉潛的情感，而非情緒。他的讀者是一張
　　　張深沉的臉孔，而不是在夢幻世界裡神遊的少女，也不是聒噪的政
　　　客或股市投資人。〔註2〕

　　葉日松雖然在詩集的自序中表示：

　　　不論寫詩或寫詞，我並不講究什麼手法或技巧，我只以最真摯敏銳
　　　的心靈去感受天地萬物，以最平實樸拙的筆觸去抒寫自己的情愫。
　　〔註3〕

然而評論者賴曉珍曾以「不泯滅的文字月光」〔註4〕來形容作者的文字，經常

〔註1〕　周伯乃，《現代詩的欣賞》（臺北：三民 1974 年 12 月），頁 75。
〔註2〕　簡政珍，《詩心與詩學》（台北：書林，1999 年），頁 18。
〔註3〕　葉日松，《客語現代詩歌選》（臺北：武陵出版社，2001 年 2 月），頁 4。
〔註4〕　賴曉珍，〈月光灑在東海岸〉，《文訊雜誌，2006 年 10 月號》，頁 34。

讓人深刻而雋永的感動。本文認為葉日松客語詩作讓人之所以「讓人深刻而雋永的感動」，一方面是來自於葉日松對於文字聲情的運用和詩篇行數的形式安排，可以讓人印象深刻以外，更重要的是詩的內容，詩的意象。也就是作者把經驗的形式擊碎，再經過理性的剪裁、組織，拼湊成一種全新的式樣，創造了完整的想像空間；這種想像空間和讀者交流互動，激盪出各種察覺方式，而這些不同方式的察覺就是美的觸動，就是詩的美感經驗，也正是這些詩作美的所在。這些美感經驗的激盪，是喚起了讀者共鳴的元素，也就是葉日松現代客語詩作令人感動的重要因素。尤其葉日松從小在客家農村成長，其自然生成的客家意識，樸質卻醇厚的客家族群的生活印象，和浸潤在客家人重視家庭的倫理精神，特別顯出其意象經營使客語現代詩作在客家文學的藝術性。

　　本章試將上述所論及之「不同方式的察覺」引伸，分別從具體凝塑之意象美的角度、動靜皆俱之意象美的角度、感知平衡之意象美的角度等敘述之各舉一至二篇詩作做為代表作品作一賞析，並討論詩作中的客家精神之意涵。

第一節　具體凝塑之意象美

　　周伯乃認為：「大凡吾人在日常生活中，第一個映入吾人視覺官能中的形相，都是具象的。而一切具象的事物，都是從人類意識活動所認知的，從種種因素組合成一整體。日本美學家荻原朔太郎認為「一切具象的東西，都是從各種複雜的要素成立的。」所謂具象的（具體的）存在，實係「多」融合於「一」之中，部分的滲透混合於全體之中，因而得到統一的東西。接看他又說：「在吾人生活上，常常為吾人所感、所思、所惱」的東西，全都是具體的東西。這是由環境、思想、健康、氣氛等等的雜多條件所構成的。」〔註5〕

　　本節將葉日松客語現代詩作中，對照前述評論家所提「一切具象的東西和吾人生活上所感、所思、所惱的對象」，分作「詠人感恩」、「詠物懷舊」、「敘事感懷」及「其他抽象事物」來分別論述：

一、詠人感恩之意象美

　　關於現代詩的「人」的位置，學者蕭蕭有精闢的見解：

〔註5〕周伯乃，《現代詩的欣賞》（臺北：三民 1974 年 12 月），頁 194。

現代詩所處理的題材當然不外乎人，人所發生的情，人所接觸的物。當我們要想從詩中理解「人」的位置時，卻也發現其中的困難。其中的困難之一是，詩所處理的是「情」是「物」，而非「人」本身，我們或許可以從現象的整理、歸納，回復到完整的人身上去，但是，這終究是枝葉，而非樹的完整體貌，是個別的「樹」身，而非「林」的完整形相。其中的困難之二，則是所有問題的癥結所在，那就是：現代詩人心中是不是有一個完整的「人」的形象？是不是關心「人」在整個時空中的具體位置？如果詩人缺少這種體認，自然無法寫出這樣的作品，我們要想從其中尋繹蛛絲馬跡，也就十分困難了。隨著文化思想的演化，詩人面對「人」的價值、尊嚴，當然會有數值上的昇降，或者俯視角度上的變異，或許變化極微，但見微知著，文化思想的遷移，往往因此而有驚喜的發現。〔註6〕

葉日松客語現代詩詩作中，依照本文第四章「葉日松客語現代詩的內容分析」第一節「親情之浸染與歌詠」各小節之詩作，如思念爺娘之作、追禱祖輩之作可為本節「詠人感恩之意象美」之例，再提出〈緊工時節介阿爸阿姆〉進行其客家文學與詩的意象經營的論述，為了說明方便，此處將客語原文和國語譯文並列：

〈緊工時節介阿爸阿姆〉

客語原文	國語譯文
像留聲機	（像留聲機）
像收音機	（像收音機）
像風車	（像風車）
像機器桶	（像機器桶）
一日到暗轉冇停	（一日到晚轉不停）
緊工時節介阿爸阿姆	（農忙時節的父母）

〔註6〕 蕭蕭，《現代詩學》（臺北：東大圖書公司，76年4月），頁15；另外，本書第23頁舉出幾位名家在作品中的「人」的位置，如吳晟的「吾鄉印象」、「泥土」，開始描繪臺灣農夫的淳厚，蔣勳的「少年中國」則關心榮民的血淚，表現了愛和疾忿，施善繼以都城小市民的口吻，道盡兒女成長的方向，楊澤以一介書生關懷中國大陸的傷痕和怒吼。有血有肉，有愛有恨，人的形象開始確立了，人的尊嚴被重視了！七十年代開始，現代詩中處處出現人的形影。

從田塍到禾埕	（從田埂到晒穀場）
走上走下	（走上走下）
汗珠像落水	（汗如雨下）
一儕管割禾	（一人負責割稻）
一儕管曬穀	（一人則管曬穀）
緊工時節	（農忙時節）
阿爸忙蒔田	（父親忙碌於插秧）
阿姆煞猛來挑秧	（母親勤奮挑秧苗）
出門擎燈火	（出門舉著燈火）
入門帶月光	（返家門時則往往已是月上枝頭）
緊工時節	（農忙時節）
係農人耕耘介時節	（正是農人耕耘的時節）
也係收成介時節	（也是收成的時節）
係阿爸阿姆功課最有閒介時節	（是父母親功課最忙碌的時節）
也係佢兜最快樂介時節〔註7〕	（也是他們最快樂的時節）

本篇作品一方面從記事手法著眼，將父母披星戴月，勤奮勞動，卻分工合作，
條理井然，忙碌而充實快樂的情景，娓娓道來，其語意分析已見本文第四章
第一節〈親情的浸潤與歌詠〉之討論，如專就意象經營的角度來看，葉日松
一方面著重人物的整體形象，「人」在整個時空中的具體位置非常清楚那就
是他的父母勤勞工作的形象，與一般客家人的勤奮並無二異；尤其用父母的
「功課」最忙時就是農忙時期，也是最「快樂的時光」的說法，除了象徵著
在作者小小心靈中，「功課」就是人生的責任，是一種快樂，也說明了客家
人耕讀傳家的精神，因為農夫之於農務，就等於讀書人之於功課一樣，他的
父母勇於承擔農務並快樂地承擔責任，就像讀書人認真的做功課一樣，相信
他也常因為認真讀書，而獲得父母的鼓勵和肯定，而父母更覺得所有勤勞奮
鬥都因為葉日松認真讀書的態度甚覺欣慰而又更加勤奮於農務；這樣父母親
身教重於言教的親身示範，雖然是形容農忙的文句，本文認為是作者感念親
恩，身體力行善於經營「詠人感恩之意象的寫照」；同時也說明了客家人耕

〔註7〕 葉日松，《一張日誌等於一張稿紙》（花蓮：花蓮客屬會，1997 年 4 月），頁
38～40；《酒濃花香客家情》（臺中：文學街出版社，1998 年 4 月），頁 40～
42；《客語現代詩歌選》（臺北：武陵出版社，2001 年 2 月），頁 65～67。

讀傳家的精神。

二、詠物懷舊之意象美

　　古人模山範水之作，有一類特別稱爲「山水詩」類。廣義的山水詩可以包括大自然界的事物，詩人抒情言志，不能不以「物」爲傳達工具，因此「物」由次要地位提昇爲主要地位，也就是山水詩興起之時。朱光潛在「山水詩與自然美」論文中說：

> 早期詩歌在各民族中大半都從敘述動作開始，偶爾涉及自然事物，大半只把它作爲背景、陪襯或比喻。到了山水詩，自然便由次要地位提升到主要地位。〔註8〕

現代詩所處理的題材一樣有一大類是所謂的「物」，依照本文第四章「葉日松客語現代詩的內容分析」第二節「生活記實與記趣」第二小節之詩作，如葉日松在這方面的作品數量很多，已如前述等二十五篇，本小節試以其中〈芋荷葉〉〔註9〕爲例，再說明葉日松的詩作不僅具有「詠物懷舊之意象美」，同時也將客家族群生活儉樸的印象表露無遺，爲了說明方便，此處將客語原文和國語譯文並列：

〈芋荷葉〉

客語原文	國語譯文
在荒野	（在荒野）
在山頂	（在山頂）
芋荷葉　像書頁	（芋荷葉　像書頁）
頁頁有𠊎童年介影仔	（每頁都有我童年的影子）
有𠊎童年介畫像	（有我童年的畫像）
大大闊闊介芋荷葉	（寬寬大大的芋荷葉）
阿公阿婆用佢包豬肉	（阿公阿婆用來包豬肉）
用佢包豆腐	（用它來包豆腐）
阿爸阿姆用佢包鹹魚	（爸爸媽媽用來包鹹魚）

〔註8〕　蕭蕭，《現代詩學》（臺北：東大圖書公司，76年4月），頁78。
〔註9〕　葉日松，《佢介名仔安著臺灣》，頁65～67；《鑊仔肚介飯，比麼介都卡香》，頁50～53。

用佢包地豆	（用它來包花生）
隔壁介阿叔用佢包羊角（菱角）	（隔壁的阿叔用它來包菱角）
街路介阿伯用佢包菜脯	（市場裡的阿伯用它來包蘿蔔乾）
從日本時代到臺灣光復	（從日本時代到臺灣光復）
從盡早盡早介頭擺到這下	（從很早很早以前到現在）
芋荷葉陪伴農家人　生理人	（芋荷葉陪伴著農家人、生意人）
度過咬薑啜醋介年代	（度過困苦的年代）
度過蠟燭做燈火介艱辛歲月	（度過用蠟燭做燈火的艱辛歲月）
看到佢	（看到它）
偓就想起童年時節	（我就想起童年）
阿爸阿姆渡偓上山撿柴介故事	（父母帶我上山撿柴的故事）
看到佢	（看到它）
偓就想到童年時代去邏山介情景	（我就想到童年時代去巡山的情景）
看到佢	（看到它）
偓就想起從前	（我就想到從前）
從前介種種	（以前的種種）
頭擺介種種	（過去的種種）

作者以在荒野在山頂各地常見的芋荷葉為實體，說明它像書頁，頁頁都有他童年的影子，有他童年的畫像；因為，寬寬大大的芋荷葉非常實用；祖父母用它包豬肉和豆腐，父母用它包鹹魚和花生，隔壁的阿叔用它來包羊角（菱角），市場裡的阿伯用它包蘿蔔乾；從日本時代到臺灣光復，從很早很早以前到現在，芋荷葉陪伴著農家人、生意人，度過困苦的年代，度過用蠟燭做燈火的艱辛歲月；作者每每看到芋荷葉，就想起童年，父母帶他上山撿柴，去巡山的情景，也會想起以前的種種。

　　這一類的篇章是以實物為歌頌的對象或是記錄發想的載體，藉物記事或寄情，像平時常見的芋荷葉，在當年農業時代的鄉村，是村人的包裝盒、手提袋，它可以用來裝許多東西，既環保又方便，是生活上實用的物品。如今，時代推移，社會環境丕變，在塑膠袋發明以後，生活有了急速的轉變；不變的芋荷葉，兀自常見在鄉間野外，承載許多作者童年的回憶，作者在本詩作中不僅呈現「詠物懷舊之意象美」，同時也將客家文化中最基本的質樸無華與

崇尚節儉的特性表露無遺。

三、敘事感懷之意象美

　　葉日松客語現代詩作中另有許多對於事件的關懷之情，依本文第三章各節所敘如第二節的兒時生活之記實與記趣、第三節的自然之歌頌與抒懷、第四節的鄉土名產與各地名勝之頌讚與傳播和第五節傳統節慶與民俗信仰等事項，都是詩人經營敘事感懷的意象呈現，作品多元而豐富，本小節試以其中《萬古流芳在人間〈義民之歌〉》〔註10〕敘事詩為例，再詳細說明之：

　　一般義民廟祭祀的現場，只有牌位並沒有神像，所以一般人對於這些為鄉土家園犧牲生命的先民印象，並不清晰，一直只是作為守護家園的精神象徵，而予以崇拜。因此作者為感念客家義民的奉獻精神，特別創作了《萬古流芳在人間〈義民之歌〉》敘事詩組，共計八首，見第四章第五節第三項「義民信仰寫入詩篇」。

　　整組詩意象清晰一氣呵成，將義民保鄉衛國的精神，視死如歸的氣節，一一呈現，在剛強中，又有兒女情長的溫婉，是一種剛柔並濟的寫法，也是將傳統民間信仰予以創新活化的新作風，最特別的是每一個篇章各段數行就有一個故事的核心，只要摘錄各篇章的幾行文字，彷彿就足以使讀者回溯歷史，再次經當年混亂的情況，以下逐一透視其呈現之意象，為了說明方便，此處將客語原文和國語譯文並列：

　　一、從描寫義民如何下決心開始

　　　　出征介腳步　　　　　　　　（出征的腳步）

　　　　行出生命介光彩　　　　　　（走出生命的光彩）

　　　　保鄉衛土介決心毋會改　　　（保鄉衛土的決心不會改變）

　　　　硬頸介子民拚到底　　　　　（意志堅決的子民拚到底）

　　　　　　　　　　　（摘錄自〈紅紅介血染成一支旗〉第三行到第八行）

義民們看到賊寇擾亂家園，心想：「這場戰爭已不可免，我們只有灑熱血參與戰鬥，邁開出征的腳步，才能顯出生命的價值；我們保鄉衛土的決心，不會再改變！我們這些硬頸而執著的客家子弟，一定會拼鬥到底、絕不退縮！」

〔註10〕葉日松，《秀姑巒溪介人生風景》（花蓮：花蓮縣政府，2006年6月），頁135～152。

二、是描寫義民們臨出征前與妻訣別的「情話綿綿」

天上月光靚如畫	（天上的月光像畫一樣美麗祥和）
最驚風雲起變化	（最怕的是風雲起變化）
想到出征	（想到出征）
目汁雙流淋手帕	（兩人的眼淚濕透了手帕）

（摘錄自〈新婚夜〉第十行到第十三行）

這幾行是描寫義民在出征前和嬌妻一起回憶：兩人新婚夜的纏綿和一生的愛情，就像天上的月光一樣美麗祥和；然而最怕的是風雲起變化，如今就要出征，未來生死兩隔或是異地相思或是……，想到此，兩人的眼淚濕透了手帕。

三、其心中的掙扎是萬般難耐

除民亂　保家鄉	（除民亂　保家鄉）
家園亂　苦難當	（家園亂　苦難當）
無出戰　心毋安	（不出戰　心毋安）
男子漢　志四方	（男子漢　志四方）
夫離家　晡娘子女米糧斷	（夫離家　妻子兒女米糧斷）
子出征　爺娘心悲傷	（子出征　爺娘心悲傷）
生離死別難預卜	（生離死別難預卜）
假使係無你	（如果沒有你）
漫漫長夜難天光	（漫漫長夜難天亮）

（摘錄自〈萬古留名比花香〉第一行到第九行）

這一段落的內容是作者刻意營造義民想到家屬的種種考量和掙扎的意象：剷除民亂保衛家鄉是一件好事，眼看家園亂事紛起，眾人困苦難當。我如果不出戰，心裡也很不安寧，更何況身為男子漢，應該志在四方。然而想到丈夫離家的妻子兒女啊！他們的三餐米糧可能就斷了！兒子出征的父母啊！不僅心裡悲傷難捨，這種生離死別的苦，一切難以預卜的情況多麼煩惱啊！妻子沒有丈夫陪伴的情況，又要如何度過漫漫長夜呀？

　　本篇詩作未摘錄的最後四行，則可以解釋成作者轉換角度，試圖從家屬的立場出發，營造出家屬也加入掙扎的行列的想像，乾脆勸慰義民：「不要遲疑！不要心慌！就去參加戰鬥吧！一方面可以成仁取義換取康莊和平，一方面所流血汗會自然散發芬芳，我們的義氣會萬古流名比花芳香！去吧！勇敢的去吧！」

四、最後義民仍是下定決心為家鄉效死，而家鄉的父老鄉親則是用行動來感恩感謝

奉茶水	（奉茶水）
送糧草	（送糧草）
腳步無停像春風	（腳步沒有停歇像春風吹拂）
千人挓飯送溫情	（千人挓飯送溫情）
感恩心意全在不言中	（感恩心意全在不言中）

（摘錄自〈千人挓飯送溫情〉第九行到第十二行）

這幾行詩篇的大意是敘述：義民們出征的腳步不曾停歇，而鄉親們自動奉送茶水、糧草 的情形，千人挑熱飯的盛情，更是不絕於途；這些都是鄉民們化心中感恩的默契於不言的行動中的具體表現。

五、接著是描述戰場刀光劍影的情景

正義邪惡拚生死	（正義邪惡拚生死）
刀光劍影棍亂飛	（刀光劍影棍亂飛）
蒼天會流淚	（蒼天會流淚）
草木也傷悲	（草木也傷悲）
義氣風發震山河	（義氣風發山河震蕩）
不分客家老福佬	（不分客家人和閩南人）
血染大地心照月	（血染大地心照月）
壯懷也激烈	（壯懷也激烈）
見證介日頭落西山	（見證的太陽落西山）
遍地介忠魂	（遍地的忠魂）
星月來做伴	（星月來做伴）

（摘錄自〈血染大地〉第三行到第十三行）

這幾行詩篇的大意是描寫戰事方酣之時，義民們一心為家鄉為正義邪惡，在戰場拚生鬥死；戰況非常激烈，刀光劍影棍棒亂飛，這情景，可以說天地同悲，蒼天流下眼淚，而草木也傷悲不已；戰士們義氣風發震撼山河，不分客家老福佬族群，共同為保衛家園拚戰；雖然性命已絕，血已染紅大地，但他們的心照著明月，豪情壯志非常激昂；太陽西下，遍地忠魂有星月來做伴；戰士們求仁得仁，求義得義，已為鄉土奉獻寶貴的性命。

六、第六首是犧牲者化做螢火蟲和星星來和家人鄉人相依相伴的情形

𠊎會化作火焰蟲 （我會變成螢火蟲）

夜夜飛轉屋來看大家 （每晚飛回家來看大家）

𠊎會變成慈祥介星仔 （我會變成慈祥的星星）

夜夜轉來打嘴鼓照顧每一儕 （每晚飛回來和大家聊天照顧每一位）

（摘錄自〈化作火焰蟲轉來看大家〉第十行到第十三行）

這幾行詩篇的大意是描寫義民們奉獻寶貴的性命後，光榮的睡在芬芳的土地之上 。清風陪著他看彩霞，月光也陪著他唱採茶歌，雖然他為家園流血流汗奉獻寶貴的性命，卻同時也留下了精彩而充實的人生。他說：「父母啊！妻子啊！兒女啊！你們都不必擔憂煩惱，也不必驚慌害怕。我會變成一隻隻螢火蟲，每晚飛回家來看大家。我會變成慈祥的星星，每晚飛回來和大家聊天，照顧每一位。」。

七、第七首則點出義民爺爺落籍所在，原來是義民們自己的選擇

安身歇睏 （安身休息）

義民中意邸枋寮 （義民中意長住枋寮）

千年萬年 （千年萬年）

黑色令旗陪佢唱歌謠 （黑色令旗陪他唱歌謠）

（摘錄自〈枋寮介香火射四方〉第七行到第十行）

這幾行詩篇的大意是描寫戰事結束後，鄉親們組牛車大隊到戰場收拾義民們的屍骨，一路上顛簸搖晃、血水汗水夾雜，非常辛苦卻沒有人抱怨。到了枋寮牛車突然停頓了下來走不了了，經過擲聖筊問事後，原來義民們中意常住此地，希望千年萬年都由黑色令旗陪著他們唱著歌謠。

八、最後一首則以七言〈用情用愛寫詩篇〉絕句做結語

義民功德大無邊 （義民功德廣大無邊）

萬古流芳在人間 （萬古流芳永遠在人間）

英烈千秋照史冊 （英烈千秋映照史冊）

感恩香火無斷煙 （感恩的香火不會斷煙）

（摘錄自〈用情用愛寫詩篇〉第五行到第八行）

這幾行詩篇的大意是歌頌義民們的功德廣大無邊，義民們的精神會萬古流芳，永遠為人間傳頌，義民們的事蹟也會記載在史書上，而人們祭拜感恩的

香火也永遠不會中斷。

　　綜合以上各段落的說明，可以說葉日松這樣的敘事詩作的形式，從各自成篇的短歌謠，各個獨立的詩作都可以成為情節感人的單篇故事，令人感到意象憬然。由此可以遙想到當年中原的客家人所以南遷的原因，表面上看來，他們似乎是為了逃避寇亂，然而若從深一層去研究，便可發現其實懷著一種崇高的民族理想。客家人先天性就具有自尊心，互相之間也都沒有自卑感，所以大家都能夠平等相待，彼此守望相助，表現出高度的合群意識，也由於為了維護民族尊嚴，不願意在異族或亂民面前屈膝，所以常常聚集志士，幫助王朝抵禦外侮，掃平民亂。這就是客家人忠勇保鄉，崇尚正義，傳統精神的來源〔註11〕，也說明葉日松對於「敘事感懷的意象」，深入描寫義民的忠勇保鄉之用心，更彰顯了客家文學的傳統精神意涵。

第二節　動靜皆俱之意象美

　　詩人洛夫在給李英豪的信上說：「比較說來，我的詩暗示多於姿態，動力多於靜態的呈現，點的捶擊多於面的壓迫。」接著他還說：「我對意象之間的隔離只是企圖使它們各自成為一個孤冷而純粹的世界，每個世界中都有一個自我，每一個意象都構成一個暗示。我個人喜歡使用暗示，因為它是藝術的。因為「詩」是一種「語言」的藝術，失卻語言，詩只能是混沌未開的「詩意」而已。」（見現代詩人書簡集第一九一頁）〔註12〕可見詩人對於詩的語言安排非常重視，而將詩意轉換成文字語言時，最要緊的仍是意象的呈現。然而，依照陳滿銘的觀點深入分析「意」和「象」的哲學層面：

> 　　「象」是具體的，切近的，顯露的，變化多端的，而「意」則是深遠的，幽隱的。〈繫辭傳〉的這段話接觸到了藝術形象以個別表現一般，以單純表現豐富，以有限表現無限的特點。所謂的「單純」（象）與「豐富（意）」、「有限」（象）與「無限」（意），說的就是「象」與「意」之關係。由此看來，辭章中的「意」與「象」，其哲學層面之基礎就建立在這裡，而美感也由此產生。張紅雨在《寫作美學》中說：人們之所以有了美感，是因為情緒產生了波動。這種波動與

〔註11〕雨青，《客家人尋「根」》（臺北：武陵出版社，1987年6月再版），頁238。
〔註12〕蕭蕭，《現代詩學》（台北：東大，1998年再版），頁363〜364。

　　　　事物的形態常常是統一起來的，美感總是附著在一定的事物上。
他更進一步地指出：事物之所以可以成爲激情物，是因爲它觸動人們的美感
情緒，而使美感情緒產生波動，所以我們對事物形態的模擬，實際上是對美
感情緒波動狀態的摹擬，是雕琢美感情緒的必要手段。因此，所謂靜態、動
態的摹擬，也並不是對無生命的事物純粹作外形、或停留在事物動的表面現
象上作摹狀，而是要挖掘出它更本質、更形象的內容，來寄託和流洩美感的
波動。他所說的「情緒波動」，即主體之「意」；而「事物形態」之「更本質、
更形象的內容」，則爲客體之「象」。對這種意象之形成，格式塔心理學家用
「同形同構」或「異質同構」來解釋。李澤厚在〈審美與形式感〉一文中說：
不僅是物質材料（聲、色、形等等）與視聽感官的聯繫，而更重要的是它們
與人的運動感官的聯繫。對象（客）與感受（主），物質世界和心靈世界實際
都處在不斷的運動過程中，即使看來是靜的東西，其實也有動的因素……其
中就有一種形式結構上巧妙的對應關係和感染作用……格式塔心理學家則把
這種現象歸結爲外在世界的力（物理）與內在世界的力（心理）在形式結構
上的「同形同構」，或者說是「異質同構」，就是說質料雖異而形式結構相同，
它們在大腦中所激起的電脈衝相同，所以才主客協調，物我同一，外在對象
與內在情感合拍一致，從而在相映對的對稱、均衡、節奏、韻律、秩序、和
諧……中，產生美感愉快。〔註13〕

　　　綜合來說，意象的呈現方式很多，可以採姿態的、暗示的方式或靜態的、
動態的方式，本節試以「活潑動感之意象美」、「恬靜優雅之意象美」、「其他
動靜交參之意象美」不同角度來解析葉日松客語現代詩的作品：

一、活潑動感之意象美

　　　詩句中動詞的變易，往往具有獨到的功力，對詩的意象的呈現往往具有
畫龍點睛之妙，洛夫稱之爲「點睛字」。只要作者能抓住形象，並確實運用點
晴字，想掌握語言的流勢，並不是一件難辦到的事。古人就有：紅杏枝頭春
意「鬧」，雲破月來花「弄」影的句子，這「鬧」和「弄」字就是「點睛字」。
例如有現代詩人將「對岸的那排燈光以流水的姿態一路亮了過去」改成：「對
岸的那排燈光／以流水的姿態一路唱了過去。」這「亮」和「唱」的效果有

〔註13〕陳滿銘，《意象學廣論》（臺北：萬卷樓，2006 年 11 月），頁 30～31。

別，即表示「唱」是「對岸的那排燈光／以流水的姿態一路唱了過去。」這個詩句的詩眼，也是所謂的「點睛字」。使得詩人對於燈光的美感經驗在大腦中所激起的情緒波動，不只是停留在「亮」的表面上，同時觸動了另一種情緒波動來挖掘出「燈」更本質或更形象的內容，來寄託和流洩這種美感，因此詩人用了「唱」這個字，使得整首詩活潑而動感。

以葉日松客語現代詩來說，詩人經營活潑動感之意象美的作品也很多，以下僅以〈飯香，米香，稻花香〉〔註14〕、〈迎接春天介揚葉仔〉〔註15〕、〈風，畫圖〉〔註16〕為例說明之：

〈飯香，米香，稻花香〉

客語原文	國語譯文
飯甑肚	（飯盆裡）
飄出來介陣陣飯香	（飄出了陣陣飯香）
該係農夫介愛心	（那是農夫的愛心）
流出來介芬芳	（流出來的芬芳）
充滿在人間每一家廳堂	（充滿在人間每一家客廳）
米房〔註17〕肚	（米桶裡）
飄出來介陣陣米香	（飄出了陣陣米香）
該係農夫介汗水	（那是農夫的汗水）
化出來介芬芳	（化出來的芬芳）
飛舞在人間每一家廚房	（飛舞在人間每一家廚房）
水田肚	（水田裡）
飄出來介陣陣稻花香	（飄出了陣陣稻香）
該係農夫介辛勞	（那是農夫的辛勞）
轉變出來介芬芳	（轉變出來的芬芳）
散發畀人間每一个地方	（散發到人間每一個地方）

〔註14〕葉日松，《鑊仔肚介飯，比麼介都卡香》（臺中：文學街出版社，2002 年 12月），頁 128～130。

〔註15〕葉日松，《臺灣故鄉情》（花蓮：花蓮縣吉安鄉公所，2004 年 6 月），頁 128～129。

〔註16〕同上註，頁 90～92。

〔註17〕米「房」又作米「榜」。

這是一首三段結構完全類似的詩篇，它每段都以五行呈現，而且每段的各行都互相類似，每一小段的主題相應於標題，則是完全符合。第一段「飯香」，說的是集結農夫的愛心，才得以有飯桶裡的飯香，充滿在人間每一家客廳；第二段是「米香」，說的是集結農夫的汗水，才得以有米香飛舞在人間每一家廚房；而第三段則推衍回收成前的稻田，說「稻香」是集結農夫的辛勞，轉變出來的芬芳，才得以散發給人間每一個地方。

這首詩是以嗅覺爲主要的意象呈現手法，如每段的第二行句法「飄出了陣陣飯香（米香、稻香）」、第四行的「流（化、轉化）出來的芬芳」以及「充滿」、「飛舞」、「散發」等動詞，都是用嗅覺器官去感受實體的經驗，同時從「詩的點睛字」來看，這首詩每段的第二行的第一個字都是「飄」，「飄」出來的「飯香」、「米香」、「稻香」充滿了「客廳」、「廚房」、「稻田」；這個「飄」字，使得詩人對於稻米所產生的生活上的實體經驗，可以寄託、可以轉化、得以分層次的運作語言文字的安排，這就是「詩的點睛字」，同時因爲「飄」是動詞，也使得這首詩充滿了活潑動感的意象之美。

再以〈迎接春天介揚葉仔〉來看：

客語原文	國語譯文
身著彩衣	（身上穿著多彩的衣服）
飛東又飛西	（飛東又飛西）
優美介舞姿	（優美的舞姿）
無人可以比	（無人可以比得上）
有花來做伴	（有花來做伴）
心情無煩慮	（心情沒有煩惱）
迎春天，編畫冊	（迎接春天，編寫畫冊）
畫冊肚，頁頁都	（畫冊裡面，每頁都——）
有佢留下介靚腳跡	（有他留下的美麗的足跡）

這首詩是詩人在春天時節，看到多彩的蜻蜓悠閒飛舞，有感而發所創作的詩篇。詩人先直接由蜻蜓多彩的外表出發，描述它自由飛翔，姿勢優美無人可比，而且有花朵爲伴，心情沒有煩憂的情形，這是作者的「完美印象」。這時似乎語意與篇章都已完整，且已經讓讀者有清楚的形象。照理說，作者可以就此停筆；然而作者卻又筆鋒一轉，隨即運用了兩個動詞——「迎」春天的「迎」、「編」畫冊的「編」來補充說明蜻蜓在春天季節中的重要性；彷彿有

了蜻蜓的「迎接」，春天更加美麗，而春天的畫冊裡有了蜻蜓的「點綴」，也更為精彩豐富；所以可以說這首詩因為用了「迎」春天的「迎」、「編」畫冊的「編」而更為動感活潑。

另外再看〈風，畫圖〉這首詩：

客語原文	國語譯文
春天介風	（春天的風）
佇公園肚畫圖	（在公園裡畫圖）
畫出花草唱歌介心情	（畫出花草唱歌的心情）
畫出色彩介溫柔	（畫出色彩的溫柔）
畫出「無字介詩篇」	（畫出無字的詩篇）
熱天（夏天）介風	（夏天的風）
佇原野上畫圖	（在原野上畫圖）
畫出日頭佬蟬仔介熱情	（畫出太陽和蟬兒的熱情）
畫出農夫收成介笑容	（畫出農夫收成的笑容）
畫出一幅「旺盛介生命力」	（畫出一幅旺盛的生命力）
秋天介風	（秋天的風）
佇林中畫圖	（在林中畫圖）
畫出苦戀樹變裝介心情	（畫出苦戀樹變裝的心情）
畫出菊花佬桂花結緣介故事	（畫出菊花和桂花結緣的故事）
畫出楓葉介「童話世界」	（畫出楓葉的童話世界）
冬天介風	（冬天的風）
佇山頂畫圖	（在山頂畫圖）
畫出雪介風景	（畫出雪的風景）
畫出松竹梅毋會畏寒介本色	（畫出松竹梅不畏寒的本色）
畫出歲月留下來介「精彩腳印」	（畫出歲月留下來的精彩腳印）

這又是一首四段結構完全類似的詩篇，它每段也都以五行呈現，而且每段的各行都互相類似，每一小段的主題相應於標題「風，畫圖」，則是完全符合。第一段「春天的風」，說的是春風在公園裡畫圖，畫出花草唱歌的心情，畫出

色彩的溫柔，也畫出「無字的詩篇」；第二段是「夏天的風」，說的是夏天的風，在原野上畫圖，畫出太陽和蟬兒的熱情，畫出農夫收成的笑容，也畫出了一幅幅旺盛的生命力；第三段「秋天的風」，是說秋天的風在林中畫圖，畫出苦戀樹變裝的心情，畫出菊花和桂花結緣的故事，畫出楓葉的童話世界；第四段「冬天的風」，是說冬風在山頂畫圖，畫出雪的風景，畫出松竹梅不畏寒的本色，畫出歲月留下來的精彩腳印。

　　這首詩是完全以動詞──「畫」為整首詩的詩眼，在每一段的第二行末尾就已提出「畫圖」這個詞，接著則連續用排比的句法，於第三行、第四行、第五行都是用「畫出」這個動詞，所以可以說這整首詩正是詩人以動態活潑的意象為主要的美感呈現方式。

二、恬靜優雅之意象美

　　如本節前言所述，詩人有時對於美感經驗的情緒波動，所採用的手法是「同形同構」的靜態的模擬，也就是說詩人對於事物的感受停留在該事物表面，而其呈現的手法在該現象上作摹狀的描寫，本節即以「恬靜優雅之意象美」為小標題，討論〈禾仔挼農夫〉〔註18〕、〈故鄉介河流〉〔註19〕兩篇作品：

〈禾仔挼農夫〉

客語原文	國語譯文
蒔田以後	（插秧以後）
農夫就用陽光、土地挼水介詩句	（農夫就用陽光、土地和水的詩句）
一一傳授畀（禾仔）	（一一傳授給稻苗）
愛（要）佢逐日（每天）朗誦	（要他每天朗誦）
逐日迎風納雨	（每天迎風納雨）
充實自己介內涵	（充實自己的內涵）
還愛（要）佢知得	（還要他知道）
農夫介汗水	（農夫的汗水）
比麼介肥料都較營養	（比什麼肥料都營養）

〔註18〕葉日松，《臺灣故鄉情》（花蓮：花蓮縣吉安鄉公所，2004年6月）頁79～81。
〔註19〕葉日松，《一張日誌等於一張稿紙》（花蓮：花蓮客屬會，1997年4月）頁62～63；《酒濃花香客家情》（臺中：文學街出版社，1998年4月）頁62～63；《客語現代詩歌選》（臺北：武陵出版社，2001年2月）頁100～101《臺灣故鄉情》（花蓮：花蓮縣吉安鄉公所，2004年6月）頁56～60。

（禾仔）成熟以後	（稻苗成熟以後）
隻隻都精實飽滿	（個個都精實飽滿）
神采飛揚	（神采飛揚）
在風介邀約之下	（在風的邀約之下）
面對陽光挷土地	（面對陽光和土地）
不時（頻頻）鞠躬點頭	（頻頻鞠躬點頭）
朗誦一首又一首感恩介詩篇	（朗誦一首又一首感恩的詩篇）
獻畀慈母般介農夫	（獻給慈母般的農夫）

這是一首描寫農夫和秧苗關係的詩篇，作者對於農夫愛心和耐心觀察入微，且以擬人的手法，把稻苗轉化成農夫的孩子般的意象，再三強調農夫對稻苗的句句叮嚀和聲聲期許，詩的內容是說：插秧以後農夫就用陽光、土地和水的詩句，一一傳授給稻苗，要他每天朗誦，每天迎風納雨，充實自己的內涵；還要他知道農夫的汗水，比什麼肥料都營養，希望他努力擷取精華，好好長大。稻苗成熟以後，果然個個都精實飽滿，神采飛揚，成了飽滿充實的稻穀。最美的事是在風的邀約之下，稻穀面對陽光和土地，頻頻鞠躬點頭，朗誦一首又一首感恩的詩篇，獻給慈母般的農夫。

　　葉日松童年生活經驗中最深層的記憶就是辛苦種稻的農夫，而農夫內心深處最渴望的無非就是稻苗順利成長，就是秋冬的豐收。一般勤勞的農夫在插秧之後的耕耘期間，會天天巡田，或是放水或是施肥，仔細觀察稻苗的成長，這些點點滴滴的小小的平凡的動作，被詩人轉化爲「天天朗誦詩篇」的譬喻。可見作者對於農夫和稻苗之間的微妙關係，有著深刻的情緒，於是採用「同形同構」的靜態的模擬，使讀者對於農夫與稻苗的感受到清楚的意象，也能明顯感受到作者對於農夫的描寫，是集愛心與耐心的優雅形象於一身，所以說本詩篇呈現出作者經營的「恬靜優雅之意象美」。

　　〈故鄉介河流〉

客語原文	國語譯文
故鄉介河流	（故鄉的河流）
係阿母源源不斷介奶水	（是母親源源不斷的奶水）
滋養　甜美	（滋養　甜美）
世世代代　辛勤撫養每一個子民	（世世代代　辛勤撫養每一個子民）
每一個父老鄉親	（每一個父老鄉親）

故鄉介河流	（故鄉的河流）
係母親介一枝彩筆	（像母親的一枝彩筆）
只要佢在大地介畫紙上	（只要他在大地的畫紙上）
輕輕劃過　溫柔劃過	（輕輕劃過　溫柔劃過）
就有春夏秋冬	（就有春夏秋冬）
生生不息介風景	（生生不息的風景）
彩色介圖案	（彩色的圖案）
捱介心中也有一條河流	（我心中也有一條河流）
河流肚有阿爸阿母介汗水	（河流有父母的汗水）
有阿公阿婆介親情	（有祖父母的親情）
汗水　親情	（汗水　親情）
日夜翻滾	（日夜翻滾）
像黃河	（像黃河）
像長江	（像長江）

這是一首描寫故鄉河流的詩篇，作者對於故鄉河流的印象，以比喻的手法，把河流比喻成像是母親源源不斷的奶水一樣滋養甜美，世世代代辛勤的撫養了每一個子民；也像母親的一枝彩筆，只要在大地的畫紙上，輕輕的、溫柔的劃過，就有春夏秋冬、生生不息的風景，和彩色的圖案；而最重要的事是，後半段詩人描述自己的心中也有一條河流，河流裡有父母的汗水，有祖父母的親情，日夜翻滾像黃河、像長江一般，是暖暖的親情也是款款的深情。

　　不論是暖暖的親情也好，是款款的深情也好，都是葉日松對於故鄉的河流的一種概念和印象，不論是用比喻手法描述故鄉的河流滋養、撫育每一個子民，還是心中想像的河流載滿父母的溫柔的愛和祖父母的恩情，都離不開一個實際事物的表面，那就是葉日松對於故鄉土地的感懷和對於父母祖父母親恩的感念，這種感懷和感念，就是情緒的波動。而其呈現的方式仍是採用「同形同構」的靜態的模擬，使讀者對於詩人的感懷和感念得到清楚的意象，也能明顯感受到作者對於親恩的描述，是深刻而優雅的，所以說本詩篇也可以呈現出作者經營的「恬靜優雅之意象美」。

三、其他動靜交參之意象美

　　如本節前言所述：「詩人有時對於美感經驗，有時採用的手法是「同形同

構」的靜態的模擬，有時採用的手法是「異質同構」的方式來解釋，因爲居於觀察對象的客體的物質世界和居於感受主體的心靈世界實際都處在不斷的運動過程中，即使看來是靜的東西，其實也有動的因素……其中就有一種形式結構上巧妙的對應關係和感染作用……也因爲它們在大腦中所激起的電脈衝相同，所以才主客協調，物我同一，外在對象與內在情感合拍一致，從而在相映對的對稱、均衡、節奏、韻律、秩序、和諧……中，產生美感和愉快」，陳啓佑曾以楊子澗的〈桑花〉爲例，深入評析〔註20〕：

〈桑花〉　作者：楊子澗

　　仰首
　　偶然望見桑花
　　靜靜
　　爆裂
　　飄墮的花絮
　　恰似我沉鬱的心事
　　緩緩
　　散佈在如水的
　　夜空
　　茫然涯岸
　　明早，落英滿地
　　而無桑果（風燈詩刊第二期）

評論者：渡也〈摘錄〉

　　此詩每一段之所以皆如同一幅滿載著情感與哲理的明澈的自然畫面，乃是作者以鏡頭對準其視覺經驗層面精選出來的三個重要現象，細心攝影所獲得的輝煌成果。作者企圖將這三個純粹現象並置呈示，儘量不加入觀點，不擬作任何解說式的敘述，並以巧妙的安

〔註20〕陳啓佑，《渡也論新詩》（臺北：黎明，1983 年 9 月）頁 129~131：作者從「偶然」的「仰首」靜觀開始，自出神的意識狀態出發，凝縮且簡略地描摹視力所及的「桑花」在一瞬間「靜靜」、「爆裂」似乎隱隱有一股難以訴說的掙扎，暗示著生命誕生的狂烈喜悅，和未來生活的艱難匪易。而「爆裂」這種很能引起讀者肌肉活動的「動感意象」，同時也擁有「聽覺意象」的高度功能的詞彙，出乎意料地，卻在「靜靜」的情況之中展現，形成於修辭學上佔據崇高地位的「矛盾法」，適足以將無法直述的哀樂交織的複雜人生，和盤托出。

排技術來完成的這件表面看似單純實則繁富的藝術品，通篇呈現的無非是一種極端節制的靜態美，字眼行間雖具備由「爆裂」、「飄墜」、「散佈」等不及物動詞所釀成的動態，但已為巨大無比的靜默氛圍吸收涵容淨盡，而成就一種內在的均衡形勢。

本文認為這也應該就是詩人以「動靜交參之意象之美」的手法來呈現他對於事物感受的一種方式，本小節也試以「動靜交參之意象之美」為題，討論葉日松客語現代詩〈雨中介田野〉〔註21〕、〈收冬介景象〉〔註22〕兩篇作品：

〈雨中介田野〉

客語原文	國語譯文
青山在睡目　茅屋在睡目	（青山在睡夢中　茅屋在睡夢中）
灰濛濛介霧在睡目　田野在睡目	（灰濛濛的霧在睡夢中　田野在睡夢中）
食飽介白鷺鷥在睡目	（食飽的白鷺鷥在睡夢中）
蘆葦草　沙蔗仔也在睡目	（蘆葦草　沙蔗也在夢中）
只有有閒介雨水在織布	（只有不得閒的雨水在織布）
樂觀介河流繼續佢介旅行　遠足	（樂觀的河流繼續他的旅行　遠足）
春耕後介農夫	（春耕後的農夫）
擎到腳頭〔註23〕取田中看畫展	（拿著鋤頭去田中看畫展）
看一幅王維筆下介風景	（看一幅王維筆下的風景）

這是一首描寫雨中田野的詩篇，作者對於雨中田野的初步印象，是一切自然景物彷彿在睡夢中的景象，包括青山、茅屋、灰濛濛的霧、田野、吃飽的白鷺鷥、蘆葦草、沙蔗等彷彿天地間的所有事物都沈靜在睡夢中，一切這麼寧靜祥和，緩慢舒展；作者連續用了六次的客家詞彙「睡目」，一方面是用反覆的規律呈現舒緩的節奏一方面是強調此時大地萬物的「寂靜狀態」模擬；然而作者第四行文氣一轉，轉折到「動態」的主角開始上場：第一個是只有不得閒的「雨水」在織布，接著是樂觀的「河流」繼續他的旅行遠足，再來是

〔註21〕葉日松，《一張日誌等於一張稿紙》（花蓮：花蓮客屬會，1997 年 4 月），頁60〜61；《酒濃花香客家情》（臺中：文學街出版社，1998 年 4 月），頁60〜61；《鑊仔肚介飯，比麼介都卡香》（臺中：文學街出版社，2002 年 12 月），頁 182〜183。

〔註22〕葉日松，《臺灣故鄉情》（花蓮：花蓮縣吉安鄉公所，2004 年 6 月），頁 74〜78。

〔註23〕「腳頭」又作「钁頭」，亦即鋤頭。

春耕後的「農夫」；接著詩人把鏡頭聚焦在「農夫」，農夫的角色有三個重要的動詞，一個是「拿」著鋤頭去田中看畫展，一個是「看」一幅王維筆下的風景，第三個動詞是隱而未現的農夫巡田的動作，這些主角和動作充分展現了「活潑動感的意象之美」。

值得注意的是詩人除了把鏡頭聚焦在「農夫」，並安排了三個動作之外，同時帶著讀者把注意力聚集在農夫身上去「看」畫展呢！這個畫展就是前述寧靜祥和的畫面，就像是王維筆下的水墨畫一樣的安寧寂靜的畫面；作者又把「活潑動感」的意象之美帶回「寧靜安詳」的靜態意象，所以說這篇詩作有「動靜交參的意象之美」。

第三節　感知平衡之意象美

本文第四章曾對於葉日松客語現代詩作的內容作綜覽式的整理，分成五類加以敘述：第一是親情之浸染與歌詠類，第二是生活之記實與記趣類，第三是自然之歌頌與抒懷類，第四是鄉土名產與各地名勝之頌讚與傳播類，第五是傳統節慶與民俗信仰；本章則以意象經營的角度來分析詩作，除了前二節所探討之「具體凝塑之意象美」、「動靜皆俱之意象美」之外，最平實繁多而清晰可見的分類，就是知性類的意象經營和感性的意象經營，從詩作內容來說，大抵「親情之浸染與歌詠類」「生活之記趣類」、「自然之歌頌與抒懷類」、「名產名勝之頌讚類」、多屬於「情感豐盈之意象」經營而「生活之記實與記趣類」、「鄉土名產與各地名勝之頌讚與傳播類」、「傳統節慶與民俗信仰類」多屬於「情感豐盈之意象」經營「知性說理之意象」經營，當然其中也有不少作品是兼具「知性感性交融之意象美」的情形，以下分述之：

一、情感豐盈之意象美

本小節以〈希望暗晡夜夢到您〉、〈你那係知請你拷我講〉兩篇作品為例：

〈希望暗晡夜夢到您〉

客語原文	國語譯文
希望暗晡夜夢到您	（希望今晚夢到您）
日日思念一生人無享到福介阿爸阿母	（日日思念終生沒有享到福的父母親）

𠊎介目汁雙流像春水	（我的眼淚像春水）
自從離開學校園到馬加祿	（自從離開學校園到馬加祿）
阿爸阿母就無回頭看𠊎兜	（父母親再也沒有回頭看我們）
秋風開始吹	（秋風開始吹）
思念介水落無停	（思念的雨下個不停）
希望暗晡夜托夢看到　您	（希望晚上托夢看到　您）
轉來學校園	（回來學校園）
在老屋肚話家常	（在老屋裡話家常）
希望暗晡夜夢到　您	（希望晚上夢到　您）
轉來講兜頭過介艱難困苦	（回來聊些以前的艱難困苦）
講　您十八歲時節過來後山打拚介經歷	（聊　您十八歲就到後山打拚的經歷）
講　您耕種、蓄鴨介情形	（聊　您耕種、養鴨的情形）
講　您逐日天曚光就去竹田街路賣菜介心酸	（聊　您每天天未亮就去竹田市場賣菜的辛酸）
講　您夜夜在燈盞下補衫補褲介精神	（聊　您每晚在燈盞下補衣褲的精神）
講　您牽牛上山，田塍介快樂	（聊　您牽牛上山在田埂的快樂）
講　您打赤腳走過日本時代	（聊　您打赤腳走過日本時代）
分〈給〉日本人欺負之怨氣	（給日本人欺負之怨氣）
講　您一生人如何為家庭為子女來犧牲	（聊　您一生如何為家庭子女犧牲）
講　您如何勤儉增買田地介奮鬥過程	（聊　您如何勤儉增買田地的過程）
阿爸阿母離開𠊎兜已經也有五年了	（父母離開我們已經有五年了）
雖然　您在馬加祿	（雖然　您在馬加祿）
𠊎兜在學校園　在花蓮	（我們在學校園　在花蓮）
但是一直無法度聽到您老人家介聲音	（但是一直無法聽到您老人家的聲音）
腳步聲	（腳步聲）

希望暗晡夜夢見阿爸阿姆　　　　（希望今晚夢見父親母親）

可以再過聽到　您親切介叮嚀　（可以再次聽到　您親切的叮嚀）

秋風秋雨又開始了　　　　　　　（秋風秋雨又開始了）

阿爸阿母您會冷無？〔註24〕　（父親！母親！您會冷嗎？）

這首詩表達出對父母深切思念的情感，父母過世經年，卻未曾託夢給他，所以葉日松寫這首〈希望暗晡夜夢到您〉詩篇，希望能在夢中與父母親相會，能絮絮叨叨的在談一些以前常常聽到的話題；本文曾在第二章第三節討論葉日松的美學信念時提到：這些紀錄表達了詩人對父母深濃的思念之情，這種深情用純真寫實的手法呈現出其「人格」的延伸作用，與「文格」是相符的平衡的，同時用客語詩作去表達到對父母天倫的感念實踐，自自然然呈現詩作的美與善。詩人的情感在此充沛的奔洩出來！

　　同時本詩也令人體會到客家人和一般中國人傳統一樣，注重家庭倫理的精神。

　　再以〈你那係知請你摎我講〉為例：

假使風那係知　　　　　　　　　（如果風知道）

請你摎我講　　　　　　　　　　（請你跟我講）

暗晡夜𠊎介夢愛去何方　　　　　（今晚我的夢要去何方？）

假使雲那係知　　　　　　　　　（如果雲知道）

請你摎我講　　　　　　　　　　（請你跟我講）

遠方介佢是否已經熟睡　　　　　（遠方的他是否已經熟睡）

假使星仔那係知　　　　　　　　（如果星星知道）

請你摎我講　　　　　　　　　　（請你跟我講）

人摎人之間介距離讓班越來越遠　（人與人之間的距離怎會越來越遠）

假使月光那係知　　　　　　　　（如果月亮知道）

請你摎我講　　　　　　　　　　（請你跟我講）

〔註24〕葉日松，《一張日誌等於一張稿紙》（花蓮：花蓮客屬會，1997年4月)），頁11～13；《酒濃花香客家情》（臺中：文學街出版社，1998年4月），頁13～15；《客語現代詩歌選》（臺北：武陵出版社，2001年2月），頁16～19。

人間讓班會有悲歡離合	（人間怎會有悲歡離合）
假使山那係知	（如果山知道）
請你拉我講	（請你跟我講）
讓班正會永恆正會超越時空	（怎樣才會永恆才會超越時空）
假使海那係知	（如果海知道）
請你拉我講麥界安到包容麥界安到接納	（請你跟我講什麼叫做包容？什麼叫做接納？）
假使花那係知	（如果花知道）
請你拉我講	（請你跟我講）
爲何凋謝就係再生	（爲何凋謝就是再生）
假使草那係知	（如果草知道）
請你拉我講	（請你跟我講）
爲何你介每一寸土地全部塗滿了生命介綠意	（爲什麼你的每一寸土地全部塗滿了生命的綠意）
假使你那係知	（如果你知道）
請你拉我講	（請你跟我講）
假使——	（如果——）
假使——〔註25〕	（如果——）

整首詩完整的意境是說：如果風知道，請你跟我講，今晚我的夢要去何方？如果雲知道，請你跟我講，遠方的他是否已經熟睡？如果星星知道，請你跟我講，人跟人之間的距離爲什麼越來越遠？如果月光知道，請你跟我講，人間怎會有悲歡離合？如果山知道，請你跟我講，怎樣永恆才超越時空？如果海知道，請你跟我講，什麼叫做包容什麼叫做接納？如果花知道，請你跟我講，爲何凋謝就是再生？假使草知道，請你跟我講，爲何你的每一寸土地全部塗滿了生命的綠意？如果你知道，請你跟我講，如果——，如果——

　　原本詩人是以擬人手法問大自然中本身的風啊、雲哪、星星、月光、山、

〔註25〕葉日松，《酒濃花香客家情》（臺中：文學街出版社，1998 年 4 月），頁 110～113；《鑊仔肚介飯，比麼介都卡香》（臺中：文學街出版社，2002 年 12 月），頁 227～230。

海、花、草等等客體，作者請它們解答他對人世間的疑惑，一方面作者對於自然界景物本身，藉著欣賞大自然的「美」的感想和靈動，藉著人本精神和專心格物的交融，以詩人的心眼看穿現實的本貌，在描繪其特寫一般，展現人物互動時重新界定人和自然的關係，這是強調自然景物的感性之美。

　　名詩人陳義芝先生評論說〈希望暗晡夜夢到您〉是他所見以客家語彙創作的作品中，最感人的作品〔註26〕。花蓮教育大學呂嵩雁教授也認為葉日松的詩作內容有童年生活回憶、故鄉情愫的悸動、天倫親情的溫馨，以及生活點滴的觸發，尤其對父母的懷念篇章，讀來令人動容〔註27〕。而曾獲花蓮縣文化藝術薪傳獎的邱上林老師則認為葉日松在客家詩的創作，離不開母語，也離不開天倫，更離不開土地，因此才能造就出一首又一首令人感動的詩篇〔註28〕。因此可以說葉日松客語現代詩中，以「情感豐盈之意象美」為大宗。

二、知性說理之意象美

　　本小節試從「知性說理之意象美」的角度來探討葉日松客語現代詩，包括「生活的記實與記趣類」、「鄉土的頌讚與傳播類」、「民俗的節慶與信仰類」多屬於「知性說理之意象」經營，詩篇的總量也相當繁多，再細分如下：

（一）鄉土特產

　　有關葉日松客語現代詩介紹臺灣鄉土特產的詩篇，大都是為短小押韻，適合朗誦學母語的教材，如〈花蓮薯〉、〈太陽餅〉、〈萬巒豬腳〉、〈烏龍茶佬膨風茶〉、〈屏東黑珍珠〉、〈澎湖地豆介故鄉〉、〈新竹米粉名聲遠〉、〈客家美食盡風光〉、〈台東佛果靚又好〉、〈麻豆文旦人喔惱〉、〈大湖草莓〉等篇，僅以〈屏東黑珍珠〉為說明之例：

黑珍珠	（黑珍珠）
好蓮霧	（好蓮霧）

〔註26〕陳義芝，〈在遠方讀詩〉，《四方文學周刊》（更生日報副刊，1995 年 9 月 24 日）

〔註27〕呂嵩雁，〈葉日松的作品特色〉，《臺灣故鄉情》（花蓮縣吉安鄉公所，2004 年 1 月），頁 171。

〔註28〕葉日松，〈附錄一回歸與前溯（邱上林）〉，《秀姑巒溪介人生風景》（花蓮：花蓮縣政府，2006 年 6 月），頁 153～216。

生來靚	（生來外觀好看）
好銷路	（銷路好）
黑珍珠	（黑珍珠）
生南國	（生長在南方）
水分多	（水分多）
好色澤	（色澤好）
黑珍珠	（黑珍珠）
銷全島	（銷全島）
好水果	（好水果）
人喔惱	（人人讚賞）

這首詩是歌頌屏東生產的黑珍珠蓮霧，生產外觀好看，銷路也好；生長在南部的黑珍珠蓮霧水分多色澤又好；第三段又再一次歌頌黑珍珠是行銷全島人人稱頌的好水果。形式方面詩人從短小簡潔而朗朗上口著手，而內容方面詩人則從知性分析理性說明的方式著手經營其意象，該種特產彷彿歷歷在眼前，令讀者印象深刻。

（二）各地名勝

　　葉日松認為不論是詩人或是作家，筆下的生離死別，喜怒哀樂，應該是沒有國界的，應該是屬於全體人類的。所以葉日松書寫自然、書寫遊記，也用客家母語寫下臺灣各地名勝等作品，如〈佢介名安著臺灣〉、〈𠊎介家鄉——花蓮〉、〈有夢有詩介七星潭〉、〈歡迎來花蓮〉、〈秀姑巒溪介人生風景〉、〈淡水夜景〉〔註29〕等篇；再以〈淡水夜景〉來說：

淡水夜景	（淡水夜景）
關渡大橋介功課	（關渡大橋的功課）
無時閑	（沒有一時得閑）
接了東片介人客	（接了東邊的客人）
西片介人客續等來	（西邊的人客接著來）
請人客流水席	（請客流水席）

〔註29〕葉日松，《秀姑巒溪介人生風景》（花蓮：花蓮縣政府，2006 年 6 月），頁 72～75。

歸年介人潮	（整年的人潮）
比淡水河介水還卡多	（比淡水河的水還要多）
紅紅介日頭跌落海	（紅紅的太陽沈落海）
人約黃昏後	（人們在黃昏後約會）
右岸介燈火邀請天頂介星仔下來	（右岸介燈火邀請天上的星星下來）
逛老街	（逛老街）
左岸介燈火　瞇有停	（左岸的燈火　閃個停不停）
想愛湊每一個夜遊介船仔詩人來食酒	（想要邀請每一個夜遊的船詩人來喝酒）
有人啉左岸介咖啡	（有人喝左岸的咖啡）
有人食右岸介「阿給」「鐵卵」拷魚酥	（有人吃右岸的「阿給」「鐵卵」和魚酥）
淡水介夜景	（淡水的夜景）
燈火照燈火	（燈火照燈火）
左岸喊右岸	（左岸喊右岸）
悠悠介河水讀星月	（悠悠的河水讀星月）
溫柔介海風畫大橋	（溫柔的海風畫大橋）
打嘴鼓無人吵	（聊天沒有人會來干擾）
恬恬靜靜到天光	（安安靜靜到天亮）

這首詩的大意和探討，已見於本文關於第四章第四節〈鄉土的頌讚與傳播類〉已有相當論述，葉日松把淡水夜景用擬人的手法，描繪得豐富多彩而熱情，讓人有一股出訪淡水的衝動，這一方面是詩人用他開闊的胸襟，向奧妙的宇宙索取多元資料而得，自然成就了一篇佳作，一方面是詩人深刻而細微的觀察淡水的夜景，以理智經驗的細部描寫呈現出知性的意象。

（三）文化產業

　　每年四五月間，陽春飄雪的客家桐花，在北臺灣沿台三線都會熱鬧登場，凝造人與天地間最聖潔美好的相逢。純白的桐花，是北臺灣客家庄的守護神，早期客家人撿油桐子貼補家用，將桐油、桐木作爲紙傘塗料和用具材料，是客家的一級產業。行政院客家委員會從 2002 年首次舉辦客家桐花祭以來，在「深耕文化、振興產業、帶動觀光、活化客庄」上，引起社會的注意〔註30〕，

〔註30〕參考客委會網站資料

尤其提出「語言」、「文化」、「產業」三項結合，爲客家事務的主軸，特別具有文化的深層意義。本文關於第四章第四節〈鄉土的頌讚與傳播類〉也有相當論述。再以〈童年介桐花，到今還恁香〉來說，是相當有知性之美的一篇佳作，以下再將客語原文和國語譯文並列：

〈童年介桐花，到今還恁香〉

客語原文	國語譯文
桐樹有情送花香	（桐樹有情送花香）
花雨飄落火車箱	（花雨飄落火車箱）
火車隆隆過	（火車隆隆駛過）
陪𠊎一庄過了又一庄	（陪我一庄過了又一庄）
天地有情送花香	（天地有情送花香）
桐花懷念跈車箱	（懷念跟著車箱）
火車隆隆過	（火車隆隆駛過）
載𠊎轉去童年介故鄉	（載我回去童年的故鄉）
童年夢　在家鄉	（童年夢　在家鄉）
桐花香　飄遠方	（桐花香　飄遠方）
童年介桐花	（童年的桐花）
到今還恁香	（到現在還很香）

說當年桐樹像有情感的人一樣送來花香，油桐花瓣飄落在車廂裡，火車隆隆駛過，陪我過了一個又一個的村莊；多年以後，天地有情送花香，令人懷念的花香彷彿在車廂中瀰漫，火車隆隆駛過，載我回到童年的故鄉；童年的夢，還深鎖在記憶中的故鄉，桐花的現實香味雖然已經飄向遠方，然而童年的花香，卻仍然記憶猶新。文評家邱上林說：這首〈童年介桐花，到今還恁香〉從空間的移動、時間的流逝到轟隆轟隆的火車聲響及黑色火車和白色油桐花的黑白對照，可說是內容非常豐富的一首詩。〔註31〕

本文認爲葉日松的這首桐花詩值得深入賞析，首先從形式來說，本詩分成三段，第一二段的行數和字數完全一樣，都是七、七、五、九，節奏感十足，且有疊句的美感。第三段行數也是四行，字數是三、三，三、三，五，

---

http://tung.hakka.gov.tw/ct.asp?xItem=8439&CtNode=696&mp=102&ps=

〔註31〕葉日松，《秀姑巒溪介人生風景》（花蓮：花蓮縣政府，2006年6月），頁190。

五。這首詩在第一二四行的末尾的字帶有押韻，第一段的韻腳字各是「香hioŋ³⁵」、「箱sioŋ³⁵」、「庄tsoŋ³⁵」，第二段的韻腳字也是「香hioŋ³⁵」、「箱sioŋ³⁵」、「鄉hioŋ³⁵」，第三段的韻腳字也是「鄉hioŋ³⁵」、「方foŋ³⁵」、「香hioŋ³⁵」，整首詩在「香hioŋ³⁵」、「箱sioŋ³⁵」、「鄉hioŋ³⁵」重複而帶有稍許變化中顯得意味深遠。

　　而就內容來說，第一段的時間是現在，詩人坐火車，經過桐花飄香的一庄又一庄的客家聚落，桐花的花瓣如細雨一樣，掉進車廂裡，令人開始感到美的回憶。第二段則眞的回憶童年，好像搭著時光的火車，懷念的火車，回到童年的故鄉。第三段則以理性喚醒回憶，從回憶中回到現實，讓童年的故鄉，留在回憶裡。因爲桐花的香味，已經漸漸飄散，到遙遠的地方。不過，童年的花香，絕不會眞的就鎖在故鄉的回憶裡，它時時散發在詩人的心裡。

　　所以，本詩以火車爲導體，在時間上從現在到過去，再回到現在，並到達未來；在空間上，表面上是一直都在火車的車廂裡，意象的空間卻早已經過一庄又一庄的客家聚落，和童年故鄉的場景。另外在色彩上的經營，則如邱上林所論有「黑色的」火車和「白色的」油桐花的黑白對照，而火車隆隆的聲響的「聽覺的摹寫」和色彩靜靜的對照的「視覺的摹寫」，呈現了豐富的知性意象之美。

（四）客家民俗方面

　　客家族群對於田事非常重視，在播種耕耘前要祈福，在農作收成完工後，也要拜謝各方神明保佑，在葉日松的詩作中〈做起工做完工〉、〈伯公伯婆〉、〈廟前慶豐年〉等篇可以見到客家族人重視田事的精神；另外詩人爲「世界客屬第十四屆懇親大會」在臺灣舉行而寫的〈酒濃花香客家情〉詩篇，歌頌全球客屬鄉親的客家精神以及爲「臺灣客家文化發展協會」推動客家文化發展，期許每一位鄉親透過母語、透過文字、利用歌聲、利用生活上點點滴滴來喚醒沉睡已久的文化內涵的〈明亮介星群〉等篇，也可以歸類爲客家民俗之作，同時也深具知性意象之美，以〈做起工做完工〉爲例：

〈做起工做完工〉

客語原文	國語譯文
蒔田做起工	（插秧時，農夫有起工的儀式）
祈求風調雨順好年冬	（祈求風調雨順有個好年）

割禾做完工　　　　　　　　（割稻完工時，也有收工的儀式）
澎湃牲儀敬伯公　　　　　　（用豐盛的牲禮祭拜土地公）

紙炮聲聲響　　　　　　　　（炮竹聲聲響）
山歌鬧田庄　　　　　　　　（山歌鬧田庄）
喊拳不在賭輸贏　　　　　　（不計輸贏的喊拳聲）
人生難得快樂好時光〔註32〕　（農忙後難得的休閒與歡樂）

這首詩是說插秧時，農夫為了要祈求風調雨順有個好年，客家族群有起工的儀式是；而割稻完工時，也有完工的儀式，是用豐盛的牲禮祭拜土地公；炮竹啦、山歌傳唱啦、也有不計輸贏的喊拳聲，都是表現農忙後難得的休閒與歡樂。

　　客家族群也是漢民族農業文化的一支，關於農業生活、農事活動與其他農耕文明所影響的族群並無太大差異。不過因為千百年來的逃難避禍，在墾殖區的墾拓時間上，總比在地的或其他族群晚到一些，當一個人或一群人，離開自己的家鄉而進入新環境，或混入不同的民族中間的時候，假使不為原社會所接受，則必為他們所拒絕，而有保留其原來特性的趨勢。可以知道客家人的歷史，就是完全這樣。客家人的歷史告訴我們，客家文化肇因於移民生活，其所顯示的特性，往往在移墾社會裡，也表現得比較尖銳〔註33〕。像農耕生活中的「自重自力」的質素，依謝重光的說法，是客家民系與眾不同的共同心理素質之一〔註34〕。客家人在農忙時，家裡人手不夠的時候，不去「請」工人，而去找左鄰右舍來「幫工」，「幫工」也叫「換工」，這是基於客家人傳統的平等精神。他們認為你來替我做工，不是我用錢買來的，而是你發揮友愛精神來幫忙我。不說「請」而說「幫」，這是別的民系所沒有，而客家民系才有的平等精神。〔註35〕

　　客家人的這種平等精神完全是孕育於長期的移民生活。第一、客家人在

〔註32〕葉日松，《佢介名仔安著臺灣》（花蓮：葉日松客家文學研究室，2002 年 2 月），頁 24～25；《鑊仔肚介飯，比麼介都卡香》（臺中：文學街出版社，2002 年 12 月），頁 92～93。

〔註33〕雨青，〈從習俗認識客家〉，《客家人尋「根」》（臺北：武陵出版社，1987 年 6 月再版），頁 236。

〔註34〕謝重光，《海峽兩岸的客家人》，（臺北：幼獅，2000 年 7 月）（客家精神），頁 112～137。，頁 118。

〔註35〕同註34，頁 240～241。

逃難的時候，一路上經過了不少的艱難困苦，有毒蛇猛獸，有土匪強盜，碰到危險的時候，只有你「幫」我的忙，我「幫」你的忙，才能共同渡過難關。「請」是「請」不來的，也沒有人願意被「請」，所以「幫」是早就養成的精神。第二、客家人到了一個地方定居之後，土人一定會成群結隊前來，想以武力趕走他們。每當土人出動欺侮他們的時候，全莊的左鄰右舍都不「請」來幫忙打仗。因為今天你「幫」我打土人，說不定明天你也要靠我「幫」你打土人。這是玩命的事情，不是「請」得來的，只能說「幫」，這又進一步養成了客家人「幫」的好習慣。第三、客家人住的都是窮地方，大家都有地，大家都不要多。不像別的地區那樣，有很多田的大地主，也有一點田都沒的佃農。所以，沒有專門「請」別人耕田，自己享福的人。也沒有專門被別人「請」去耕田的人，大家都要自食其力才有得吃。這是客家人流行「幫」而不「請」的原因。

　　客家人除了在農事上展現友愛互助平等的精神之外，與中國農耕社會各族群一樣，重視農事的風調雨順，尤其在插秧前收成後都有向「土地公廟」祈福和完福的儀式。臺灣的各客家聚落中的散見各處的「庄頭伯公」、「庄尾伯公」、「田頭伯公」、「田尾伯公」等，客語詞彙「伯公」的意思一方面是祖父的哥哥一方面是「土地公廟」，可見客家族群對於土地公有一份親切的情感。

　　葉日松的祖父和父親從前山的新竹縣竹東鎮，遷移到花蓮縣富里鄉的東竹村〔註36〕，勤奮打拼，努力田事，雖然祖父六十歲就離開人世，但他父母親與其他族人仍秉持庭訓，奮力農耕，增買田地，逐漸在當地安定下來，在葉日松的散文和現代詩篇及客語詩作中，有許多書寫。而這首詩，特別將客家族群重視農事在插秧前收成後都準備豐盛的牲禮向「土地伯公」祈福和還福，這種敬天地重本分的樂觀一面展露出來，是一種新穎的風格，也呈現客家民俗活動知性面的一種意象。

　　另外以美學的觀點來論，吳功正在其《中國文學美學》裡，從「陰陽」這一範疇切入說：

> 由一個最簡括的範疇方式：陰陽，繁孵衍化出眾多的美學範疇：言與意、情與景、文與質、濃與淡、奇與正、虛與實、真與假、巧與拙等等，顯示出中國美學的一個顯著特徵：擴散型；又顯示出中國

〔註36〕葉日松，〈新竹掃墓記〉，《生命的唱片》（花蓮縣立文化中心，1993年6月），頁132～135。

美學的另一個顯著特徵：本源不變性。這兩個特徵的組合，便顯示出中國美學在機制上的特性。如劉勰的《文心雕龍》就以此作爲理論的結構框架。關於審美的主客體關係，劉勰認爲，心（主體）「隨物以宛轉」，物（客體）「與心而徘徊」。關於情與物的關係：「情以物興，故義必明雅；物以情觀，故詞必巧麗」。其他關於文質、情文、通變等範疇和問題，也都是兩兩對舉，都有著陰陽二元的基本因子的構成模式。〔註37〕

因此本章各節的立論，具體凝塑與抽象之相對性、動靜之相對性、感知之相對性兩兩對舉，有以上所述的美感範疇；而葉日松談到自己的創作訣竅，則以「圓轉入神」四字箴言說明：「圓轉，就是兜圈子，要含蓄內斂而不直接寫，入神，就是讓人閱讀時，能心領神會，有深刻投入的感受〔註38〕。在另一個訪談中，葉日松也提到：「寫作時，三分直述，七分要留給讀者去思考。」難怪詩評家古繼堂說讀他的詩，如讀一河灣處一隻行船，後面跟隨著一支船隊〔註39〕。所以要充分解讀葉日松的詩作仍要綜合各個分析的角度來體察，並參酌其隱含的客家精神和文化意涵，以免有所偏廢。

〔註37〕陳滿銘，《意象學廣論》頁225，《中國文學美學》下卷（南京：江蘇教育出版社，2001年9月），頁785～786。
〔註38〕賴曉珍，〈月光灑在東海岸〉，《文訊雜誌，2006年10月號》，「不滅的文字月光」，頁34。
〔註39〕古繼堂，〈故鄉的戀歌〉，《四方文學周刊》（更生日報副刊，2001年3月25日）

第八章 結 論

　　八十年代以來，社會多元價值漸漸受到認同，文化多樣性的論述也慢慢得到應有的重視，一些客籍作家在客家運動後，族群意識覺醒，使客家文學的發展醞釀出嶄新的契機。

　　資深詩人葉日松在國語文壇創作各類文藝作品三四十年之久，作品高達四十多本，以文學家的愛心和熱誠，一生為文藝付出，執著於寫作。因為他認為寫作是一種教育，是一種自我期許。一個詩人或一位作家，不僅要做教育別人的園丁，而且要做一盞燃燒自己照亮別人的燈光。數十年來，他一直秉持這個信念，一如最初。

　　葉日松的人生歷程從樸實無華的農村開始，從小就是一個享受快樂幸福的農家子弟，花蓮師範畢業後一邊由刻鋼板的教育路途開始教書生涯；一邊當勤於筆耕文田的花蓮詩人。由於童年上過私塾，跟著客家漢文老師阿基先生朗讀背誦「三字經」、「百家姓」、「四言雜記」、「增廣」，乃至「唐詩」和「四書」。當時以客家母語吟誦，那優美的聲韻令他沈醉不已，從此奠基了他對詩詞的喜愛，並在他血液中注入對聲律、音韻、節奏感的靈敏度。多年來，葉日松藉著這種敏感度，創作了兩三百首的客語現代詩，書寫從大自然獲取的靈感和對故鄉土地思戀與天倫的感念，自然呈現詩作的美與善，把童年生活中種種的美感經驗在他的創作風格中的實踐出來。八年前，他應聯合報副刊邀稿，寫下一首〈生日小語〉：

> 雙腳走過的足痕
> 很快地就會模糊消失
> 只有文字的月光

　　　會在生命的夜空
　　　留下永遠抹不掉的溫柔與美麗

這應是他筆耕五十年來，最深刻的體會與寫照。也可以說就是他的文學人生的寫照。身為一個客籍詩人，葉日松懷抱著發揚客家文化的精神和傳承客家語言的「使命感」，審慎而客觀的從他的生活中尋找詩的靈感，寫土地與鄉情、寫感懷與感恩風物，涵蓋了童年、花蓮的鄉土、人情、旅行見聞等，並在詩作中隨處書寫客家印象。

　　內容包括親情的浸染與歌詠、生活的記實與記趣、自然的歌頌與抒懷、鄉土的頌讚與傳播、民俗的節慶與信仰方面，內容豐富，除了感懷當年客家農村的人事物之外，近年來還致力於詩作與產品的結合，用文化行銷花蓮特產和各地的風景名勝名產；對於客家義民精神，以敘事詩作的形式、各自成篇的短歌謠，組合成了一個故事的有機體，首度以文學為基礎，結合民間信仰走入群眾，這樣的創作，表現了客家人忠勇保鄉，崇尚正義的傳統精神，也更彰顯了客家文學的意涵。

　　就葉日松客語現代詩的聲情來說，由於從小背誦客家語傳統韻文，加上客家語本身語音的特色，本文發現葉日松客語現代詩的詩作中押韻的詩作相當多，算是葉日松客語現代詩的一個重要特色；有「句句押韻」的情形，如〈伯公伯婆〉、〈桐樹下　份家啦〉、〈桐樹情〉等篇章；有「四句三韻」的情形，如〈童年介桐花到今還恁香〉、〈油桐花〉、〈思親曲〉1、〈思親曲〉2等篇；以及「隔句押韻」的情形，如〈客家樹，客家花〉、〈油桐花　著婚紗〉、〈大頭殼〉等；而不刻意押韻的詩篇，從自然節奏的角度或主要元音和諧的韻律分析來看，詩中的韻律和情感，不僅與古詩押韻的聲義相近相切的原則相符，也增添了客語現代詩的聲韻價值。本文經由客家母語之國際標音來探討其音韻特色和風格，也希望這種方法能擴展客家母語詩創作與研究的廣度與深度。

　　就詩的形式結構來說，葉日松客語現代詩的「語言結構」的表現形式比較單純而質樸；本文發現葉日松客語現代詩詩作的語言形式，有許多單純採用三言、或三言與五言、或三言五言與七言，錯落雜用的特色。葉日松客語現代詩的篇幅大多短小，有的詩篇一段四行或五行，有的兩三段八九行，超過五十行以上的詩篇佔的比例很少，這種小詩的形式，一方面對於一般讀者較容易體解，有利於客家母語教材的推廣，另一方面小詩的形式最適合於表現人類的情思被壓縮到某種程度所產生的爆發的效果。所以說葉日松客語現

代詩的第二個特色是「形式比較單純而質樸」，行數大多數（八成六）都在三十行以下。另外，葉日松的客語現代詩中還有承襲「客家山歌」的語言風格的詩作，讓研究者對於客家山歌的文藝風格多一番認識。

至於意象呈現方面，從現代詩學理論可以架構出葉日松客語現代詩作中詠人感恩、詠物懷舊及敘事感懷的具體凝塑之美，同時詩作中也有活潑動感恬靜優雅皆俱的詩篇以及情感豐盈或是知性說理的詩篇，多元而豐富。雖然在葉日松常表示他不論寫詩或寫詞，並不講究什麼手法或技巧，只是以最真摯敏銳的心靈去感受天地萬物，以最平實模拙的筆觸去抒寫自己的情愫。然而本文發現在葉日松客語現代詩作中，因為詩人以「愛」為出發點，其每一篇詩作都呈現出「愛」的多面意象，有時從具體入手，有時從抽象入手，有時是從動感或靜態角度入手，有時則從感性知性與理性的角度入手，各自呈現不同的詩的意象。而葉日松身為客籍詩人，其從小在客家農村長大的背景，使其客語詩作中呈現了客家生活的印象和意象，也添增了客家文學的多面性。

綜上而言，本文發現葉日松客語現代詩中聲韻情感特別豐富，三十行以下作品佔八成六，而各種面向的客家意象呈現在詩作之中，整體來看，不失為一位真情流露的客家現代詩人，在客家文學領域中宜其佔有一定的地位。

就葉日松客語現代詩研究的發展性來說，由於「客語現代詩」是「客家話」和「現代詩」的綜合，故縱的方面，客家話的特殊語音、特殊詞彙、特殊語用語法和詩作的結合以及客語詩「詩」與「樂」與「文學」等相關領域的探究，都值得對客家文學有興趣之研究者進一步研究，也就是說本文認為客語現代詩的風格、客語詞彙與詩歌押韻、語音分析與詩歌詮釋、音樂與文學之結合等領域，都有繼續深入探討之價值。而橫的方面來說，將葉日松客語現代詩與近年臺灣各客家詩人的詩作做比較性的研究，可能更可以發現客家語言與精神文化意涵之共性與特性，則對於客家文學有加廣與加深的作用，本文希望歸納並突顯葉日松的客語現代詩創作，不僅希望大眾從中領略客家族群的文化，也希望其他嫻熟客語、熱愛詩文學的創作人才能積極投入這個領域並有更多研究者投入，或寫作相關之詩作評論，為現代客語詩注入更多的創新泉源，開創更寬廣更深入的創作與討論。本文如能生拋磚引玉的效果，也算值得了。

參考書目

一、葉日松作品

1. 葉日松：《酒濃花香客家情》（臺中：文學街出版社，1998 年 4 月）。
2. 葉日松：《一張日誌等於一張稿紙》（花蓮：花蓮客屬會，1999 年 4 月）。
3. 葉日松：《葉日松客語詩選》（花蓮：花蓮客屬會，1999 年 9 月）。
4. 葉日松：《客語現代詩選》（臺北：武陵出版社，2001 年 2 月）。
5. 葉日松：《佢介名安著臺灣》（花蓮：葉日松客家文學研究室，2002 年 2 月）。
6. 葉日松：《鑊仔肚介飯，比麼介都卡香》（臺中：文學街出版社，2002 年 12 月）。
7. 葉日松：《臺灣故鄉情》（花蓮：花蓮縣吉安鄉公所，2004 年 6 月）。
8. 葉日松：《秀姑巒溪介人生風景》（花蓮：花蓮縣政府，2006 年 6 月）。
9. 葉日松：《生命的唱片》（臺北：行政院文建會，2001 年 4 月）
10. 葉日松：《童詩賞析》（臺北：光田出版社，1989 年 11 月）
11. 葉日松：《阿寒湖的除夕夜》（臺中：文學街出版社，2001 年 8 月）

二、專書

1. 王東：《客家學導論》（臺北：南天，1998 年 8 月）。
2. 向明：《新詩後 50 問》（臺北：爾雅，1998 年）。
3. 向陽：《喧嘩、吟哦與嘆息──臺灣文學散論》（臺北：駱駝，1996）。
4. 朱光潛：《詩論新編》（臺北：洪範，1982 年 5 月）。
5. 吳潛誠：《詩人不撒謊》（臺北：圓神，1988 年）。

6. 李魁賢：《詩的見證》（臺北，臺北縣立文化中心：1994 年 6 月）。

7. 李調元輯：《粵東筆記。卷一》（台北市：新文豐出版公司：1979 年 5 月）。

8. 杜潘芳格：《朝晴》（臺北：笠詩社，1988 年）。

9. 杜潘芳格等著，黃子堯編：《收冬戲：客語詩與歌交會的慶典》（高雄市，寶島客家廣播電台）。

10. 周何主編：《國語活用辭典》（臺北：五南，1992 年 8 月）。

11. 周伯乃：《現代詩的欣賞》（臺北：三民，1974 年 12 月）。

12. 孟樊：《當代臺灣新詩理論》（台北：揚智，1995 年）。

13. 林央敏：《台語文學運動史》（台北：前衛，1996 年）。

14. 林于弘：《臺灣新詩分類學》（臺北：鷹漢文化，2004 年 6 月）。

15. 竺家寧：《語言風格與文學韻律》（臺北：五南，2001 年 3 月）。

16. 邱一帆：《田螺——客語詩集》（臺北縣新莊市：客家臺灣文史工作室，2000 年）。

17. 雨青：《客家人尋「根」》（臺北：武陵出版社，1987 年 6 月再版）。

18. 客語聖經翻譯委員會：《客語詩篇：心靈的祈禱文（漢字版）》（臺北：中華民國聖經公會）。

19. 張漢良、蕭蕭編：《現代詩導讀 • 導讀篇三》（高雄：故鄉，1979）。

20. 梁榮茂：《臺灣客家人新論》（台原出版社，1995 年 6 月）。

21. 郭壽華：《客家源流新志》（臺北：作者自刊）。

22. 陳千武：《詩文學散論》（臺中：市立文化中心，1987 年）。

23. 陳啓佑：《渡也論新詩》（臺北：黎明文化，1983 年 9 月）。

24. 陳義芝：《台北公車詩選》（臺北：1995 年 12 月 31 日出版）。

25. 陳運棟：《客家人第十版》（臺北：東門，1992 年 8 月）。

26. 陳滿銘：《意象學廣論》（臺北：萬卷樓，2006 年 11 月）。

27. 曾昭旭：《文學的哲思》（臺北：漢光，1984 年）。

28. 曾貴海：《原鄉 • 夜合》（高雄，春暉，2000 年）。

29. 黃永武：《中國詩學設計篇》（臺北：巨流，1976 年 10 月）。

30. 黃永達：《臺灣客家讀本》（臺北：全威創意媒體，2004 年 10 月）。

31. 黃恒秋：《臺灣客家文學史概論》（高雄市：愛華，1993 年）。

32. 黃恒秋：《見笑花——客家詩集》（臺北：客家臺灣文史工作室，1998 年）。

33. 黃恒秋編：《客家臺灣文學論》（高雄：愛年，1993 年）。

34. 鄭良偉編：《台語詩六家選》（臺北：前衛，1990 年）。

35. 劉還月：《臺灣的客家人》（臺北：常民文化，2000 年）。

36. 潘麗珠：《現代詩學》（臺北：五南，1997 年）。

37. 鄧榮坤：《客家歌謠與俚語》（臺北：武陵出版社，1995 年）。

38. 蕭蕭：《臺灣新詩美學》（臺北：爾雅出版社，2004 年 2 月）。

39. 蕭蕭：《現代詩學》（臺北：東大圖書公司，76 年 4 月）。

40. 謝重光：《海峽兩岸的客家人》（臺北：幼獅，2000 年 7 月）。

41. 簡政珍：《詩心與詩學》（臺北：書林，1999 年 12 月）。

42. 龔萬灶、黃恒秋編選：《客家臺語詩選》（臺北：客家臺灣雜誌社 1999 年）。

43. 顏元叔：《文學經驗》（臺北：志文，1977 年）。

44. 羅香林：《客家研究導論》（臺北：眾文，1981 年 9 月）。

三、研討會論文

1. 《2001 苗栗客家文化月第一屆臺灣客家文學研討會論文集（苗栗：苗栗縣文化局，2001 年 12 月出版）。

2. 《花蓮市文化局第三屆文學研討會論文集》（2005 年 10 月）。

3. 《第四屆國際客家學研討會論文集》（中央研究院：民族學研究所）。

4. 《族群臺灣：臺灣族群社會變遷研討會論文集》（南投：臺灣省文獻委員會，1999 年 8 月）。

5. 《臺語詩的對話─詩心臺灣情研討會》（國立高雄師範大學客家文化研究所，2005 年 6 月）。

6. 《語言人權與語言復振學術研討會》（2004 年 12 月）。

四、期刊雜誌

1. 《中國現代文學理論季刊》19 期（2000 年 9 月）。

2. 《文訊雜誌》2006 年 10 月號。

3. 《台北縣客家文化月刊》第 1 期（2007 年 1 月）。

4. 《花蓮青年》265～267 期。

5. 《客家文化雜誌》第 5 期（2003 年 12 月）。

6. 《客家雜誌》第 201 期（2007 年 3 月）。

7. 《國文天地》22 卷 259 期（2006 年 12 月）。

8. 《韶關學院學報（社曾科學版）》第 23 卷第 8 期（2002 年 8 月）。

9. 《刻印文學生活誌》第 1 卷第 3 期（2004 年 11 月）。

五、學位論文

1. 林櫻蕙：《現代客語詩之表現形式研究》（國立臺北教育大學臺灣文學研究所 2004 碩士論文）。

2. 彭靖純：《竹東地區客家山歌研究》（臺北市立教育大學應用語文研究所碩士論文，2006 年 6 月）。

六、報紙

1. 更生日報副刊，1995 年 9 月 24 日，2001 年 3 月 25 日。
2. 臺灣立報，2006 年 9 月 29 日。

七、其他

1. 「客家語言基本能力認證基本詞彙」中級、中高級編輯說明
2. 花蓮富里鄉鄉土教材
   http//native.nhltc.edu.tw
3. 臺灣立報記者曾美惠 2006 年 9 月 29 日〈老師　謝謝你們熱心奉獻〉報導
   http://publish.lihpao.com/Education/2006/09/29/0101/index.html
4. 客家文化意識及社區參與之關聯性研究
   http://www.hakka.gov.tw/ct.asp?xItem=8618&ctNode=581&mp=298
5. 客家八音介紹資料摘錄自台大客家社
   http://club.ntu.edu.tw/~hakka/haksong/m8/whatpain.htm
6. 客家音樂網站
   http://music.ihakka.net/web/01_music_02_main.aspx
7. 客委會網站資料
   http://tung.hakka.gov.tw/ct.asp?xItem=8439&CtNode=696&mp=102&ps=
8. 維基百科網站資料
   http://zh.wikipedia.org/wiki/%E6%B7%A1%E6%B0%B4%E9%98%BF%E7%B5%A6
9. 白靈文學船網站
   http://www.ntut.edu.tw/~thchuang/WPB/main.htm
10. 幼龍教學網站
    www.dragonwise.hku.hk/dragonwise/p4index.htm
11. 吳聲淼：〈峨眉地區客家童謠初探〉
    http://www.fgu.edu.tw/~wclrc/drafts/Taiwan/wu/wu.htm
12. 司守謙所編的蒙學韻書
    http://home.educities.edu.tw/bise/big5/books/xunmeng/xunmeng.htm
13. 臺北義民 20 系列活動網址
    http://www.taipeihakka20.com/
14. 客家義民節網址
    http://www.taoyuan-life.net.tw/cgi-bin/SM_theme?page=4022031e

附錄一　葉日松對於《花蓮青年》
265～267 期詩評

期　　數	詩　　名	作　　者	頁數	行數	葉　日　松　詩
265 詩庫之第一首	寄一位過往雲煙的人	花商進修部李泓霖	12	17	文句清新流利，心境的表白也真摯動人。希望繼續加油。
265 詩庫之第二首	殺	花蓮高中 D.痕天使	13	13	寫一個事件，寫一個現場，需要製造氣氛，營造存疑、甚至懸案，才能吸引人。作者在這方面應屬高手。
265 詩庫之第三首	也許是一首詩的重量	四維高中小三八	14	13	題目新穎充滿詩意。內容富哲理，語句也流暢，請記住：下次投稿務必用稿紙或用打字寄交「花青」
265 詩庫之第四首	相思	花蓮高工吳婷雅	15	9	累積的相思，是沉重還是負擔？一味的癡，可能萌出相思嗎？多念本詩，或許你就會有答案了。
265 詩庫之第五首	真實	花蓮女中吳郁旻	16	26	真實與虛擬都須透過特別的想像和布局，才能生動鮮活。本詩除了展現作者用字遣詞的功力之外，也可以發現她在詩的組織上，下了很大的功夫。
265 詩庫之第六首	思念	瑞穗國中黃筱雅	17	8	用雷達網來尋找情人的身影，是一種很浪漫的想像。短短幾行，就能把思念的意象，呈現出來，明亮流暢。

265 詩庫之第七首	夢境	光復國中李育璟	18	11	夢境並不一定會是眞實，但每一個人都可以擁有各種夢境。詩中的「醫生宣布」，以及「假釋出獄」，均爲假設與聯想的布局，簡短明暢。
265 詩庫之第八首	長安錯	國風國中玄晝	19	23	《長安錯》一詩，寫來典雅玲瓏，情意蕩漾。她將傳統與現代柔和在歷史故事之中越顯情味。如此委婉動人，算是難得佳作。
265 詩庫之第九首	離去	海星中學彭千榕	20	15	千榕的詩句，典雅、優美。如第一段的二、六、七行和最後的兩行，可以說本詩因它更富詩意。
265 詩庫之第十首	琴	海星中學彭千榕	21	17	這首詩精巧優美，文字的音符，如琴聲悠揚。雖然句子稍嫌鬆散，但節奏輕快、依然清新可頌。
266 詩庫之第一首	殉道者	花蓮高工吳婷雅	12	9	這首短詩，意象鮮活，精簡有力。短短幾十個字，就能將主題闡述得乾淨俐落。
266 詩庫之第二首	心灰	海星中學林莉萍	13	11	莉萍的這首詩，形式工整優美，詩意悲涼，字裡行間，流瀉著作者內心的感傷。其實我倒認爲：曾經擁有的那一段「深刻烙印的過去」讓她深埋於心，不是一樣很凄美嗎？
266 詩庫之第三首	等	花蓮女中陳思樺	14	10	思樺的這首詩寫得典雅優美，句組和結構也自然緊湊。詩中的——「在風中僞裝成星斗」以及「過敏的長泣，在短蕭中放了暗號」，實難得的絕妙佳句，好極了，加油。
266 詩庫之第四首	秘密	四維高中章郁捷	15	14	作者善於安排故事情節，用字遣辭別具用心。濃濃的詩韻，隨意像飛行。
266 詩庫之第五首	無題	花蓮高商林佳芬	16	27	以《無題》來抒發內心的種種反射，詩中所出現的事、物，或是人，未必眞實，但透過想像，透過作者的安排和布局，一切都會變得「可能」。
266 詩庫之第六首	三月九日的失去	花崗國中釉玄	17	18	這首情詩，不論是眞實或是虛構，作者都以平實貼切的文字，經營這個精巧簡短的故事，失意中的瀟灑，隱約可見。

266 詩庫之第七首	瘤	宜昌國中陳泠安	18	9	看不見的瘤，在心中滋長隱隱作痛痛的滋味，會令人揮之不去。至於最後的「給了我一根火柴」又是指什麼呢？仔細品味後，必有答案。
266 詩庫之第八首	迷思‧迷失	新城國中殘風	19	20	修辭用心，意象鮮活，情境的布局和主題的彰顯，都在作者細心的經營下，逐一完成，一個國中生能有如此佳構，難得。
266 詩庫之第九首	沙漠	宜昌國中廖棋弘	20	14	好一首清新美好的小詩。希望人間處處，不再是荒涼無情的沙漠，而取而代之的，卻是春暖花開的綠洲。
266 詩庫之第十首	例題一	國風國中蘇祐瑢	21	12	祐瑢的詩很特別。她利用數學例題模式，來設定一個主題，然後提出問題，讓人作答。不但吸引了我再三閱讀的興趣，也因為「它」而勾起了我害怕數學，為數學苦惱的一段回憶。如果我是A，數學是B，那麼我們之間，永遠不會相遇。不知道我的回答，祐瑢滿意嗎？
267 詩庫之第一首	無端	四維高中品嚐詩	12	22	詩境優美、布局緊湊。主題之掌握，十分精準。
267 詩庫之第二首	是夢	花蓮女中張純真	14	12	夢雖然虛無不實，但依然有意想不到的場景或人、事、物，有喜樂、有傷感，最後還是一場空。只有現實的人生，編織出來的夢境，才真實而多彩。
267 詩庫之第三首	問	玉里高中陌　桑	15	8	詩的形式和修辭都相當美好。特別是藉自己的眼和耳兩種器官來敘述故事。新鮮有情味。
267 詩庫之第四首	楓化，愛	花蓮高中紫　藤	16	10	楓化的愛，其實也是一種耐人尋味的。簡單的「血泊」和「晚霞」在詩中扮演連串的角色，而其中的愛，也在不經意中表露了出來。
267 詩庫之第五首	一記完美	海星高中林宛儒	17	10	作者有意在聲韻上製造優美的情境，因此，一韻到底的修辭，也算是本詩的最大特色了。

267 詩庫之第六首	碎了的，鏡	海星高中謝欣展	18	24	作者取材於生活的聯想，情感的發洩或反射。相當自然而貼切。從開頭的「設問」，到結尾的「疑惑」和明確的答案，可爲一氣呵成語言流亮。
267 詩庫之第七首	情傷	光復國中張庭歡	20	13	文句平實，敘事妥切。眞情流露，刻畫情殤。
267 詩庫之第八首	憑什麼？	宜昌國中曾瑋晨	21	16	瑋晨：你附的信函，我已閱讀，第一次投稿，就有如此成績，其實你比我厲害。你的詩，段落分明，形式靈活，很有寫詩的才華，要退稿寫意見，不如刊登寫評析。你的詩句既沒有連貫性，也沒有掌握中心主題，念起來十分吃力。最重要的還是在於用詞組句，不夠貼切精準。這樣就會造成：「不知所云」。所以你要再接再厲，請恕我的直言。
267 詩庫之第九首	生命	國風國中天涯流浪人	22	13	作者的想像力，十分豐沛，僅僅利用幾個事物和動作、場景，就能營造一個生命的象徵。詩的張力很夠。
267 詩庫之第十首	基測殘餘80天	花崗國中眞‧飛鳥	23	27	四種學科區分四段來敘述 K 書的無奈，眞實的語言，平靜的心情。不僅寫出自己的心境，也道出了基測所衍生出來的種種問題，值得深思。

附錄二　葉日松客語現代詩詩作一覽表

詩　　名	收　錄　詩　集	出　版　社	段數	行數
一張日誌等於一張稿紙	一張日誌等於一張稿紙	花蓮客屬會	3	12
一張日誌等於一張稿紙	酒濃花香客家情	文學街出版社〈台中〉	3	12
一張日誌等於一張稿紙	客語現代詩歌選	武陵出版社〈台北〉	3	12
一群月鴿仔	佢介名安著臺灣	葉日松客家文學研究室	3	17
一群月鴿仔	鑊仔肚介飯，比麼介都卡香	文學街出版社〈台中〉	3	17
一雙禾桿鞋	葉日松客語詩選	花蓮客屬會	4	17
一雙禾桿鞋	客語現代詩歌選	武陵出版社〈台北〉	4	17
人生路	鑊仔肚介飯，比麼介都卡香	文學街出版社〈台中〉	1	10
人生像 CD	酒濃花香客家情	文學街出版社〈台中〉	1	8
人生像坐車	秀姑巒溪介人生風景	花蓮縣政府	1	16
人生像郵差送出介信仔	酒濃花香客家情	文學街出版社〈台中〉	2	23
竻竹頭下讀蟬聲讀童年	酒濃花香客家情	文學街出版社〈台中〉	3	37
竻竹頭下讀蟬聲讀童年	客語現代詩歌選	武陵出版社〈台北〉	3	37
八音	酒濃花香客家情	文學街出版社〈台中〉	2	16
千人孩飯送溫情	秀姑巒溪介人生風景	花蓮縣政府	1	14
大人種地豆，細人仔㸐蕃薯	佢介名安著臺灣	葉日松客家文學研究室	2	30

大人種地豆，細人仔燥蕃薯	钁仔肚介飯，比麼介都卡香	文學街出版社〈台中〉	2	30
山中介吊橋	佢介名安著臺灣	葉日松客家文學研究室	1	16
山中介吊橋	钁仔肚介飯，比麼介都卡香	文學街出版社〈台中〉	1	16
大自然介信仔	佢介名安著臺灣	葉日松客家文學研究室	1	13
大自然介信仔	钁仔肚介飯，比麼介都卡香	文學街出版社〈台中〉	1	13
大頭殼	钁仔肚介飯，比麼介都卡香	文學街出版社〈台中〉	3	10
三位仙人介故鄉——三仙台	臺灣故鄉情	花蓮縣吉安鄉公所	1	12
凡事莫強求	钁仔肚介飯，比麼介都卡香	文學街出版社〈台中〉	2	18
上夜間部介露水	钁仔肚介飯，比麼介都卡香	文學街出版社〈台中〉	1	7
小朋友作息歌	佢介名安著臺灣	葉日松客家文學研究室	3	12
小草	臺灣故鄉情	花蓮縣吉安鄉公所	2	12
大湖草莓	臺灣故鄉情	花蓮縣吉安鄉公所	2	14
上課　挼下課	钁仔肚介飯，比麼介都卡香	文學街出版社〈台中〉	2	21
上課　挼下課	佢介名安著臺灣	葉日松客家文學研究室	2	21
六十石山介金針花	钁仔肚介飯，比麼介都卡香	文學街出版社〈台中〉	1	6
五月雪	钁仔肚介飯，比麼介都卡香	文學街出版社〈台中〉	3	9
中秋慶團圓	葉日松客語詩選	花蓮客屬會	1	12
天下美食在家鄉	钁仔肚介飯，比麼介都卡香	文學街出版社〈台中〉	4	35
心中介花園	酒濃花香客家情	文學街出版社〈台中〉	3	17
木瓜	秀姑巒溪介人生風景	花蓮縣政府	2	7
月光彎彎	钁仔肚介飯，比麼介都卡香	文學街出版社〈台中〉	2	6
月光彎彎	佢介名安著臺灣	葉日松客家文學研究室	2	6
化作火焰蟲轉來看大家	秀姑巒溪介人生風景	花蓮縣政府	1	13
天空也流淚〈山歌〉	臺灣故鄉情	花蓮縣吉安鄉公所	2	8

月桃葉	臺灣故鄉情	花蓮縣吉安鄉公所	2	12
水桶家庭	秀姑巒溪介人生風景	花蓮縣政府	1	9
天頂介星仔係倕童年介玻璃珠	一張日誌等於一張稿紙	花蓮客屬會	5	40
天頂介星仔係倕童年介玻璃珠	酒濃花香客家情	文學街出版社〈台中〉	5	40
天頂介星仔係倕童年介玻璃珠	客語現代詩歌選	武陵出版社〈台北〉	5	40
月給	秀姑巒溪介人生風景	花蓮縣政府	4	40
太陽餅	臺灣故鄉情	花蓮縣吉安鄉公所	1	5
文鎮	鑊仔肚介飯，比麼介都卡香	文學街出版社〈台中〉	2	8
文鎮	佢介名安著臺灣	葉日松客家文學研究室	2	8
火車、火車、等一下仔	佢介名安著臺灣	葉日松客家文學研究室	4	17
火車、火車、等一下仔	鑊仔肚介飯，比麼介都卡香	文學街出版社〈台中〉	4	17
火焰蟲	臺灣故鄉情	花蓮縣吉安鄉公所	2	12
火焰蟲	秀姑巒溪介人生風景	花蓮縣政府	1	12
火焰蟲	一張日誌等於一張稿紙	花蓮客屬會	2	12
火焰蟲	酒濃花香客家情	文學街出版社〈台中〉	2	12
去七星潭拈石頭	臺灣故鄉情	花蓮縣吉安鄉公所	1	26
台東佛果靚又好	臺灣故鄉情	花蓮縣吉安鄉公所	1	6
去食酒	秀姑巒溪介人生風景	花蓮縣政府	2	8
去新竹掛紙	秀姑巒溪介人生風景	花蓮縣政府	7	45
臺灣介星夜	臺灣故鄉情	花蓮縣吉安鄉公所	1	10
平凡介燈仔	鑊仔肚介飯，比麼介都卡香	文學街出版社〈台中〉	6	34
正月十五慶元宵	葉日松客語詩選	花蓮客屬會	2	8
打水漂仔；摒石頭	鑊仔肚介飯，比麼介都卡香	文學街出版社〈台中〉	2	13
打水漂仔；摒石頭	佢介名安著臺灣	葉日松客家文學研究室	2	13
用人間介熱情孵出世紀介第一隻日頭	佢介名安著臺灣	葉日松客家文學研究室	7	109
用人間介熱情孵出世紀介第一隻日頭	鑊仔肚介飯，比麼介都卡香	文學街出版社〈台中〉	7	109

禾仔捘農夫	臺灣故鄉情	花蓮縣吉安鄉公所	2	17
禾埕風光	鑊仔肚介飯，比麼介都卡香	文學街出版社〈台中〉	6	46
用情用愛寫詩篇	秀姑巒溪介人生風景	花蓮縣政府	1	8
禾稈人	鑊仔肚介飯，比麼介都卡香	文學街出版社〈台中〉	2	16
禾稈人	佢介名安著臺灣	葉日松客家文學研究室	3	16
共品蓮花介芬芳	葉日松客語詩選	花蓮客屬會	13	79
共品蓮花介芬芳	客語現代詩歌選	武陵出版社〈台北〉	13	79
吊晃槓	客語現代詩歌選	武陵出版社〈台北〉	2	19
吊晃槓	酒濃花香客家情	文學街出版社〈台中〉	2	19
吃酒醉介極樂仔	佢介名安著臺灣	葉日松客家文學研究室	3	10
吃酒醉介極樂仔	鑊仔肚介飯，比麼介都卡香	文學街出版社〈台中〉	3	10
在遠來山頂看夜景	秀姑巒溪介人生風景	花蓮縣政府	4	40
回憶	秀姑巒溪介人生風景	花蓮縣政府	3	12
年三十暗晡	秀姑巒溪介人生風景	花蓮縣政府	8	56
收冬介景象	臺灣故鄉情	花蓮縣吉安鄉公所	4	32
早起介小麻雀	客語現代詩歌選	武陵出版社〈台北〉	2	21
早起介小麻雀	葉日松客語詩選	花蓮客屬會	2	21
有夢有詩介七星潭	鑊仔肚介飯，比麼介都卡香	文學街出版社〈台中〉	7	53
竹〈一〉	一張日誌等於一張稿紙	花蓮客屬會	1	9
竹〈一〉	酒濃花香客家情	文學街出版社〈台中〉	1	9
竹〈一〉	鑊仔肚介飯，比麼介都卡香	文學街出版社〈台中〉	1	9
竹〈二〉	一張日誌等於一張稿紙	花蓮客屬會	1	14
竹〈二〉	酒濃花香客家情	文學街出版社〈台中〉	1	14
竹〈二〉	鑊仔肚介飯，比麼介都卡香	文學街出版社〈台中〉	1	14
老牛捘農夫	鑊仔肚介飯，比麼介都卡香	文學街出版社〈台中〉	3	28
血染大地	秀姑巒溪介人生風景	花蓮縣政府	1	15
竹揚尾仔	佢介名安著臺灣	葉日松客家文學研究室	4	12

竹揚尾仔	鑊仔肚介飯，比麼介都卡香	文學街出版社〈台中〉	4	12
佢介名安著臺灣	佢介名安著臺灣	葉日松客家文學研究室	8	40
佢介名安著臺灣	鑊仔肚介飯，比麼介都卡香	文學街出版社〈台中〉	7	40
伯公伯婆	臺灣故鄉情	花蓮縣吉安鄉公所	2	7
佇台北車頭等車	臺灣故鄉情	花蓮縣吉安鄉公所	7	44
你那係知請你拵我講	酒濃花香客家情	文學街出版社〈台中〉	8	28
你若係知請你拵捱講	鑊仔肚介飯，比麼介都卡香	文學街出版社〈台中〉	8	28
坐三等火車　介心情	一張日誌等於一張稿紙	花蓮客屬會	3	36
坐三等火車　介心情	酒濃花香客家情	文學街出版社〈台中〉	3	36
坐三等火車　介心情	客語現代詩歌選	武陵出版社〈台北〉	3	36
坐晃槓仔	臺灣故鄉情	花蓮縣吉安鄉公所	2	6
囥尋仔	客語現代詩歌選	武陵出版社〈台北〉	2	11
囥尋仔	酒濃花香客家情	文學街出版社〈台中〉	2	11
希望暗晡夜夢到您	一張日誌等於一張稿紙	花蓮客屬會	6	29
希望暗晡夜夢到您	酒濃花香客家情	文學街出版社〈台中〉	6	29
希望暗晡夜夢到您	客語現代詩歌選	武陵出版社〈台北〉	6	29
快會落山介日頭	臺灣故鄉情	花蓮縣吉安鄉公所	1	12
快樂介日頭	秀姑巒溪介人生風景	花蓮縣政府	2	8
快樂在農家	臺灣故鄉情	花蓮縣吉安鄉公所	2	20
快樂在農家	一張日誌等於一張稿紙	花蓮客屬會	2	20
快樂在農家	酒濃花香客家情	文學街出版社〈台中〉	2	20
快樂在農家	鑊仔肚介飯，比麼介都卡香	文學街出版社〈台中〉	2	20
秀姑巒溪介人生風景	秀姑巒溪介人生風景	花蓮縣政府	5	57
秀姑巒溪四重唱	秀姑巒溪介人生風景	花蓮縣政府	8	84
芒草花	佢介名安著臺灣	葉日松客家文學研究室	2	12
芋荷	佢介名安著臺灣	葉日松客家文學研究室	1	8
芋荷	鑊仔肚介飯，比麼介都卡香	文學街出版社〈台中〉	1	8
芋荷葉	佢介名安著臺灣	葉日松客家文學研究室	4	26
芋荷葉	鑊仔肚介飯，比麼介都卡香	文學街出版社〈台中〉	4	26

豆腐頭	秀姑巒溪介人生風景	花蓮縣政府	1	6
拗口歌	鑊仔肚介飯，比麼介都卡香	文學街出版社〈台中〉	1	10
蜗仔聲、讀書聲、舂米聲	葉日松客語詩選	花蓮客屬會	3	18
蜗仔聲、讀書聲、舂米聲	客語現代詩歌選	武陵出版社〈台北〉	3	18
拈禾串	臺灣故鄉情	花蓮縣吉安鄉公所	2	8
拈田螺	鑊仔肚介飯，比麼介都卡香	文學街出版社〈台中〉	2	8
拈田螺	佢介名安著臺灣	葉日松客家文學研究室	2	8
放料日佢去公園料	臺灣故鄉情	花蓮縣吉安鄉公所	4	20
明亮介星群	秀姑巒溪介人生風景	花蓮縣政府	2	16
枋寮介香火射四方	秀姑巒溪介人生風景	花蓮縣政府	1	14
油桐花	臺灣故鄉情	花蓮縣吉安鄉公所	2	8
油桐花　著婚紗	秀姑巒溪介人生風景	花蓮縣政府	2	8
油桐樹下，份家啦	臺灣故鄉情	花蓮縣吉安鄉公所	1	6
空襲該年	臺灣故鄉情	花蓮縣吉安鄉公所	3	12
空襲該年	酒濃花香客家情	文學街出版社〈台中〉	1	12
花在世界新住民——波斯菊	客語現代詩歌選	武陵出版社〈台北〉	1	12
花蓮薯	臺灣故鄉情	花蓮縣吉安鄉公所	6	29
阿公介民謠〈客〉	臺灣故鄉情	花蓮縣吉安鄉公所	2	8
阿公介民謠〈國〉	臺灣故鄉情	花蓮縣吉安鄉公所	3	19
雨中介田野	臺灣故鄉情	花蓮縣吉安鄉公所	3	19
雨中介田野	一張日誌等於一張稿紙	花蓮客屬會	1	9
雨中介田野	酒濃花香客家情	文學街出版社〈台中〉	1	9
阿公介油紙遮	鑊仔肚介飯，比麼介都卡香	文學街出版社〈台中〉	1	9
阿公介畫像	臺灣故鄉情	花蓮縣吉安鄉公所	4	19
阿公介畫像	佢介名安著臺灣	葉日松客家文學研究室	5	31
阿姆介身影	鑊仔肚介飯，比麼介都卡香	文學街出版社〈台中〉	5	31
阿姆介身影	葉日松客語詩選	花蓮客屬會	1	11
阿爸阿姆介叮嚀象山歌像家書	客語現代詩歌選	武陵出版社〈台北〉	1	11

阿爸阿姆介叮嚀象山歌像家書	一張日誌等於一張稿紙	花蓮客屬會	1	23
阿爸阿姆介叮嚀象山歌像家書	酒濃花香客家情	文學街出版社〈台中〉	1	23
阿爸像一頭大樹	客語現代詩歌選	武陵出版社〈台北〉	1	23
阿爸像一頭大樹	葉日松客語詩選	花蓮客屬會	1	5
青春不回頭	客語現代詩歌選	武陵出版社〈台北〉	1	5
金針介故鄉——六十石山	鑊仔肚介飯，比麼介都卡香	文學街出版社〈台中〉	2	8
迎接春天介揚葉仔	臺灣故鄉情	花蓮縣吉安鄉公所	2	9
迎媽祖，做平安戲	臺灣故鄉情	花蓮縣吉安鄉公所	2	9
迎媽祖，做平安戲	客語現代詩歌選	武陵出版社〈台北〉	2	24
屏東黑珍珠	葉日松客語詩選	花蓮客屬會	2	24
客家美食盡風光	臺灣故鄉情	花蓮縣吉安鄉公所	3	9
客家擂茶	臺灣故鄉情	花蓮縣吉安鄉公所	3	19
客家樹，客家花	鑊仔肚介飯，比麼介都卡香	文學街出版社〈台中〉	2	15
思念介明信片	臺灣故鄉情	花蓮縣吉安鄉公所	3	12
思念介彩筆爲您畫一張相	酒濃花香客家情	文學街出版社〈台中〉	2	11
思念介彩筆爲您畫一張相	一張日誌等於一張稿紙	花蓮客屬會	5	17
思念介彩筆爲您畫一張相	酒濃花香客家情	文學街出版社〈台中〉	5	17
思念你	客語現代詩歌選	武陵出版社〈台北〉	5	17
思念你	佢介名安著臺灣	葉日松客家文學研究室	4	16
思念阿爸阿姆	鑊仔肚介飯，比麼介都卡香	文學街出版社〈台中〉	4	16
思親曲	葉日松客語詩選	花蓮客屬會	2	8
思親曲	客語現代詩歌選	武陵出版社〈台北〉	2	8
思親曲〈一〉	臺灣故鄉情	花蓮縣吉安鄉公所	2	8
思親曲〈二〉	臺灣故鄉情	花蓮縣吉安鄉公所	2	8
思親曲——同以上思親曲〈二〉	鑊仔肚介飯，比麼介都卡香	文學街出版社〈台中〉	2	8
春天	臺灣故鄉情	花蓮縣吉安鄉公所	2	8

春天來了	鑊仔肚介飯，比麼介都卡香	文學街出版社〈台中〉	4	18
春天挼麼儕來	秀姑巒溪介人生風景	花蓮縣政府	2	12
春天挼麼儕來	佢介名安著臺灣	葉日松客家文學研究室	3	18
星光挼螢光	鑊仔肚介飯，比麼介都卡香	文學街出版社〈台中〉	3	18
星光挼螢光	鑊仔肚介飯，比麼介都卡香	文學街出版社〈台中〉	2	8
故鄉介月光	佢介名安著臺灣	葉日松客家文學研究室	2	8
故鄉介月光	一張日誌等於一張稿紙	花蓮客屬會	4	27
故鄉介月光	酒濃花香客家情	文學街出版社〈台中〉	4	27
故鄉介牛車路	客語現代詩歌選	武陵出版社〈台北〉	4	27
故鄉介牛車路	葉日松客語詩選	花蓮客屬會	3	24
故鄉介車頭	客語現代詩歌選	武陵出版社〈台北〉	3	24
故鄉介河流	秀姑巒溪介人生風景	花蓮縣政府	9	64
故鄉介河流	一張日誌等於一張稿紙	花蓮客屬會	3	19
故鄉介河流	酒濃花香客家情	文學街出版社〈台中〉	3	19
故鄉介河流	臺灣故鄉情	花蓮縣吉安鄉公所	3	19
柚葉香	客語現代詩歌選	武陵出版社〈台北〉	3	19
柚葉香	佢介名安著臺灣	葉日松客家文學研究室	4	12
流金歲月喚不回	鑊仔肚介飯，比麼介都卡香	文學街出版社〈台中〉	4	12
相打	酒濃花香客家情	文學街出版社〈台中〉	1	8
相打	佢介名安著臺灣	葉日松客家文學研究室	2	10
相思樹	鑊仔肚介飯，比麼介都卡香	文學街出版社〈台中〉	2	10
相思樹，流目汁	臺灣故鄉情	花蓮縣吉安鄉公所	2	12
相思樹介心事	臺灣故鄉情	花蓮縣吉安鄉公所	1	6
秋天介娘婆花	臺灣故鄉情	花蓮縣吉安鄉公所	1	5
看到月光佢就想起爺娘	秀姑巒溪介人生風景	花蓮縣政府	2	12
秋思	鑊仔肚介飯，比麼介都卡香	文學街出版社〈台中〉	1	14
秋思	客語現代詩歌選	武陵出版社〈台北〉	2	8
背影〈佢係你身背介一隻影〉	秀姑巒溪介人生風景	文學街出版社〈台中〉	2	8

重遊淡水	秀姑巒溪介人生風景	花蓮縣政府	2	11
重遊淡水	客語現代詩歌選	武陵出版社〈台北〉	2	26
重遊淡水	一張日誌等於一張稿紙	花蓮客屬會	2	26
風，畫圖	酒濃花香客家情	文學街出版社〈台中〉	2	26
風中介甘露	臺灣故鄉情	花蓮縣吉安鄉公所	4	20
風中介甘露	酒濃花香客家情	文學街出版社〈台中〉	3	12
風挷雲　空中遊	客語現代詩歌選	武陵出版社〈台北〉	3	12
風情萬種油桐花	秀姑巒溪介人生風景	花蓮縣政府	2	9
唔會消失介彩虹	秀姑巒溪介人生風景	花蓮縣政府	2	7
娘婆草	酒濃花香客家情	文學街出版社〈台中〉	2	14
娘婆草	鑊仔肚介飯，比麼介都卡香	文學街出版社〈台中〉	2	9
娘婆草	臺灣故鄉情	花蓮縣吉安鄉公所	1	4
偓介家鄉	鑊仔肚介飯，比麼介都卡香	文學街出版社〈台中〉	1	12
偓介家鄉──花蓮	秀姑巒溪介人生風景	花蓮縣政府	1	9
偓介家鄉──花蓮	一張日誌等於一張稿紙	花蓮客屬會	3	47
偓介家鄉──花蓮	酒濃花香客家情	文學街出版社〈台中〉	3	47
挨粄介聯想	客語現代詩歌選	武陵出版社〈台北〉	3	47
挨粄介聯想	佢介名安著臺灣	葉日松客家文學研究室	1	4
桐樹下，話家常	鑊仔肚介飯，比麼介都卡香	文學街出版社〈台中〉	1	4
桐樹情〈山歌〉	臺灣故鄉情	花蓮縣吉安鄉公所	2	8
烏龍茶挷膨風茶	臺灣故鄉情	花蓮縣吉安鄉公所	2	10
酒濃花香客家情	酒濃花香客家情	文學街出版社〈台中〉	8	107
酒濃花香客家情	客語現代詩歌選	武陵出版社〈台北〉	8	107
做起工做完工	鑊仔肚介飯，比麼介都卡香	文學街出版社〈台中〉	2	8
做起工做完工	佢介名安著臺灣	葉日松客家文學研究室	2	8
寄唔出介家書	酒濃花香客家情	文學街出版社〈台中〉	1	11
寄唔出介家書	客語現代詩歌選	武陵出版社〈台北〉	1	11
彩虹	佢介名安著臺灣	葉日松客家文學研究室	1	5
彩虹──七色橋	鑊仔肚介飯，比麼介都卡香	文學街出版社〈台中〉	1	5

捨唔得分割介臍帶	酒濃花香客家情	文學街出版社〈台中〉	3	64
捨唔得分割介臍帶	客語現代詩歌選	武陵出版社〈台北〉	3	64
挲草	佢介名安著臺灣	葉日松客家文學研究室	1	10
挲草	鑊仔肚介飯，比麼介都卡香	文學街出版社〈台中〉	1	10
情深深　相思苦	秀姑巒溪介人生風景	花蓮縣政府	3	12
掛紙	酒濃花香客家情	文學街出版社〈台中〉	4	40
掛紙	客語現代詩歌選	武陵出版社〈台北〉	4	40
佢兜介名仔安著——油菜花	鑊仔肚介飯，比麼介都卡香	文學街出版社〈台中〉	3	24
排排坐	鑊仔肚介飯，比麼介都卡香	文學街出版社〈台中〉	1	7
佢愛	酒濃花香客家情	文學街出版社〈台中〉	5	28
佢愛	鑊仔肚介飯，比麼介都卡香	文學街出版社〈台中〉	4	28
佢愛大自然	葉日松客語詩選	花蓮客屬會	4	64
佢愛大自然	客語現代詩歌選	武陵出版社〈台北〉	4	64
佢愛聽介一首歌	一張日誌等於一張稿紙	花蓮客屬會	4	27
佢愛大自然愛聽介一首歌	酒濃花香客家情	文學街出版社〈台中〉	4	27
佢愛大自然愛聽介一首歌	客語現代詩歌選	武陵出版社〈台北〉	4	27
佢還記得	臺灣故鄉情	花蓮縣吉安鄉公所	5	36
淡水夜景	秀姑巒溪介人生風景	花蓮縣政府	3	21
犁	秀姑巒溪介人生風景	花蓮縣政府	3	20
牽牛花	葉日松客語詩選	花蓮客屬會	2	8
第一隻時錶	佢介名安著臺灣	葉日松客家文學研究室	4	20
第一隻時錶	鑊仔肚介飯，比麼介都卡香	文學街出版社〈台中〉	4	20
莫做剝廬子	秀姑巒溪介人生風景	花蓮縣政府	2	8
覓蜆仔	佢介名安著臺灣	葉日松客家文學研究室	3	18
覓蜆仔	鑊仔肚介飯，比麼介都卡香	文學街出版社〈台中〉	3	18
釣童年	一張日誌等於一張稿紙	花蓮客屬會	3	19

釣童年	酒濃花香客家情	文學街出版社〈台中〉	3	19
釣童年	客語現代詩歌選	武陵出版社〈台北〉	3	19
野薑花開介時節	酒濃花香客家情	文學街出版社〈台中〉	6	66
野薑花開介時節	客語現代詩歌選	武陵出版社〈台北〉	6	66
麻豆文旦人額腦	臺灣故鄉情	花蓮縣吉安鄉公所	1	9
麥當勞	臺灣故鄉情	花蓮縣吉安鄉公所	2	11
尋詩介白鶴仔	鑊仔肚介飯，比麼介都卡香	文學街出版社〈台中〉	1	7
掌牛介日仔	葉日松客語詩選	花蓮客屬會	1	18
掌牛介日仔	客語現代詩歌選	武陵出版社〈台北〉	1	18
朝晨介花市	酒濃花香客家情	文學街出版社〈台中〉	1	9
煮滾水	鑊仔肚介飯，比麼介都卡香	文學街出版社〈台中〉	3	6
登山介連想	葉日松客語詩選	花蓮客屬會	2	10
童年介桐花到今還恁香	臺灣故鄉情	花蓮縣吉安鄉公所	3	12
窗帘	酒濃花香客家情	文學街出版社〈台中〉	2	16
菊花開菊花黃	佢介名安著臺灣	葉日松客家文學研究室	4	12
菊花開菊花黃	鑊仔肚介飯，比麼介都卡香	文學街出版社〈台中〉	4	12
雲介心情	鑊仔肚介飯，比麼介都卡香	文學街出版社〈台中〉	3	26
飯包	臺灣故鄉情	花蓮縣吉安鄉公所	2	15
黃昏介故鄉	一張日誌等於一張稿紙	花蓮客屬會	4	38
黃昏介故鄉	酒濃花香客家情	文學街出版社〈台中〉	4	38
黃昏介故鄉	客語現代詩歌選	武陵出版社〈台北〉	4	38
黃昏時節	葉日松客語詩選	花蓮客屬會	2	16
飯香、米香、稻花香	鑊仔肚介飯，比麼介都卡香	文學街出版社〈台中〉	3	15
愛笑又愛叫	佢介名安著臺灣	葉日松客家文學研究室	1	4
愛笑又愛叫	鑊仔肚介飯，比麼介都卡香	文學街出版社〈台中〉	1	4
新竹米粉名聲遠	臺灣故鄉情	花蓮縣吉安鄉公所	2	10
新婚夜	秀姑巒溪介人生風景	花蓮縣政府	1	13
楊桃吊槓晃	秀姑巒溪介人生風景	花蓮縣政府	2	8

極樂仔	臺灣故鄉情	花蓮縣吉安鄉公所	2	8
極樂仔〈一〉	佢介名安著臺灣	葉日松客家文學研究室	1	8
極樂仔〈一〉	鑊仔肚介飯，比麼介都卡香	文學街出版社〈台中〉	1	8
極樂仔〈二〉	鑊仔肚介飯，比麼介都卡香	文學街出版社〈台中〉	2	9
極樂仔〈二〉	佢介名安著臺灣	葉日松客家文學研究室	2	9
萬古留名比花香	秀姑巒溪介人生風景	花蓮縣政府	1	13
落花	臺灣故鄉情	花蓮縣吉安鄉公所	1	11
萬彎豬腳	臺灣故鄉情	花蓮縣吉安鄉公所	2	8
農夫拷白鶴仔	鑊仔肚介飯，比麼介都卡香	文學街出版社〈台中〉	2	8
過多節	佢介名安著臺灣	葉日松客家文學研究室	2	8
過冬節	佢介名安著臺灣	葉日松客家文學研究室	3	9
過新年	鑊仔肚介飯，比麼介都卡香	文學街出版社〈台中〉	3	9
過新年	佢介名安著臺灣	葉日松客家文學研究室	4	15
過端陽	鑊仔肚介飯，比麼介都卡香	文學街出版社〈台中〉	4	15
雷公	葉日松客語詩選	花蓮客屬會	1	10
雷公瞇爧	臺灣故鄉情	花蓮縣吉安鄉公所	2	8
夢	臺灣故鄉情	花蓮縣吉安鄉公所	2	9
夢中介小木屋	秀姑巒溪介人生風景	花蓮縣政府	1	6
夢中介小木屋	酒濃花香客家情	文學街出版社〈台中〉	4	42
夢中介小木屋	客語現代詩歌選	武陵出版社〈台北〉	4	42
滿叔公做生日	臺灣故鄉情	花蓮縣吉安鄉公所	5	42
滿叔公做生日	客語現代詩歌選	武陵出版社〈台北〉	2	36
滾銅圈仔	葉日松客語詩選	花蓮客屬會	2	36
滾銅圈仔	佢介名安著臺灣	葉日松客家文學研究室	1	6
睡毋忒介暗晡時	鑊仔肚介飯，比麼介都卡香	文學街出版社〈台中〉	1	6
睡唔忒介暗晡時	鑊仔肚介飯，比麼介都卡香	文學街出版社〈台中〉	2	14
種地豆	酒濃花香客家情	文學街出版社〈台中〉	3	14

種地豆	鑊仔肚介飯，比麼介都卡香	文學街出版社〈台中〉	2	8
緊工時節介阿爸阿姆	佢介名安著臺灣	葉日松客家文學研究室	2	8
緊工時節介阿爸阿姆	一張日誌等於一張稿紙	花蓮客屬會	4	22
緊工時節介阿爸阿姆	酒濃花香客家情	文學街出版社〈台中〉	4	22
蒔田	客語現代詩歌選	武陵出版社〈台北〉	4	22
蒔田	佢介名安著臺灣	葉日松客家文學研究室	1	8
蒔田時節	鑊仔肚介飯，比麼介都卡香	文學街出版社〈台中〉	1	8
舞步拽腳步	鑊仔肚介飯，比麼介都卡香	文學街出版社〈台中〉	1	11
寫一首感恩介詩獻畀所有介農夫	鑊仔肚介飯，比麼介都卡香	文學街出版社〈台中〉	1	8
寫畀清潔隊介朋友	鑊仔肚介飯，比麼介都卡香	文學街出版社〈台中〉	3	26
廟前慶豐年	酒濃花香客家情	文學街出版社〈台中〉	1	15
廟前慶豐年	鑊仔肚介飯，比麼介都卡香	文學街出版社〈台中〉	2	8
數字歌〈一〉	佢介名安著臺灣	葉日松客家文學研究室	2	8
數字歌〈一〉	鑊仔肚介飯，比麼介都卡香	文學街出版社〈台中〉	1	4
數字歌〈二〉	佢介名安著臺灣	葉日松客家文學研究室	1	6
數字歌〈二〉	佢介名安著臺灣	葉日松客家文學研究室	1	4
澎湖地豆介故鄉	鑊仔肚介飯，比麼介都卡香	文學街出版社〈台中〉	1	6
熱血染成一支旗	臺灣故鄉情	花蓮縣吉安鄉公所	2	10
餃粄圓	秀姑巒溪介人生風景	花蓮縣政府	1	10
餃粄圓	鑊仔肚介飯，比麼介都卡香	文學街出版社〈台中〉	2	8
學蹀蹀	佢介名安著臺灣	葉日松客家文學研究室	2	8
學蹀蹀	佢介名安著臺灣	葉日松客家文學研究室	1	8
撿骨	鑊仔肚介飯，比麼介都卡香	文學街出版社〈台中〉	1	8
燈籠草	鑊仔肚介飯，比麼介都卡香	文學街出版社〈台中〉	1	8

燈籠草	佢介名安著臺灣	葉日松客家文學研究室	1	6
親人歌	鑊仔肚介飯，比麼介都卡香	文學街出版社〈台中〉	1	6
擎釣檳〈一〉	臺灣故鄉情	花蓮縣吉安鄉公所	1	13
擎釣檳〈二〉	臺灣故鄉情	花蓮縣吉安鄉公所	1	8
聰明介蟬	臺灣故鄉情	花蓮縣吉安鄉公所	1	8
轉外家	臺灣故鄉情	花蓮縣吉安鄉公所	1	7
轉老屋個就想起讀初中該三年	秀姑巒溪介人生風景	花蓮縣政府	2	8
轉老屋個就想起讀初中該三年	一張日誌等於一張稿紙	花蓮客屬會	5	31
轉老屋個就想起讀初中該三年	酒濃花香客家情	文學街出版社〈台中〉	5	31
關懷原住民	客語現代詩歌選	武陵出版社〈台北〉	5	31
關懷原住民	葉日松客語詩選	花蓮客屬會	4	43
露水	客語現代詩歌選	武陵出版社〈台北〉	4	43
露水	鑊仔肚介飯，比麼介都卡香	文學街出版社〈台中〉	2	8
歡迎來花蓮	佢介名安著臺灣	葉日松客家文學研究室	2	8
讀書人介作息歌	秀姑巒溪介人生風景	花蓮縣政府	4	17
鑊仔肚介飯，比麼介都卡香	鑊仔肚介飯，比麼介都卡香	文學街出版社〈台中〉	4	16

附錄三　葉日松 1962～2007 文藝活動記要

　　以下為葉日松從事之文學出版、著作、得獎及其他相關活動摘要：

民國五十一年（1962 年）

　　第一篇散文詩〈窗〉，發表於《皇冠》雜誌。

民國五十二年（1963 年）

　　詩集《她的名字》，由野風出版社出版。

民國五十三年（1964 年）

　　1.　詩集《讀星的人》由野風出版社出版。

　　2.　新詩和散文，開始發表於《中華副刊》。

民國五十四年（1965 年）

　　1.　作品〈季節的變換〉入選《本省籍作家作品選集》。

　　2.　主持東部文友聯誼會。

民國五十五年（1966 年）

　　創辦《東朝文藝》雜誌，任社長。出版四期後因經濟問題停刊。

民國五十六年（1967 年）

　　詩集《金門馬祖》，由文林周刊社出版。

民國五十七年（1968 年）

　　《喔！嗨》詩集獲得第四屆文藝金像獎短詩佳作獎。

民國五十八年（1969 年）

    1. 獲得第 4 屆中國語文獎章。

    2. 〈前線組曲〉獲救國團總團部青年文藝最佳新詩獎。

民國五十九年（1970 年）

    1. 獲頒「青年獎章」。

    2. 作品入選「十年詩選」。獲行政院文化局論文「金雞獎」。

民國六十年（1971 年）

    1. 散文集《看月色當頭》，由元杰出版社出版。

    2. 入選《中國作家人名錄》。

民國六十一年（1972 年）

    作品「偉大的中國」獲青溪文藝「金環獎」。

民國六十二年（1973 年）

    1. 代表我國出席第 2 屆世界詩人大會。

    2. 詩作入選《六十年詩歌選》。

民國六十三年（1974 年）

    獲得教育廳愛國歌詞獎。

民國六十四年（1975 年）

    1. 任救國團新文藝寫作班講師。

    2. 赴台東師專題網頁演講。

民國六十五年（1976 年）

    獲教育部兒童文學詩歌獎。

民國六十六年（1977 年）

    1. 獲青溪文藝金環獎。

    2. 作品入選《中國現在情詩選》。

民國六十七年（1978 年）

    獲青溪文藝金環獎。

民國六十八年（1979 年）

    獲青溪文藝金環獎。

民國六十九年（1980 年）

1. 詩集《天空是冊詩集》由葡萄園詩出版社。
2. 獲青溪文藝金環獎。

民國七十年（1981 年）

主編《花蓮青年》雜誌。

民國七十一年（1982 年）

1. 獲青溪文藝金環獎。
2. 《追夢天涯》散文集，由世一書局出版。

民國七十二年（1983 年）

1. 入選《中華民國現代名人錄》。
2. 詩集《揮亮明天的中國》，由秋水詩刊社出版。
3. 主編散文選《秀姑巒溪的幽情》。
4. 〈到花飄香憶故鄉〉發表於臺灣日報副刊，由金門日報轉載并選入《中國文選》。
5. 〈壯麗的旗海〉獲青溪文藝金環獎。

民國七十三年（1984 年）

1. 代表我國赴韓國漢城出席第四屆中韓作家會議，並訪問日本和香港文藝界。
2. 寫作資料入選《中華民國作家作品目錄》。
3. 詩集《關山重重情片片》由宏泰出版社出版。

民國七十四年（1985 年）

1. 擔任文化中心文藝寫作班講師。
2. 當選青溪學會花蓮縣分會理事長。
3. 獲社教館頒贈優秀詩人公益獎。
4. 擔任北部七縣市高中學生編輯研習營指導老師。
5. 出席第五屆中韓作家會議。
6. 《葉老師作文指導》和《中國模範作文》由臺北欣大出版社出版。

民國七十五年（1986 年）

1. 獲第 22 屆文藝金像獎朗誦詩金像獎。

2. 主編《引領出航的旗》專集。

民國七十六年（1987 年）

1. 《如何寫好作文》由台北欣大出版社出版。
2. 散文集《北海詩情》由台北采風出版社出版。
3. 《葉日松童詩集》，由台南光田出版社出版。
4. 獲內政部長吳伯雄頒贈《中國詩韻獎》。
5. 擔任文化中心童詩寫作班講師。
6. 童詩被譯成韓文並入選韓文版的《中國當代童詩選》。

民國七十七年（1988 年）

1. 在國軍英雄館主持「文學主流」座談。
2. 《童詩賞析》由光田出版社出版。
3. 作品入選《人生船》<迷亞出版社>。
4. 擔任全國國小教師暑期文藝輔導教師。
5. 出席亞洲詩人會議。
6. 《葉日松自選集》由黎明文化事業公司出版。

民國七十八年（1989 年）

1. 《北海詩情》榮獲新聞局推薦為中小學課外優良讀物。
2. 《童詩夏令營》由欣大出版社出版。
3. 擔任救國團文藝寫作班指導老師。
4. 擔任文化中心童詩班指導老師。
5. 主持青溪文藝作家聯誼座談會。
6. 作品入選湖南省長沙市出版之《當代臺灣詩選》。
7. 擔任大漢工商專校詩歌朗誦比賽評審委員。
8. 擔任花蓮縣國小教師研習營講師，講授「兒童詩」之課程。
9. 個人資料列入南京大學主編之《台港集海外作家大辭典》。
10. 作品入選《秋水詩選》。
11. 當選世界華文詩人協會理事。

民國七十九年（1990 年）

1. 擔任臺灣北區大專院校詩歌朗誦比賽評審。
2. 榮獲第三十一屆中國文藝獎章。

3. 《全國國小童詩選》由晨光出版社出版。

4. 國小作文佳作選》由光田出版社出版。

5. 擔任救國團集文化中心寫班之指導老師。

6. 《國中作文寫作指導》由光田出版社出版。

7. 《北海詩情》，榮獲台北市新聞處第十五批青少年優良讀物獎。

8. 散文《回首向來蕭瑟處》，入選漢光出版社之「人間情分選集」。

9. 入選《當代天下名人傳略》「大陸版」。

10. 作品入選北京大學出版的《中國新詩萃<選>》。

11. 作品入選《現代新論語》（香港出版）。

12. 作品入選《九十年代獻詩》（大陸江蘇省郁舟主編）。

13. 《中國作文寫作指引》由光田出版社出版。

14. 應花蓮金玉堂文化廣場之邀請，主持「愛書人座談會」。

15. 應行政院文建會之邀請，參加苑雅集全國文藝作家聯誼。

16. 擔任警總八十年度青溪文藝金環獎評審委員。

17.《社會愛心篇》由新聞局轉載出版。

民國八十年（1991 年）

1. 擔任花蓮縣國小教師兒童文學研習營講師。

2. 應花東防衛司令部之邀請主持文藝座談。

3. 擔任太魯閣國家公園生態保護徵文賽評審委員。

4. 擔任「中國作家、藝術家聯盟」之發起人。

5. 〈母親帶我們去踏青〉一詩發表於三月廿日之自立晚報。

6. 擔任洄瀾文藝營講師。

7. 擔任全縣幼兒演講比賽主審裁判。

8. 〈是一面旗也是一首歌〉發表於四月廿一日聯合副刊。

9. 〈五心園丁〉發表於五月十六日中國時報。

10.〈綠島詩抄〉發表於六月號《吾愛吾家》。

11. 在聯合副刊發表〈我的政治觀〉。

12.〈藥袋情懷〉發表於聯合報。

13. 參加文訊月刊社「地方文藝座談」。

14. 在文訊月刊發表〈人間淨土、文藝的故鄉〉。

15. 赴玉里國中主持「文藝座談」。

16. 擔任青溪文藝金環獎評審委員。

17. 應行政院文建會之邀請，赴高雄及墾丁國家公園作文化訪問和座談。

18.〈桂河大橋〉乙詩發表於《中華副刊》。

19. 擔任花蓮縣中學新詩研習營講師。

民國八十一年（1992 年）

1. 代表中華文化藝術學會參加全國文藝社團聯誼會。

2. 擔任全國散文研習營駐營作家兼導師。

3. 在中華副刊發表〈作家日記〉——「親魂渺渺」。

4. 擔任花蓮縣少年夏令營兒童文學課程講請師。

5. 赴日本沖繩縣觀光寫作。

6. 在花蓮文化中心和鳳林國小為全縣青少年夏令營學生講兒童文學和現代詩。

7. 赴東海岸磯碕國小少年夏令營作童詩寫作的專題演講。

8. 應行政院新聞局邀請撰寫〈用雙手彩繪人生〉、〈訪十大傑出青年陳清源〉編入《和風》專集。

9. 擔任花蓮縣周末文藝營講師。

民國八十二年（1993 年）

1. 赴馬來西亞和新加坡旅遊，並與新加坡文藝界人士會面。

2. 在花蓮學苑「高中幹部研習營」中主講「文藝與人生」。

3. 散文集《生命的唱片》由文建會出版。

4. 應聘擔任聯統日報撰述委員。

5. 擔任臺灣區交通安全演講比賽評審。

6. 赴台東市參加臺灣區域文學會議。

7. 應臺灣鐵路局之邀請撰寫〈台鐵之歌〉歌詞。

8. 擔任花蓮擎天女青年協會寫作班講師。

9. 應「遠東百貨公司」之邀請，擔任母親節徵文比賽主任評審。

10. 應花蓮縣擎天女青年協會之邀，擔任「花東之旅」文藝寫作的隨隊指導老師。

11. 接受中廣記者兼節目主持人陳姿陵小姐訪問，談「寫作與教學生活」並製作閩南語節目播出。

12. 擔任花蓮女中采風社指導老師。

13. 應台北光復書局之邀擔任母子說故事接力賽評審。

民國八十三年（1994 年）

1. 童年印象（背帶等兩首）發表於聯合副刊。

2. 在青少年文藝營主講寫作及習作指導。

3. 南國詩抄發表於《四方文學》卅三期。

4. 擔任文化中心采石徵文比賽評審。

5. 擔任救國團高國中演講比賽評審。

6. 接受教育電台節目主持人陳采欣小姐訪問，錄音、談寫作經驗。

7. 擔任八十三年度勞工演講比賽主任評審。

8. 繼續擔任花蓮女中采風社指導老師。

9. 代表我國出席第十五屆世界詩人大會。

10. 赴東方夏威夷參加青溪文藝作家聯誼。

11. 參加《東海岸評論》創刊五週年酒會（蜜多飯店）。

12. 赴南北越旅遊並蒐集寫作資料。

13. 「南越北越」詩一輯發表於《四方文學周刊》。

14. 與王浩威、陳黎、林宜澐、邱上林、黃涵穎聚於中信大飯店。

15. 小品文兩帖編入文訊雜誌主編之作家選集「百年中國」乙書。

16. 在警廣花蓮台談「旅遊與寫作」及南北越的旅遊觀感。

17. 在警廣花蓮台談「世界詩人大會與詩教」。

18. 撰詩〈春風化雨、山高水長〉並指導花崗國中學生朗讀，在慶祝教師節大會演出。

19. 應北昌國小之邀，在該校主講「老師的童詩世界」。

20. 應台東社教館之邀聘、擔任「優雅語言」策劃小組委員。

21. 赴大陸廣東省梅洲出席世界客屬懇親大會。

民國八十四年（1995 年）

1. 在警廣花蓮台主講「文藝的欣賞與創作」。

2. 在《東海岸評論》雜誌撰寫〈青少年作文教室〉專欄。

3. 在花蓮縣高中社團幹部研習營主講「說話的藝術」。

4. 在高國中新詩研習營主講新詩寫作。

5. 新詩及散文發表於《四方文學周刊》、《海鷗詩刊》、《秋水詩刊》、《葡萄園詩刊》。

6. 在救國團應真善美協會邀請演講「閱讀與寫作」。

7. 《雙手彩繪人生》一文轉載於國語日報。

8. 應台北水晶唱片公司之邀,撰寫客家音樂〈八音〉之專文。

9. 在「漢聲」、「教育」兩電台之客家節目中,談「寫作歷程」及「中國梅洲行之心得」。

10. 接受花蓮民主電視台訪問,暢談寫作歷程及推動文藝教育之心得。

11. 在花蓮救國團為「青少年文藝營」主講「少年詩歌的創作與欣賞」。

12. 在光復鄉公所圖書館演講「如何指導孩子的寫作與閱讀」並主持親子座談會為一群婦女和媽媽們解答問題。

13. 擔任天祥同濟會幼兒演講比席主審裁判。

14. 國語日報為葉日松製作全版童詩專輯《臺灣東海岸風景輯》發表童詩四首。

15. 〈盧安達〉乙詩選入一九九五年版之《中國詩歌選》。另佳句六則同時入選《中國詩歌選詩人金句專輯》

16. 〈背帶〉乙詩被台北市政府新聞處評選列入《溫馨好詩上公車》。

17. 〈給河內那個名叫菲玲的女孩〉選入一九九五年版的《當代情詩選》。

18. 〈回老家拍照片〉、〈給日本女詩人角田小姐〉入選《中華新詩選》。

19. 接受台北電台「藝文夜話」節目主持人宋英小姐長途電話訪問,談公車詩及寫作的歷程。

20. 在花縣高中社團幹部研習營主講「說話的藝術」。

21. 在花蓮學苑主講「新詩研習營」有關「新詩的欣賞創作」之課程。

22. 繼續在「東海岸評論」寫「青少年作文教室」專欄。

23. 赴印尼峇里島旅遊,返國後寫下峇里島手記三首發表於四方文學周刊。

24. 在花蓮市中正國民小學專題演講「兒童詩的欣賞,創作與教學」。

25. 在「花蓮希望之聲」電台談客家詩的寫作並朗誦近作。

26. 擔任「我的花蓮」徵文比賽評審。

27. 在富北國中演講「山陬水湄詩故鄉」。次週在學田國小演講「作文教學」。

28. 在花蓮廣播電台接受張美堃小姐，談寫作的心路歷程以及引導青年學子文藝創作的心得。

29. 在花蓮高工夜間部演講「現代詩中的情與愛」。

30. 應光復國中之邀專題演講「我的寫作經驗」。

31. 在花蓮有線電視台，談寫作的觀感並朗誦〈背帶〉公車詩和近作七首。

32. 應富里國中之邀專題演講「走過風雨，走過崎嶇」。

民國八十五年（1996 年）

1. 於花蓮調頻廣播電台暢談「花蓮山水倩」。

2. 赴美國洛杉機、舊金山以及墨西哥等地觀光旅遊。並與旅美詩人陳銘華、陳本銘、李宗倫及舒蘭等人晤面。

3. 應花蓮文化中心之邀、擔任全縣國小教師兒童文學研習營之講師。

4. 在花蓮高商演講「現代詩中的情與愛」。

5. 主編《花蓮女中文學選集》交由文學街出版社出版。

6. 在花崗國中夜校作專題演講。

7. 擔任「林田山之美」徵文比賽評審。

8. 主編「我們一起寫童年」兒童文學專集，由文化中心出版。

9. 接受警廣花蓮台節目主持人張梓英小姐之邀，談客家詩之寫作並作現場朗誦。

10. 接受中廣花蓮台訪問，以客語談生活與詩歌。

11. 主持花蓮青年雜詩三者座談會於花蓮學苑。

12. 在花蓮文化中心演藝堂參加全國文藝季——「詩、迴瀾、嘉年華」，朗誦自己的作品〈回老家拍照片〉及〈暗哺夜，夢到您〉客語詩。

13. 擔任全縣交通安全作文比賽評審。

14. 為吳德亮畫集《本土心情》撰寫推介文字〈吳德亮的詩畫世界〉發表於《四方文學周刊》。

15. 聯合副刊以《新書過眼錄》專欄介紹葉日松新書《回故鄉看晚霞》

16. 為省立玉里高中畢業生改寫〈感恩的心〉歌詞，於畢業典禮中合唱。

17. 中國時報人間副刊發表客語詩〈阿爸阿姆介叮嚀像山歌像家書〉。

18. 旅美小詩〈邊城的火車〉組詩六首，刊於《四方文學》。

19. 在正迴瀾電視台同主持「客家子弟花蓮情」。

20. 在花蓮看守所對少年朋友談修身課程。

21. 寫作資料及葉日松個人簡介列入天津人民出版社出版之《中國文學大辭典》。

22. 葉日松個人資料列入一九九四年五月版之《台港澳暨海外華文新詩大辭典》，及《作家大辭典》。

23. 參加第一屆海峽兩岸師生筆遊座談活動於長江三峽、四川重慶、武漢三鎮等。在「中國之夢」船上完成新詩乙首〈給三峽的日記〉，在船上親自朗誦外，並接受北京中央電視台記者錄影訪問，在大陸播出。

24. 應中國廣播公司之邀請，參加「秋詩翩翩」的演唱會。葉日松個人朗誦了兩首客語詩。另一首〈農夫手記〉被選為扇子詩。

25. 為故鄉富里鄉竹田村河邊浣衣亭撰寫〈浣衣頌〉鐫刻於該亭大理石牆上，作永久紀念。

26. 應聘花蓮私立國光高級商工職業學校，擔任高二國文老師。

27. 繼續擔任花女采風社指導老師。

28. 擔任全縣國語文競賽作文評審。

29. 在省立光復高職禮堂與全縣愛好文藝之同學一百多人談「詩的經營」。

30. 擔任大漢工商專科學校詩歌朗誦比賽之評審委員。

31. 旅遊小品〈那天晚上，我看到了屈原〉發表於十一月十二日之聯合副刊。

32. 〈南國詩抄〉組詩九首選入《中華新詩選》。

33. 〈峇里島〉三首選入「中國詩歌選」。

34. 〈扶桑四首〉發表於十二月一日之四方文學周刊。

35. 北京《台聲雜誌》十一月號刊出〈給三峽的日記〉乙詩。

36. 葡萄園詩刊發表〈給屈原〉、〈荊州古堡〉及〈車過長江大橋〉等三首。

37. 乾坤詩刊創刊號刊出〈我們擁著一個夢航行〉乙詩。

38. 擔任「家扶中心徵文」評審。

39. 接受中廣公司訪問，內容為「客家文學」與「客家風情」。

民國八十六年（1997 年）

1. 應聯合報之邀參加「世界中文報紙副刊學術研討會」。

2. 在中國廣播公司談「客家文化與生活」。

3. 應中廣流行網節目邀請，談「我最喜愛的一首歌」。

4. 《邊城的火車》詩文集由文學街出版。

5. 應台東文化中心之邀，參加全國文化會談。

6. 應花蓮漢聲電台之邀，談「客家文化及客家詩的創作經驗」。

7. 在台北中國廣播公司主持客家節目「佢愛你愛：客家介心」談客家詩歌及藝文活動。

8. 擔任花蓮縣關懷特殊教育徵文比賽評審。

9. 在台北市漢聲電台接受專訪，暢談客家詩之創作與朗誦。

10. 在花蓮縣富源國中談「我的寫作經驗」。

11. 自由時報、中國時報、臺灣時報、中央日報、更生日報專訪報導《邊城的火車》與《一張日誌等於一張稿紙》。

12. 爲吉安鄉農會撰寫新詩〈風中的甘露〉，裱褙裝掛於農會辦公大樓。

13. 爲花蓮縣文蘭國小撰寫校歌歌詞。

14. 赴東海岸參加花青三者聯誼活動。

15. 主持詩人節詩謎活動，並擔任評審工作。

16. 赴花蓮看守所及光復自強外役監獄和受刑人談讀書心得並主持座談會。

17. 出席文化中心編輯會議。

18. 客家詩集《一張日誌等於一張稿紙》由花蓮客屬會出版，並提供各級有關學校作爲母語教學之教材。

19. 新詩八首選入秦嶽主編的海鷗四十年詩選《飛翔的天空》。

20. 赴台北市中廣公司錄製客家詩節目。

21. 在中廣花蓮台接受訪問，談客家詩的創作。

22. 協助蒐集花蓮作家資料以便建檔作編寫文學史之依據。

23. 臺灣第一條詩路，於十月中旬在苗栗三義通車，葉日松的作品「覓詩的白鷺鷥」被鐫刻在樸素木板上，布置於詩路兩旁，並收入專書之中。

24. 擔任花蓮縣八十六年度國語文競賽評審委員。

25. 擔任花蓮縣高中高職詩歌朗誦比賽主任評審。

26. 擔任花蓮縣客屬會主辦之客語演講，朗讀比賽評審。

27. 在台北寶島客家電台談客家詩及其他藝文之欣賞。

28. 應大漢工商專校之邀擔任全校詩歌朗誦比賽之評審。

29. 應北昌國小之邀，評審童詩及兒歌創作。

30. 擔任花蓮縣特殊教育（殘障）徵文比賽評審。

民國八十七年（1998 年）

1. 擔任花蓮縣國小教師兒童文學研習營講師。
2. 客家現代詩集《酒濃花香客家情》，四月廿日由文學街出版社出版。
3. 散文〈阿寒湖的除夕夜〉於五月間發表在《四方文學周刊》。
4. 童詩四十首陸續發表於國語日報、四方文學、父母親月刊。
5. 生日感言發表於四月十九日之聯合副刊。
6. 散文〈詩路之旅〉發表於五月一日之聯合報繽紛版。
7. 在兆豐農場專題演講「我的文藝創作觀」。
8. 應花蓮吉安鄉客屬會之邀，作專題演講，講題為「談休閒生活與智識之探索」。
9. 客語詩〈囥尋仔〉發表於七月一日之中國時報《人間副刊》。
10. 童詩十首發表於七月號父母親月刊。
11. 童詩廿首分別發表於七月八月之四方文學周刊。
12. 與女作家鄭頻（棶涵）談文化濤聲撰稿事宜。
13. 應花蓮後山電台之邀訪「暢談主編刊物之心得與經驗」。
14. 九月五日晚間十一時至十二時在花蓮調頻電台現場扣應節目中談旅遊與寫作。
15. 童詩選集《我的夢在夜裡飛行》由晨光出版社印行。
16. 主編《文化濤聲》雙周刊六期。
17. 應台北寶島客家電台之邀請，談個人創作經驗與作品賞析。
18. 在中廣花蓮台談教學感言與花蓮鄉情。
19. 在花蓮市主農里活動中心，擔任客家語朗讀及演說比賽評審。
20. 參加世界客屬會第十四屆懇親大會，並接受連副總統頒獎表揚客家傑出藝文人士獎。
21. 擔任花蓮縣國語文競賽作文組之評審。
22. 擔任全縣國小學生童詩創作比賽評審。
23. 作品〈車過長江大橋〉選入一九九八年中國詩歌選；〈新春三唱〉選入《中華新詩選粹》
24. 在吉安鄉五谷爺廟主講客家詩賞析。
25. 擔任花蓮縣水土保持徵文比賽評審。
26. 獲頒第一屆臺灣省特殊優良文化藝術創作文學獎。

27. 應警廣林秀霞小姐之邀談文藝教育及獲獎感言。

28. 為廣播人員培訓班主講「客家文化與客家文學」。

29. 在大漢工商專校主講「現代詩中的情與愛」。

30. 在花東區第一屆義民杯客家山歌比賽現場，應邀客串朗誦客家詩三首。

民國八十八年（1999 年）

1. 在花崗國中夜間部作專題演講「旅游與生活」。

2. 在花蓮縣文蘭國小（北區）及德武國小（南區）全縣中小學師生兒童文學研習營，主講「童詩的創作與教學」。

3. 在富里鄉學田國小主講「現代詩之美」。

4. 應臺灣省文化處之邀請、赴俄羅斯、捷克、奧地利及匈牙利等四國考察。並獲莫斯科國際兒童藝術畫廊頒贈考察證書。

5. 台北市政府主辦「詩歌有情、台北有夢」詩歌朗誦，將葉日松作品〈酒濃花香客家情〉長詩，被採用為朗誦教材。

6. 在文化中心擔任圖書館徵文比賽評審。

7. 應邀在花蓮調頻台談民俗中的「掛紙」。

8. 應花蓮希望之聲電台之邀，在節日中談「俄羅斯之行」。

9. 擔任花蓮縣全縣兒童文學徵文賽評審。

10. 擔任花蓮縣健保局徵文比賽評審。

11. 擔任全縣鄉土語言，客家語藝文競賽評審委員。

12. 赴中國大陸東北旅遊，蒐集有關寫作資料。

13. 旅遊散文〈感覺俄羅斯〉及〈收藏多瑙河上的珍珠〉於三月十四日起至四月十八日，每周日發表於《四方文學周刊》。

14. 在花蓮花崗國中演講「從山水中體悟人生—向山水學習。」

15. 在台北市中廣公司節目中發表朗誦客語詩作，並應邀在寶島客家電台談「創作經驗」。

16. 應空中大學之邀，作專題演講「旅遊生活與文學創作」。

17. 小詩〈拾金〉發表於聯合副刊。廿日美國世界日報轉載。

18. 學生作家高婉瑜至住家小敘，暢談寫作。

19. 在花蓮縣吉安鄉客屬會主辦之夏令營，主講客家詩之創作與朗誦。

20. 花蓮縣客屬會出版《葉日松客語詩選》並提供各級學校作為母語教材

之用。

21. 爲花蓮縣富里鄉農會撰寫〈富麗米之歌〉新詩乙首。

22. 接受東亞有線電視專訪，談創作「富麗米之歌」的動機與作品內涵。

23. 接受聯合報專訪，刊於次日的聯合報。

24. 九月十日聯統日報記者陳一星，撰文介紹〈富麗米之歌〉的背景與作者的創作理念。

25. 在玉里國中作專題演講「玉里的天空有我年少的詩篇」。

26. 擔任國立花蓮高商文藝社指導教師。

27. 擔任花蓮縣國語文競賽評審委員，

28. 在花蓮女中指導詩歌朗誦。

29. 擔任花蓮縣高中詩歌朗誦比賽評審。

30. 〈山水湄詩故鄉〉在更生日報刊出。

31. 《山水湄詩故鄉》由富里鄉公所出版，初版印三千五百冊。

32. 在鳳林國小擔任客語朗誦比賽評審。

33. 在花蓮師院語教系主講「觀光文學與生活」。

民國八十九年（2000 年）

1. 應花蓮歡樂電台之邀，談寫作觀光導覽詩之經驗。

2. 擔任網路「千禧革新希望」徵文評審。

3. 在東方夏威夷主講「童詩欣賞與創作」。

4. 擔任花蓮文化薪傳獎之評審。

5. 擔任國立花蓮女中與花蓮高商文學獎評審。

6. 在國立花蓮師院語教系主講「現代詩中的情與愛」。

7. 參加由中國文藝協會主辦之「文學座談會」。

8. 擔任鄉土語文競賽各級學校及社會組之評審。

9. 在卓溪國小教師研習會主講「作文教學」。

10. 主持花青三者座談。

11. 在富里鄉新興社區活動中心主講「客家詩歌欣賞」。

12. 擔任全國第三屆大學院校之學生文學獎新詩評審。

13. 出版《葉日松客家詩集》小冊。

14. 在花蓮市美侖大飯店主講「廣播中的客家文化」。。

15. 爲國立光復高職創作校歌。

16. 《四方文學周刊》全版刊出葉日松作品客家詩廿二首。
17. 擔任花蓮市國語文競賽評審。
18. 擔任國立花蓮師範學院「哈客社」之指導老師。
19. 在壽豐國小為教師們主講「作文教學經驗」。
20. 擔任客語演講比賽評審。
21. 擔任花蓮縣國語文競賽評審。
22. 擔任高中詩歌朗誦比賽評審。
23. 在教育電台談鄉土文學與旅遊寫作。
24. 在漢聲電台談「文學與生活」。
25. 在花蓮師院主講兒童文學「媽媽!您是天空嗎?」
26. 應日本地球詩社之邀參加「世界詩人祭 2000 東京」國際詩人聚會。

民國九十年〔2001 年〕

1. 在玉里鎮中城國小、鳳林鎮鳳仁國小、太富國小，主講「臺灣頭介童謠」。
2. 在國立花蓮師院主講「客家詩之寫作」和「早期臺灣客家童謠賞析」。
3. 「客家現代詩歌選」由台北市武陵出版社出版。
4. 擔任花蓮縣文化基金會常務董事。
5. 完成新著〈用人間介熱情孵出世紀介第一隻日頭〉。
6. 應花蓮女中采風社之邀擔任該校文學獎新詩類之評審委員。
7. 擔任大漢技術學院詩歌朗誦總決賽評審。
8. 應國立花蓮師院之邀，擔任學術論文之評審委員。
9. 在壽豐國小全縣兒童研習營中主講「我教你讀詩寫詩和製作詩卡」。
10. 獲花蓮縣客屬會頌發金質獎牌乙面，表揚對客家文化推動有功。
11. 參加創世絕詩社主辦之「我這一代詩人造像」活動。
12. 在富里鄉東竹國小主講「鄉土教材之文藝話語通俗化」。
13. 在教育電台主持「客家詩歌大家唸」小單元。
14. 在中國時報人間副刊發表其〈客家童謠創作〉五首。
15. 在更生日報《四方文學周刊》全版刊出其客家詩十八首四百多行。
16. 在臺灣日報副刊發表客家詩「第一只時錶」。
17. 為花蓮縣文化局出版之「摩里沙卡」文化名信片撰寫封套詩兩首〈摩里沙卡〉和〈流籠的告白〉。

18. 客家童謠五首由作曲家兼演唱家呂錦明先生譜曲，並製作 CD 和歌本出版。

19. 散文〈踩過數鄉的林野〉、〈挑著夕陽〉兩篇選入《臺灣名家散文選讀選讀》，由大陸吉林省攝影出版社出版。

20. 擔任文化局評審委員。

21. 應新竹市中廣電台之邀，談新書出版與創作經驗。

22. 在自立晚報發表〈阿公介畫像〉。

23. 客家歌謠〈快樂在農家〉被教育部選為全國各級學校音樂比賽國小組指定曲。

民國九十一年（2002 年）

1. 在花蓮調頻電台主持「客家生活周報」節目，本節目由行政院新聞局獎助。

2. 發表新詩兩首〈摩里沙卡〉、〈流籠的告白〉。

3. 完成〈夢回林田山〉清唱劇，由林道生作曲，本作品並獲得中國時報與花蓮縣文化局之文學獎優選獎。

4. 在花蓮海星國小兒童夏令營主講「童詩的創作與欣賞」。

5. 在自由時報副刊發表客語詩〈六十石山的金針花〉。

6. 在華視「重現客家風華」中節目接受新聞局訪問。

7. 更生日報《四方文學版》刊出第一部清唱劇〈林田山的煙雲〉。

8. 在自由時報副刊發表客語詩〈鑊子肚介飯，比什麼介都卡香〉。

9. 擔任「文建會童詩兒歌 100」決審委員。

10. 在台北中廣客家頻道節目談客家文學創作與出版新書的心路歷程。

11. 清唱劇〈林田山煙雲組曲〉共十首製作成 VCD，由花蓮林務局出版。

12. 新書《鑊子肚介飯，比什麼介都卡香》正式發表。

13. 在鑄強國小主講「童詩教學講座」。

民國九十二年（2003 年）

1. 擔任花蓮文學獎評審。

2. 作品〈夢回林田山〉被聯經出版社收入《山中咖啡屋——南島篇》一書中。

3. 客家詩歌有聲書《五月雪》出版。

4. 於台北市臺灣山歌研習班主講「歌詞創作」。
5. 花蓮鑄強國小錄製出版《葉日松話詩》VCD，作爲母語補充教材。
6. 擔任花蓮文學獎散文獎決審委員。
7. 行政院客委會出版「許景淳客家歌曲專輯」CD，收錄葉日松作品〈春天跟誰來?〉。
8. 苗栗縣頭份鎮音樂會演唱葉日松客家歌曲〈快樂在農家〉、〈紙仔〉、〈月光〉、〈油桐花〉共四首。
9. 大愛電視台「後山素描」節目首播「客家詩人葉日松專輯」約二十五分鐘。
10. 公共電視客家新聞雜誌播出葉日松介紹花蓮節目。
11. 出席台北市新聞局舉辦之「客家研究學會」發起人會議。
12. 在臺灣電視台錄製「大公廳一談客家文學」節目。
13. 在臺灣電視台錄製客家節目「家有寶貝」，談客家詩的創作與朗誦。
14. 應教育部之邀，擔任全國國語文競賽客家類各組評審。
15. 在花蓮市國福國小主講閱讀與寫作。
16. 在台北市市立圖書館以評審委員身分應邀出席兒歌 100 頒獎典禮。

民國九十三年（2004 年）

1. 〈火焰蟲〉、〈童年組曲〉、〈夢中介小木屋〉、〈故鄉介河流〉四首客家歌詞被行政院客家委員會列入國小、國中、高中合唱教材。
2. 完成客家詩作〈臺灣土產系列〉計十二首。
3. 臺灣山歌團出版 2004 年桐花季傳統山歌有聲書，CD 中收錄十八首作品。
4. 在日國語日報發表童詩乙首〈河流〉。
5. 花蓮吉安鄉公所出版葉日松客家詩集《臺灣客家情》。
6. 擔任花蓮文學獎最後決選評審。
7. 在花蓮市公所三樓爲花蓮縣國小教師客語教學培訓班主講「客家童謠和山歌」。
8. 在花蓮文化局擔任原住民民間文學田野調查計畫書評審。
9. 擔任兒歌 100 複審及決審委員。
10. 應客家委員會哈客網路學苑之邀，在花蓮師院主講「客家文學賞析」、「客家諺語之美」、「客家童謠之教學」。

民國九十四年（2005 年）

1. 爲花蓮縣秀林鄉偏遠地區小朋友主講「寫作經驗」，指導小朋友創作、朗讀、插圖並製作詩卡及作成果發表會。

2. 作品〈詩寫六十石山〉收錄經濟部中小企業處印行之觀光導覽摺頁手冊，並另製鑰匙圈附詩卡包裝。

3. 作品〈月台票〉發表於年五月三日之聯合副刊。五月廿九日轉載於世界日報美洲版。

4. 客家電視台「臺灣長史物」節目製作葉日松個人專輯《悲歡交織的客家詩人》。

5. 個人有聲書《臺灣故鄉情》及《秋風起，思念你》由龍閣文化傳播公司出版。

6. 客語詩十首由古石明作曲，出版合唱歌曲集「大地之頌」，由金字塔出版社印行。

7. 鄉土文學作品《摩里沙卡的秋天》，由花蓮縣文化局出版。

8. 在三峽國立教育研究院爲海外歸國客語教師研習營主講「客語詩歌、諺語之賞析」。

9. 林田山抒情組曲〈往事回航，夢裡停靠〉於十二月十日下午在林田山中山堂演出。

民國九十五年（2006 年）

1. 〈萬古流芳在人間〉義民禮讚，全部作品八章。其中第三章和第七章以及〈快樂在農家〉由臺灣客家山歌團在國家音樂廳演出。

2. 作品〈快樂在農家〉由台北世紀合唱團赴花蓮縣文化局演藝廳演出。

3. 在苗栗縣三灣鄉農會主講「客家詩詞之美」。

4. 〈回憶〉客語版由國立花蓮高中合唱團在花蓮縣文化局演藝廳演唱。

5. 應國立東華大學之邀主講「後山的鄉土文學」。

6. 在花蓮文蘭國小作專題演講「閱讀與寫作」。

7. 臺灣銀行委託臺灣電視台製作「油桐花認同卡」選用葉日松之〈五月雪〉乙詩。

8. 在花蓮海星中學主講「詩的準確度」。

9. 擔任詩歌朗誦比賽之評審委員。

10. 出席詩人連吟大會，並朗誦兩首客家詩〈在遠來山頭看夜景〉、〈回老

家，拍照片〉。

11. 在花蓮客家文化會館主講客家文學、諺語、兒童歌謠等課程。

12. 在花蓮文化局擔任「花蓮文學獎」之決審。

13. 上午在鳳仁國小為全縣中小學客語教師初階班主講「客家詩與朗誦技巧」。

14. 在花蓮市國風國中主講「從摩里沙卡的秋天」談起，介紹花蓮的鄉土文學作品。

15. 在花蓮教育大學為國立中央大學客語研究所學生主講「涕淚交零寂寞紅」。

16. 在鳳仁國小為全縣客語教師進階班主講「年度客語詩歌分享」。

17. 赴台中豐原市臺灣省教師研習會為全國中小學鄉土語言研習班主講「客家古謠、諺語、童謠及現代詩」。

18. 行政院客委員會，委託台北市大理資訊股份有限公司製作「義民禮贊」動畫光碟，供台北市所有國民小學 e 學堂使用，以利推動客語教學。

19. 作品〈秋思〉、〈露水〉由國立臺灣藝術大學音樂系教授沈錦堂作曲，於八月間在美國洛杉磯、舊金山等地演唱，宣慰僑胞。

20. 作品〈思念你〉及〈油桐花〉兩首由林勤妹作曲、林資綺小姐演唱，在七月間正式出版。

21. 七月十二日上午葉日松新書《秀姑巒溪介人生風景》在花蓮縣政府大禮堂舉行發表會。

22. 二〇〇六年台北市義民祭祭典中，由台北市胡適國小的小朋友帶領上萬民眾齊聲朗誦葉日從作品〈義民禮讚〉場面壯盛。

23. 作品「摩里沙卡的秋天」在花蓮文化局演藝廳演出。並收入《純箏童年》ＣＤ專輯發行、義賣。

24. 國家臺灣文學館搜集整理葉日松相關作品與資料在該館作典藏。

25. 作品「春天跈麼儕來」由許景淳作曲，收入「喜馬拉雅唱片公司」於二〇〇六年五月三日出版發行之《桐花之歌》旅遊 RV 專輯。

26. 榮獲第一屆全國教育奉獻獎。

27. 擔任第二屆全國客語生活學校成果觀摩賽臺灣中區之評審委員。

28. 擔任「2010 年想像花蓮美好生活」徵文比賽之決審委員。

29. 在花蓮市花崗國中主講「我的作文教學」。

30. 二〇〇六年重陽節國語日報「爲兒童播下文學種子的人」專輯。

31. 在花蓮縣林田山中山堂等舉行「林田山煙雲音樂會」，演出葉日松作品八章（首）。

32. 臺灣客家山歌團於吉安客家文化會館演唱〈義民禮讚〉以及〈快樂在農家〉等作品是花蓮地區的首演。

33. 應花蓮縣秀林國中之邀專題演講「閱讀與寫作」。

34. 擔任花蓮第一獅子會主辦之客家諺語演說比賽評審委員。

35. 經濟部中小企業處爲「六十石山」特別製作了一萬份「特色鑰匙圈」並印製了葉日松的〈詩寫六十石山〉乙詩之小詩卡。

民國九十六年（2007 年）

1. 葉日松被國立臺灣文學館《臺灣詩人 100 影音》列入其中，收錄客語詩作等計十五首。

2. 擔任「全國客語生活學校成果觀摩賽」評審委員。（臺灣東區賽）

3. 擔任花蓮縣全縣客語朗讀及演講比賽之評審委員。

4. 擔任「全國客語生活學校成果觀摩賽」臺灣中區之評審委員。

5. 在台北縣三峽國立教育研究院爲客語輔導員研習班主講「臺灣文學概論」。

6. 擔任國立台北藝術大學傳統音樂系「福春嫁女」現代歌舞劇顧問。

7. 花蓮合唱團演出葉日松的〈林田山煙雲組曲〉、客語歌曲〈回憶〉，客家電視台全程錄影播出。

8. 作品客家詩五首收入「國家文化資料庫」（文建會網路）。

9. 吉安鄉公所暨花蓮縣客家文化推展協會舉辦葉日松個人文學創作展及朗誦會。

10. 新著《記憶的南風輕輕吹》——玉里采風錄》由花蓮縣玉里鎮公所出版，並於當天晚上在玉里鎮中正堂舉行新書發表會。

11. 完成即將在近期出版的著作兩本。第一本爲《竹葉撐船你愛來——客家山歌的文學之美》，由行政院各委員會獎助出版。第二本爲《懸崖上的花朵》是爲中小學生和一般民眾所寫的少年詩集。

附錄四　葉日松訪談摘要

以下係民國九十六年（2007 年）一月十三日於葉宅之訪談紀錄摘要

葉日松（以下簡稱葉）：題目太重要了，題目能否吸引人，詩能否吸引人，題目文章的思考不管是回文式的也好，平順式的也好，題目定的好就成功了一半，尤其是一首詩。你如果要定題目的話，像「回歸與前溯」、「尋找語言的詩人葉日松」都不錯，而我一個任東華大學教授的學生則以我從寫國語詩到寫客家詩的轉變風格作研究的基礎。但對於我的詩的解析評論方面則很少，所以我最近在中央大學演講時，我對羅肇錦老師的研究生說我的詩目前還沒有人專門作我的研究，就葉日松的現代詩與歌來說還沒有人來專門探討這個問題，我正需要的就是你的「客家詩歌」研究。

葉：我寫「年三十介暗晡」，這些年的年三十介暗晡（除夕夜），爸爸媽媽已不在，我還是在桌上擺著碗筷（啜泣），為什麼寫這些東西，就是要讓小孩子知道，親情是永遠不能分割的。還有我的一篇「月給」，我十八、九歲從師範畢業第一個月三四百塊錢的薪水，完完整整、恭恭敬敬地交給媽媽。離開了故鄉以後，這幾十年來，我自己作了爸爸，作了老師，我的薪水拿去照顧弟弟妹妹，但薪水袋總是原封不動的交給媽媽，沒有一次例外，這是我自願的。當然人生也有輕鬆的。台中有一個「笠詩社」，今年二月份要出專刊刊登臺灣十位客家詩人的作品，我也名列其中。

葉：「遠來山上看夜景」這首詩則是想到「前不見古人，後不見來者，念天地
　　之悠悠，獨愴然淚下。」的那種感覺，而把它抒發出來。看看「太平洋
　　西岸打到東岸的海浪」，然後「人睡了」，「花蓮市的夜景也睡了」，唯一
　　沒有睡的是天上的星星，和遠來飯店裡沈思問題的人，以及快樂的飆歌
　　族。像寫遠來飯店的這種作品就是寫人生的一種感覺，而把它呈現出來，
　　他的感染力就很強。像「背帶」是國語詩，但是用客家語念時，一樣可
　　以念得很好。

左：我的公阿就是用那種黃色的背帶背我們長大的，我到現在還感念萬分，
　　因此，我讀了這首「背帶」就情不自禁的哭了，因爲那條可以連接天際
　　的背帶背著濃濃的親情。

葉：每次媒體訪問我，我都朗誦那些，還特別朗誦了「阿公的民謠」。上李喬
　　主持的「臺灣情客家歌」，一整個小時的節目，我也朗誦詩歌。我書寫人
　　生的過往和自然眞情的流露，也寫農村的情景，這些作品都是人生的反
　　映。

葉：我跟春香結識是在客委會客語桐花詩徵選工作認識的，好幾年前了，那
　　時春香是山歌團團員；咦，胡先生（註：本文作者之夫婿），你也是桐花
　　山歌詞得主之一嘛！

左：哇！葉老師你還記喲！

葉：記得哇，當然記得！我和羅肇錦、謝俊逢、鄭榮興、呂錦明，姜雲玉等
　　教授、老師都是當時的評審。

左：老師記性那麼好！

葉：那是要經過訓練的啦！

葉：如果要研究我的詩，有很重要的分類，一個是現代詩，一個是歌詞韻文
　　類，我的韻文是從傳統的山歌詞而來，但我不要那麼死板，什麼一定要
　　一三五不計，二四六分明的。以現代詩來講，也不管是七言、五言，我
　　會採取比較彈性的方式，當然老山歌的話我一定會按照規矩來。這是歌
　　詞方面，我的歌詞都是比較活潑的。我比較喜歡用宋詞元曲的格式，像
　　長短句，國語的、鄉土的，最近寫的都如是。我的作品分爲兩大類，本
　　來是沒有填歌詞的，也沒有跟音樂結合的東西，這部分完全是無心插柳

的結果。我的現代詩從國語到現在，這兩大類的內涵包括，傳統和現代兼顧，文學意境之美，文學意境的表達，也可以說是意象之美，當然修辭之美，聲韻節奏之美也含在其中。以修辭來說，我比較欣賞黃宣範教授的說法，優美型式的設計和表意方法的調整。所以以修辭來說，我著重新詩的形式，優美型式的設計；另一個是表意方法的調整，基本上就是不要千篇一律，不管是聲韻或節奏方面。春香，我告訴你，我很重視這塊，即使我的散文也很有節奏，詩當然也是。我早期有一本詩集，臺北市政府新聞局得獎的詩集品－「北海詩情」，那些作品的對仗節奏，聲音唸起來很舒服，即使沒有押韻，聽起來也很有節奏感、韻律感，我特別重視，包括散文。

左：老師有沒有特別喜歡的句數？如三三五五或三五七？

葉：散文沒有，現代詩也沒有。當然有人說現代詩要三三四四，或三三六四，但像六朝駢文的那種東西我絕不會特別學習它。當然，我認為在文章中用夾雜的方式，散文啦詩歌啦夾雜在裡面是可以的，不刻意就可以。

葉：寫客家詩的時候，以「快樂在農家」來講，韻腳押韻唸起來很好聽，寫「林田山」，「往事回航夢裡停靠」，登出來之後，同好認為很好。林田山是臺灣八大景之一，現在已經沒有了，只能靠採訪。橋樑隧道還在，（念這首詩）這些過往的景象回到我的夢裡停靠，而押韻是非常自然。這些東西，就是自然流露。

左：這些韻腳能這麼流暢自然，是不是您背過韻書？

葉：你這個問題問的很好，去年（2006 年）12 月我到花蓮教育大學音樂系去演講，音樂系本來跟我無關哪，可是國樂系的饒天池教授，邀請我去和學生談談「詩和音樂的結合」，談我為什麼會寫歌詞，那些歌詞的韻到底怎樣來的，節奏感是怎樣培養的。我聲韻基礎的奠定，有兩個部分，第一個是我在十歲那年，整整一年，我念私塾，1945 年臺灣光復，日據時代我讀二年級完畢，光復那年是三年級。空襲時期之後，日本戰敗，在國民政府還沒有來接收的空檔，三年級沒有唸書，四年級就開始讀中文。在這樣的一年時間中，家裡請了一位客家的漢文老師阿基先生，我的散文及這篇文章「我的漢文先生」，很多都是我童年的記憶，已發表在「聯

合報」、「中國時報」等報紙。六百字八百字的一些小品，我發表的很多，都是我親身的過往，有血有淚的東西。

左：那你背了哪些東西？

葉：第一本是「三字經」，再來是「千家詩」，第三本是「昔時賢文」，「增廣昔時賢文」，「昔時賢文，誨汝諄諄，多見多聞，觀今宜鑑古，無古不成今」，我還背很多唐詩。當時漢文先生都不解釋的，就一直背，那種聲韻之美，朦朧之美，很美很美。到了國中老師解釋時才稍懂，老師解釋起來也輕鬆，而我聽得也清楚，就非常感恩當時整年漢文先生奠定的聲韻基礎。阿基先生現在還在世的話已經一百二十歲囉，我在那篇散文中有寫相關的事情。這是第一層，另外我個人非常喜歡朗誦，以這樣的聲韻之美去啟發小孩子。

左：是要把聲音拉長去念嗎？

葉：不一定哪，有讀、吟、誦、唱不同的形式。吟、誦較接近，讀就是朗讀，像「春眠不覺曉，處處聞啼鳥，夜來風雨聲，花落知多少。」這樣牽聲，像唱老山歌一樣，朗誦是沒有一定的範疇。我和邱燮友、王庚生朗誦的方法也不同，邱燮友他們每次朗誦都要和我討教不一樣的地方，朗誦到非常快樂，鹿港調天籟調也不錯，宜蘭酒令是最好學的，真的很好聽，唐詩五言絕句套進去，進行教學是很美的，其運用之妙全存乎一心。理論沒有什麼，教學才是重點，我是師範畢業，但私塾的基礎對我幫忙很大。當時我是讀白天的，晚上還有「打夜學」的，也令我印象深刻，文章中也有記載。我因為讀私塾而養成的朗誦習慣，對我後來幫助也很大，所以小時候多讀多朗誦韻文詩歌散文等等都很有益處。

葉：我很重視散文美讀，而美讀前一定要先充實語言，充實語言才有辦法進行寫作，心中沒有想到的語言，文字上就無法進行表達。要使心裡常有語言，最好就是要多讀書，第二是想像，第三才是觀察。多觀察、常想像、多讀書，語言才會豐富，豐富語言之後，寫作自然能夠流暢。

葉：上回我去東華大學演講，談到後山客家文學寫作。有學生投稿「留聲繪影」，題目是「油菜花田中的青松」，說我不會老，永保活力，講話都不用麥克風。她得到徵文比賽第三名，我送她「背帶」那首詩，她說讀後

想到中央山脈的西岸，她的故鄉在南投，她十分思鄉，我也有一首詩「黃昏的故鄉」，黃昏時候，我阿嬤等候我的情景，也引她思鄉落淚，而讀了她的作品，我也落淚了。所以我想鄉土文學作品，之所以能讓人感動，一定要和土地有所關連，是人與人間情感的交流，一切是那麼自然。我另外還有一首詩「拾金」在聯合報上發表，發表十天後收到美國世界日報轉載。我親手去把我父母的骨撿起來，我是親身經驗。所以我的詩是親身經驗，如果沒有這些經驗，就沒有這些詩。我朗誦一遍給你們聽，十年才檢骨，一身的疲憊，灰塵我親自擦拭從額頭到每一根腳指頭，「你明亮的⋯⋯」（又引來一陣啜泣），媽媽過世前因為癌症瘦到剩下二十八公斤⋯⋯

葉：我不是無病呻吟，我今天創作兩三百首的客家詩，只要有幾首能流傳或感動世人或有教育的啟示意義，就覺得對得起父母。我書房擺著我阿公阿婆爸爸媽媽的照片，放在我寫作的案頭，今天我的子孫雖然賢孝，但是古語說「爺娘想子長江水，子女想爺娘擔竿長」，我們好吃的都給小孫子吃，但是現在有多少子女想到要報答或能夠報答？像我媽媽這輩子最嚮往日本，那時最想吃日本東京蘋果，我們兄弟子女有成就、能帶他去日本的時候，她的身體已經不行了，這是情何以堪。當然，為了滿足親人或配偶出國之願望，事後偷帶著神牌或骨灰出國的事，也略有所聞。這幾首詩簡短淺顯而且雅俗共賞，詩作不一定要拐彎抹角，很艱澀，像李白的「靜夜思」、朱自清的「匆匆」，就是簡白而又深動人心的作品，這就是文藝的動人之處。

葉：有時為了使更多人聽懂及瞭解，就把客語的作品翻成國語，雖不多但有，像米香飯香這章，就是國客語對照，那其間風味韻味的差別，有待你去細細思量。有的是先客語後國語，有的則是先國語後客語，都有相當的轉折。

葉：傳統風格像唐詩可以歷久彌新，但寫作者當然也要創新，要推動。企圖顛覆傳統的人當然也有，但我持中庸立場，不走顛覆路線，因為我從傳統中來，語言力求清新不拖泥帶水。我有三首詩入選「臺灣文學詩選」，

李喬評我就說我的作品「清新」。

葉：我不喜玩弄文字技巧，喜歡隨緣自在，也不刻意講究修辭、對仗、映襯、矛盾中的對立等技巧。

左：我今年（2007 年）有幸參與花蓮客屬會年終聚餐，看到政界文藝界水乳交融，而不分黨派階層，都對老師這麼敬重，同時我也注意到有位結舌不善表達的大哥，來向老師懇切致意的情景。這讓我想到這是因老師熱心助人的情，無私地點點滴滴在花蓮長期基層耕耘的結果。因為老師是國中的國文老師嘛！老師在孩子們青春年少的時候，啟發他們……

葉：我退休十三年來比以前更忙，擔任評審委員、出版、講評。以前上過我的寫作班、研習班的青年，很多都已經成為詩人，好像也多多少少影響了花蓮的文風，很多老師、校長都是我的學生。我覺得老師的精神、熱誠最重要，物質我不要，因為教育不能期望回饋。我得到第一屆教育奉獻獎，之前也兼任花蓮教育大學的客家社指導老師，回來都會去看看。我曾在看所守幫忙四年，有一次在車上遇到一個學生（註：曾待在看守所的受刑人）回臺北看老母親，他很孝順，在花蓮工作賺錢。他的一聲「老師」，一個讓座的舉動，就讓我覺得很欣慰了。我通常教導他們簡單寫作及日記指導，有個少年吸毒犯為了想戒除毒癮，努力閱讀和寫作新詩，但無法突破而求教於我，我將他所寫幾十首詩細讀修改，這些我都有留存下來，後來該生來看我，感謝我的指導。也曾有素昧平生的人因女兒基層特考連續三年落敗而求助於我，把她練習的文章每一篇都給我修改，來往了好幾次，最近一次說考起來順手一些。有進步就最好不要放棄，我自己過去參加中學老師檢定考試，就敗在最拿手的教育概論，所以我寄給他我的勸告。老師當久了，也要聽別人的意見才會與時俱進，人會有惰性，工作了或考上了，可能就不讀書了，所以我都鼓勵年輕人多讀書。

左：「打折扣」這詞彙的國客語不同，如果使用於客語詩中，客語味道會不會走味了？因為基本上，客家話只有「打折」，似乎沒有人講「打折扣」，「打折扣」好像是國語的口語用法。

葉：可以是為了押韻而用「打折扣」。語言詞彙之間的轉換有時難免遷就現實面，或借用或直接翻譯外來語，像日文的「割引」，（優待，讀音沙必司）。我問過梅縣客家人，其實還是有人口語上也說「打折扣」這個詞彙。

左：所以老師認為用這個「打折扣」的詞彙在客語詩句上，雖然在臺灣我們一般口語並沒有用「打折扣」的說法，但老師也會經過詳細的推敲和研究，去查訪可能的各種用法和說法囉！

葉：所以有時候為了打「割引」，聲韻敗筆，這首詩的效果就會真的「打折」囉，所以有時為了創作，會用原有但現在較少人講的「打折扣」入詩。因此，個人覺得文學語言，不一定要完全以客語入詩，只要約定俗成，就可以被接受。有時把文言文的客語入詩句裡，也相當優美。反過來說，口語詞句鄉土化也許很有客家味卻不見得就是適合入詩，如：「你怎麼會那麼『喔八』」這種口語如果寫在詩文裡，也不是很恰當哪。所以說口語不等於鄉土文學，文學作品畢竟和普通會話不同，會有層次上的差別，寫作時不要拘泥於母語的習慣用法如何如何，這會讓本來可以成熟而靈活應用的文字僵化、死板。這方面我和「胡泉雄」先生「林展逸」先生的想法一致，他們也用客家口語和國語詞彙文言入詩，客家味道似乎少了一些，但想到千百年前流傳下來的唐詩宋詞，原文是用河南口語創作的，而我們的先祖們用客家話來念，也一樣能傳達其中的情景和意境。其實這方面的詞彙在創作時該用否，我思考很久。到過梅縣仍有講「「打折扣」，打折原百元打七折扣三十優待三十。像「悵然」、「枉然」等詞彙，古代客家人也有使用呀，現代客家人能讀懂。

左：我用客家語翻譯「曼妙」，對譯國、客，產生一些困難，覺得不像客家話，這部分如何解決？

葉：「美妙」等的意思沒改變，注音就直接用原音原字，不要改字比較不會被質疑。

左：用字的心路歷程，老師有筆記嗎？

葉：有的有。

左：早期客語詞彙運用和您最近的客家詩比較，您的看法？

葉：這正是我要說的，我在想客家語早期讀法，如何能入詩，適當的（非大量）放進詩歌裡面，讓更多族群能理解共賞。我自己也想作早期和近期

作品中客家詞彙運用的比較。其實時代會考驗，任何批評，都可以接受。文學創作者，就是勇敢的去完成自己有感而發的作品，其中詞彙的運用，能不能經過時代的考驗而約定俗成廣爲接受，則是其次的問題，當然不影響我的創作。

葉：詩可以朗誦，譜曲。我特別在乎平仄，熟能生巧，涉獵後就有心得，音樂歌詞其實不一定要押韻才能譜曲。這次我去台東大學音樂系演講就特別講這方面的心得，我也常看東森幼幼台，注意兒歌的歌詞，有許多也沒有押韻，我的第一首與音樂結合的詩就是快樂在農家，獨唱編好後，被指定爲全國鄉土歌謠獨唱指定曲，國中小多唱四部混聲，傳唱開來似乎就像是藝術歌謠了。

左：義民禮讚算是社教類，但我首次拜讀時，也哭到不行。

葉：這是文學走向鄉親，和生活結合，族群的禮讚。

左：有一些外族群對於「義民祭」有不同角度的評價，您這方面有矛盾嗎？

葉：歌頌感恩前人奉獻犧牲的簡單短篇歌謠或敘述，不需要過度渲染和崇拜，但也不需要過度批評。挑飯，祭拜，是客家人感恩先祖爲土地奉獻的精神，客家人不會忘恩負義的寫照。我自己只是如實將感恩的心情安排成詩篇，構思了許久，經營出八個篇章，是一種懷念感恩的心情，勸各族群一起感恩。「化作火螢蟲」，文學形象化，用文字修辭，並沒有過度渲染或強調他的偉大。孔子、鄭成功也有後人爲他們建廟崇拜，楊牧寫吳鳳傳等詩句。外族群和客家人看這篇義民禮讚，可能角度不同，但我寫作基於感恩和勤勞勤儉的感念與啓示。

左：老師寫過評論嗎？

葉：很少寫專論，不過我常幫教育大學寫評，也擔任過現代詩和民間文學小論文發表的評論人。也給一些對高中生作品的評論，每期都有講評，帶著鼓勵與表揚的心態。退稿則提意見，例如沒有連貫、主題、用詞組句不夠精準等。我寫評論，不間斷的評了二十年，這當中生命便延續了，熱誠便延續了。

左：老師創作有沒有參考什麼書籍？

葉：我們互相觀摩，新書一出就會互寄，看完就捐出去給更需要的人。以前
　　我們沒有錢，根本沒有看過什麼課外書。

附錄五　葉日松客語現代詩作品集書影

書名：《酒濃花香客家情》　　　　書名：《一張日誌等於一張稿紙》
出版：臺中文學街，1998 年 4 月　　出版：花蓮客屬會，1999 年 4 月

書名:《葉日松客語詩選》
出版：花蓮客屬會，1999 年 4 月

書名:《酒濃花香客家情》
出版：臺中文學街，1998 年 4 月

書名:《佢介名安著臺灣》
出版：花蓮，葉日松客家文學研究室
　　　2002 年 2 月

書名:《鑊仔肚介飯，比麼介都卡香》
出版：臺中文學街，2002 年 12 月

書名：《臺灣故鄉情》　　　　　　書名：《秀姑巒溪介人生風景》
出版：花蓮，吉安鄉公所，2004 年 6 月　　出版：花蓮縣政府，2006 年 6 月

附錄六　葉日松手稿、書信、剪報、生活照等資料

思親曲

人生路

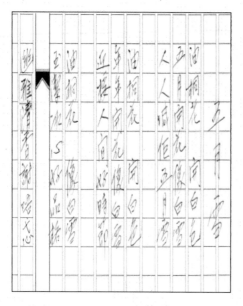

五月雪

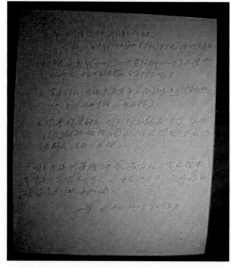

煮滾水

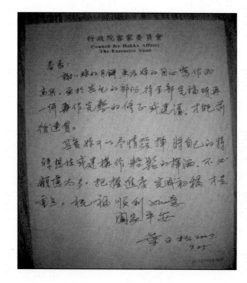

葉日松老師鼓勵筆者盡情發揮輕鬆揮灑，不必顧慮太多，把握進度完成初稿才是重點。

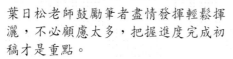

葉日松老師寄來補充藝文活動資料，使本文得將 1962 年到 2007 年之記要完整呈現。

臺北公車詩選〈背帶〉　　　　　　　　主講花蓮縣文藝講座

葉日松老師 2006.6.28 近照——摘自　　筆者與葉日松老師 2007.1.13 在花蓮葉
〈月光灑在東海岸〉網站照片（取得　　邸（胡明華拍攝）
葉日松本人授權）

〈以鄉音唱出臺灣客家風情〉剪報集　〈飯香‧米香‧稻花香〉剪報集

客家童詩〈燈籠草〉的名家書法作品　花蓮花崗國中第十一屆學生贈〈永懷
師恩〉

左起筆者好友張美煜教授、徐錦秀老師、葉日松老師、筆者和夫婿胡明華 2007.1.13 在花蓮葉邸（葉老師家人拍攝）

左起筆者好友徐錦秀老師、聲樂家黃珮舒、葉日松老師、張美煜教授和筆者 2007.10.20 在臺北永康街某素食餐廳（餐廳老闆拍攝）